U0007272

AFTER THE PROPHET

THE EPIC STORY OF THE
SHIA-SUNNI SPLIT IN ISLAM

先知之後

伊斯蘭千年大分裂的起源（二版）

萊思麗．海澤爾頓——著　　夏莫——譯

目錄

第二部分——阿里

第三部分——胡笙

編輯的話

伊斯蘭教發源於一千四百多年前的中東，無論是從種族、語言等各方面來看，都與今天的台灣相距甚遠。穆斯林婦女身罩黑紗之中，更為他們的文化增添了一分神祕，甚至落後的感覺。然而，如果我們回到穆罕默德創立伊斯蘭前的那一刻，看看當時阿拉伯社會面對的處境，也許會發現有許多值得台灣參照之處。

第一、政治分裂：阿拉伯半島左有拜占庭，右有波斯，被兩個大帝國包夾。阿拉伯民族缺乏內部凝聚力，不同部落分別效忠不同帝國，打起了代理人之戰。

第二、社會混亂：此時的阿拉伯人因占據貿易路線之便，經濟迅速蓬勃發展，不僅快速從游牧部落轉型為農耕社會，甚至出現了大量的城市資本主義與暴發戶。唯利是圖的拜金主義興起，過去單純的部落組織因為貧富差距加深而撕裂。另一方面，在部落生活中發展出來的群體道德，也容不下新經濟催生出的個體精神。

第三、文化自卑：相對於周邊的民族，早期阿拉伯人缺乏深厚的文明積累。面對基督教與猶太教，阿拉伯人自愧弗如，稱之為「有經書的子民」。然而，這兩個宗教卻被大帝國用作操控阿拉伯人的政治工具，致使他們始終對其心存疑慮。此時，他們急需一個能賦予生活新意義、指導人生方向，團結民族群體的新思維、新觀念……

這是不是至今仍困擾著台灣的難題呢？以世俗的角度來看，穆罕默德為阿拉伯人帶來的伊斯蘭教，其實也是為了解決眼前實際的生存問題。《古蘭經》一方面以阿拉伯語寫成，至極優美，一方面要求建立一個公平正義的社會，讓弱者得到妥善的照顧。平等，是《古蘭經》一切訓示的基石。

然而，特殊的政治社會條件也使得伊斯蘭教發展出不同於其他一神教的特色。其中一個關鍵問題，就是政治與宗教的關係。穆罕默德從西元六一〇年蒙受天啟，六三一年掌握麥加，以約二十年的時間統一了整個阿拉伯半島，因此，他不僅只是先知、宗教領袖，他還是政治領袖。不像耶穌只需為信徒的精神生活提供指引，穆罕默德還得籌劃稅收、外交談判等政治事務，甚至是發動戰爭。

於此，我們可以約略瞭解《先知之後》講述的歷史故事的政治背景。既然先知不僅只是先知，而兼具了王的身分，在他辭世之後，誰該繼承他的位置呢？若是按照傳統阿拉伯社會的共識決議，是否意味著先知的繼承人將由人智決議，而非由神意？若是由先知的血統來決定，是否抵觸了伊斯蘭特別強調的平等精神，何況所有穆斯林不是都是一家人？如果伊斯蘭只是宗教，那繼承人應該由其的宗教秉賦來決定。但伊斯蘭也是帝國，而虔敬篤信之人未必有統治帝國需要的政治智慧……種種疑難，穆罕默德生前沒有留下答案，只能留待各位讀者在閱讀本書時自己摸索。

本書獨到之處在於在諸多各執一詞且未有定論的歷史公案中，作者萊思麗・海澤爾頓更在意的是什葉派穆斯林是怎麼看的，因此本書或許可以說是什葉版本的《先知之後》。為求全面，我們特別邀請到成功大學歷史系的林長寬老師從史學研究的角度為本書撰寫導讀。在譯名的處理上，林老師也提供了寶貴、專業的意見。只是為了配合一般台灣讀者已經養成的閱讀習慣，許多譯名本書依然從眾，例如採「遜尼」而捨「順尼」。

八旗「認識伊斯蘭」系列宗旨在於將伊斯蘭教的歷史與文化以深入淺出的方式帶給華文讀者，選書方向上盡量追求兼顧知識性與閱讀樂趣。繼《先知之後》的是《古蘭似海》（*If the Oceans Were Ink: An Unlikely Friendship and a Journey to the Heart of the Quran*），作者卡拉・鮑爾（Carla Power）透過她與一位在牛津大學深造的伊斯蘭學者的私人情誼，展開一趟當代對《古蘭經》的探索之旅。希望各位讀者喜歡，也懇請不吝批評指教。

導讀

誰是先知合法的繼承者？

林長寬（成功大學歷史學系）

在伊斯蘭中，一般通稱的「教派」[1]指的是順尼派（Sunni）與什葉派（Shi'i）兩大支系；[2]而伊斯蘭教派的出現實與穆斯林社群之政治權力衝突有關，更與早期的部族、氏族、家族之鬥爭脫離不了關係。

阿拉伯半島漢志地區的古萊須（Quraysh）部族在伊斯蘭的建立扮演了相當重要的角色；而伊斯蘭草創時期的歷史亦可視為古萊須部族的宗教、政治運動史。古萊須族為不同小部族所整合出來的大部族，其中以先知穆罕默德所屬的古賽伊（Qusay）氏族之後裔的阿布杜・瑪那夫（'Abd al-Manaf）族最為顯要，長期掌控麥加地區的宗教、經濟、政治大權。而阿布杜・瑪那夫後代的哈須彌（Hashim）氏族與阿布杜・夏姆斯（'Abd al-Shams）氏族更是經常為爭奪麥加之主導權而發生衝突鬥爭。其間，哈須彌族先占上風，阿布杜．夏姆斯族人遠走敘利亞，回到其祖先故居發展。之後，到了西元六世紀時哈須彌族逐漸式微，導致阿布杜．夏姆斯族人再回到麥加奪回宗教、經濟、政治、軍事主控權。西元七世紀時，麥加的領導貴族為阿布杜．夏姆斯的後代伍麥亞（Umayyah）氏族。因此在伊斯蘭史料中，西元七世紀阿拉伯半島部族的宗教、政治、經濟歷史主要是記錄伍麥亞族與哈須彌族之間關係的活動。換言之，伊斯蘭的建立也與此有密切關係。

先知穆罕默德的提倡伊斯蘭運動實可解讀為其先祖古賽伊在麥加地區發展的再現。不同的是，穆罕默德所提倡的乃是以一神信仰為基礎，凝聚各族群整合建立超越族群界線的「生命共同體」（ummah）。先知穆罕默德不僅建立了宗教信仰社群，更建立了政治實體，亦即政教合一的政權。這也可解讀為重現其祖先哈須彌族統領古萊須部族的風光。先知歸真之前並無留下任何繼承他的遺囑以及麥地那社群後續經營的方針。也因為如此，造成了初生的穆斯林社群為了政教權力之繼承而產生分裂。

究竟先知穆罕默德之後的合法繼承者為誰？這是歷史公案，不同的群體皆以各種理由來宣稱其合法性。當然史料所顯示的更是具有本位主義的偏頗；因為那些史料乃先知歸真後，經過一世紀由不同政治立場的後人所編撰的，亦即有關先知繼承權的辯論。先知所建立的伊斯蘭社群以現代的觀念可稱之為「國家」；而所謂的「建國成員」即是早期第一代先知的門徒[3]，他們來自不同的氏族、部族，或社會階層，有貴族亦有奴隸。這些人皆宣稱有權繼承先知之宗教與政治權位，然而實質的權力卻操控在少數人手中。依照阿拉伯部族傳統，族長（shaykh）乃推舉產生的，不必然由血親繼承；但就一神信仰中先知傳承系譜觀之，則是與血緣有關。由於先知穆罕默德開創了阿拉伯部族的一神信仰社群，因此之前《舊約聖經》中所記載的「先知－統治者」之政教權位繼承方式是否為所有部族成員接受，即拋棄原有的部落繼承傳統，此乃權位繼承衝突之核心問題。

先知穆罕默德的宗教、社會、政治改革運動建立了穆斯林社群，同時也強調在一神之下眾生平等，人類皆是神在這個世界的管理者，因此人類社群中權力的傳遞必須合乎《古蘭經》的教義。古蘭經文對社群領導者的資格強調以對神之虔誠性為依據，並主張先知使者身分的重要性，服從先知等於服從真主。據此，在先知之後，繼承權利應屬於社群各成員，但如何選出領導者，端視社群共識（Ijma，公議）決定。[4]

若依部族傳統，部族的成員皆有權利成為穆罕默德的繼承者，特別是與他有血緣關係的家族成員，因為他們是新社群的菁英分子。在先知第一代門徒中有能力者不乏其人，其中以阿布—巴克爾（Abu Bakr）、伍瑪爾（'Umar）以及阿里（'Ali）最受尊重。阿里是先知的堂弟兼女婿，阿布—巴克爾是先知的岳父，亦經常扮演先知宗教事務的代理人，因為他是眾門徒中最年長者且孚眾望；而伍瑪爾也是先知女婿兼社群捍衛者，他被描述為一位能征善戰的勇士。阿布—巴克爾與伍瑪爾皆來自古萊須族中的小部族。根據史料顯示，他們兩位結合一起代表麥加的遷士（Muhajirun），與麥地那的輔士（Ansar）爭奪社群領導權，當時他們並無主動找阿里共同參與和麥地那穆斯林的領導權談判。順尼伊斯蘭與什葉伊斯蘭的史料對此爭權事件—「議政廳事件」（Saqifah event）有不同的記載。很明顯地，當時先知穆罕默德所屬的哈須彌族成員在剛建立的伊斯蘭社群並無掌控主導權，反而那些小部族成員因為先知的提倡平等主義得以有突出的政治、軍事權力。而歷史資料也顯示，伍麥亞氏族接受穆罕默德所提倡的一神信仰是在先知收服麥加之後，改信態度很勉強，這是他們保住其在麥加之經濟、政治勢力權宜之計，他們並不具伊斯蘭社群的資深身分，不是新社群的核心人物。其加入新社群之目的似乎是在等待機會重回古萊須部族的政治、宗教、經濟舞台。因此當阿里代表哈須彌族成為哈里發時，屬於伍麥亞族的伍斯曼（'Uthman）親人便伺機而動，以報復哈里發伍斯曼被弒殺的藉口來挑戰阿里的權力，甚至企圖奪回伍斯曼的哈里發權位。在阿里剛被推舉為哈里發時，當時只得到部分社群成員的效忠（bay'ah），先知一些來自小部族的門徒立即結合了先知生前寵妻阿伊夏（A'ishah）起身挑戰阿里。[5]因此早期正統哈里發三十多年的權位更替可解釋為古萊須部族三股勢力的權力鬥爭，即哈須彌族、伍麥亞族，以及小部族的聯盟。

第四位正統哈里發阿里被暗殺後，伍麥亞氏族重新掌大權約九十多年，[6]這期間不斷地迫害反對勢力，包括阿里的支持者（Shi‘at ‘Ali）與出走派（Khawarij）人士。為了對抗阿里支持者所宣稱阿里家族的先知繼承權，伍麥亞朝的統治者創造了所謂「先知與社群傳統奉行者」（Ahl al-Sunnah wa al-Jama‘ah）的口號，主張他們才是先知傳統（Sunnah）及其社群的支持者與繼承者。這也是所謂「順尼伊斯蘭」意識（Sunnism）的由來，以對應阿里支持者其「什葉伊斯蘭」之主張（Shi‘ism）。[7]之後，先知家族的旁支後裔（Al al-‘Abbas，阿巴斯家族）發動革命滅掉伍麥亞朝，建立新政權——阿巴斯朝，[8]雖同屬於哈須彌氏族，但是阿巴斯朝統治者打壓阿里後裔及其支持者不遺餘力，與伍麥亞統治者相較之下，有過之而無不及。

就伊斯蘭教義發展歷史觀之，西元八世紀中葉後才有所謂的「什葉伊斯蘭」形成，與主流的「順尼伊斯蘭」分道揚鑣。什葉伊斯蘭教義與律法的發展隨著其成員的努力宣教，到了十世紀方在北非建立政權，即法蒂瑪朝（the Fatimids，以先知女兒之名稱之），之後也亡於順尼穆斯林的地方統治者手中。十六世紀初，什葉穆斯林大團結，在伊朗建立了薩法維帝國（the Safavids），其文明與西亞的奧斯曼（the Osmanlis，此處翻譯根據土耳其文發音，採英文發音則為鄂圖曼）、南亞的蒙兀兒（the Mughals）兩大順尼伊斯蘭帝國文明相輝映。

從解析伊斯蘭史料，吾人可得知伊斯蘭社群的分裂乃是政治權力競爭所產生的現象，繼而導致之後神學與哲學內涵的差異性。今日在談論伊斯蘭的教義與律法並非一定得要分「派別」，不論順尼伊斯蘭或什葉伊斯蘭，其奉行者皆自認為先知穆罕默德遺緒的捍衛者，他們皆是「正當的繼承者」。《古蘭經》只有一本，而聖訓（al-Hadith，先知行誼錄）卻有順尼與什葉版本之分。然其內容大同小異，不同的是先知繼承權之合法性的辯論。吾人要問的是：順尼伊斯蘭或什葉伊斯蘭究竟孰為正統？！伊斯蘭只有一個，順尼穆斯林的詮釋或什葉分子的主張皆應受到包容。《古蘭經》是唯一的信仰依據，穆斯林若要落實真主阿拉（Allah）的啟示（wahy），就不應該過分強調順尼伊斯蘭與什葉伊斯蘭的差異。如同歷史資料所顯現的，史實記載的呈現當隨時空而異，《古蘭經》、先知傳統（Sunnah）的詮釋與實踐亦然。

萊思麗．海澤爾頓（Lesley Hazleton）的這本《先知之後》引用一些早期的伊斯蘭史料與什葉伊斯蘭研究的現代學術著作，試圖還原歷史真相。作者原為心理學家，亦是中東事務的作家，對古典時期的歷史故事提出了以心理學分析的途徑重新敘說先知歸真之後的權位繼承鬥爭歷史，作者主張此為伊斯蘭「教派」分裂的源頭。這本書的論述似乎較同情阿里及其子孫，這種詮釋觀點對一般傳統順尼穆斯林而言，或許無法接受，因為什葉伊斯蘭（其信仰者約占全世界穆斯林總人口的十分之一）往往被無知的順尼穆斯林多數群體視為異端，而加以評擊。但無可否認的是，幾乎所有的相關史料皆是相當後期的整理，由口傳敘述資料收集編撰記錄下來的，故特殊群體意識所產生的立場與差異性明顯可見。吾人在讀本書時可深入理解歷史事件的演變，什葉意識在這本書並非是主題，因此可將之視為現代版的伊斯蘭初期三十年故事閱讀之，而不必然將之當作什葉派與順尼派分裂的源頭，畢竟什葉伊斯蘭與順尼伊斯蘭意識乃後來因政治因素所形塑出來之歷史現象。

注釋

1. 傳統上，伊斯蘭歷史資料對宗教群體以millah或nihlah稱之。因此嚴格而言，「順尼派」、「什葉派」並不應被作為「教派」的用詞，而應用「順尼伊斯蘭」（Sunnism）、「什葉伊斯蘭」（Shi'ism）。
2. 伊斯蘭中的哲學思想、神學、律法的區別應稱之為「學派」，而一般大眾往往一律以「教派」稱之，造成混淆，例如Sufism（Tasawwuf，蘇非主義）一般中文皆被譯成「蘇非派」或「蘇非教派」，須知Sufism乃跨順尼、什葉的靈修運動，一種神智學。此外，一般熟悉的Wahhabism（瓦哈比主義），也被譯成「瓦哈比教派」，Wahhabism是順尼伊斯蘭中的改革運動，而非教派。
3. 「先知門徒」阿拉伯文為sahabah（複數ashab），英文通常翻譯為companion。而中文常誤譯為「同伴」或「伴侶」。
4. 背叛並暗殺第四位正統哈里發阿里的群體為「出走派」（Khawarij），即主張任何一位虔誠並深刻理解古蘭經教義的穆斯林皆可被選為先知的繼承者。
5. 史料亦記載，阿伊夏公開地為她父親阿布—巴克爾辯解其哈里發權位的正當性。

6 伍麥亞氏族的穆阿維亞（Mu'awiya）其宣位的依據是取得眾部族的效忠（bay'ah）。此意味著回歸到阿布杜．瑪那夫兒子之間的競爭與衝突，亦即哈須彌族與伍麥亞族後裔皆具等同權利宣稱哈里發，不同於阿里支持者的強調一神傳統中先知家族的優先權。

7 中文通常翻譯成「遜尼派」（應該是『順尼派』比較符合阿拉伯文的原音之音譯）與「什葉派」。

8 阿巴斯革命的成功事實上收割了阿里支持者長期以來的革命運動，因此阿巴斯朝統治者被阿里支持者視為權位篡奪者。阿巴斯朝統治者甚至將哈里發詮釋為「神的影子」，超越了伍麥亞朝統治者所宣稱的「神之今世代理者」。此兩朝代統治者對「哈里發」的界定完全否定了先知穆罕默德後裔的繼承權。阿巴斯朝第二位哈里發甚至公開否認先知外孫的血緣繼承合法性，強調即使以血緣關係繼承亦必須由男性後裔行之，因為先知生前並無留下任何男性後代。

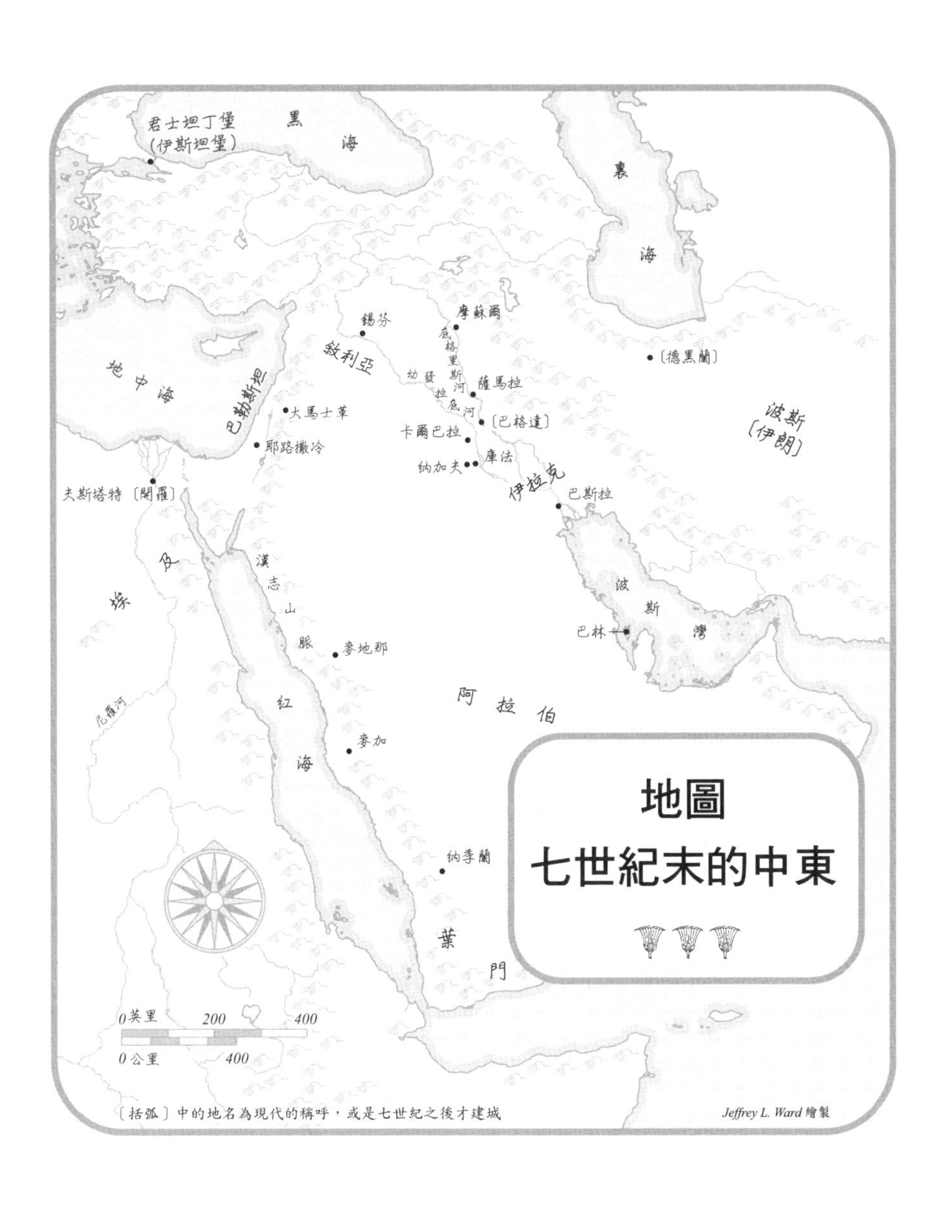

君士坦丁堡
（伊斯坦堡）
黑海
裏海
地中海
巴勒斯坦
敘利亞
錫芬
摩蘇爾
底格里斯河
幼發拉底河
薩馬拉
〔巴格達〕
卡爾巴拉
庫法
納加夫
伊拉克
巴斯拉
〔德黑蘭〕
波斯
〔伊朗〕
大馬士革
耶路撒冷
夫斯塔特〔開羅〕
埃及
尼羅河
漢志山脈
麥地那
紅海
麥加
阿拉伯
波斯灣
巴林
納季蘭
葉門
0英里 200 400
0公里 400
〔括弧〕中的地名為現代的稱呼，或是七世紀之後才建城
Jeffrey L. Ward 繪製

地圖
七世紀末的中東

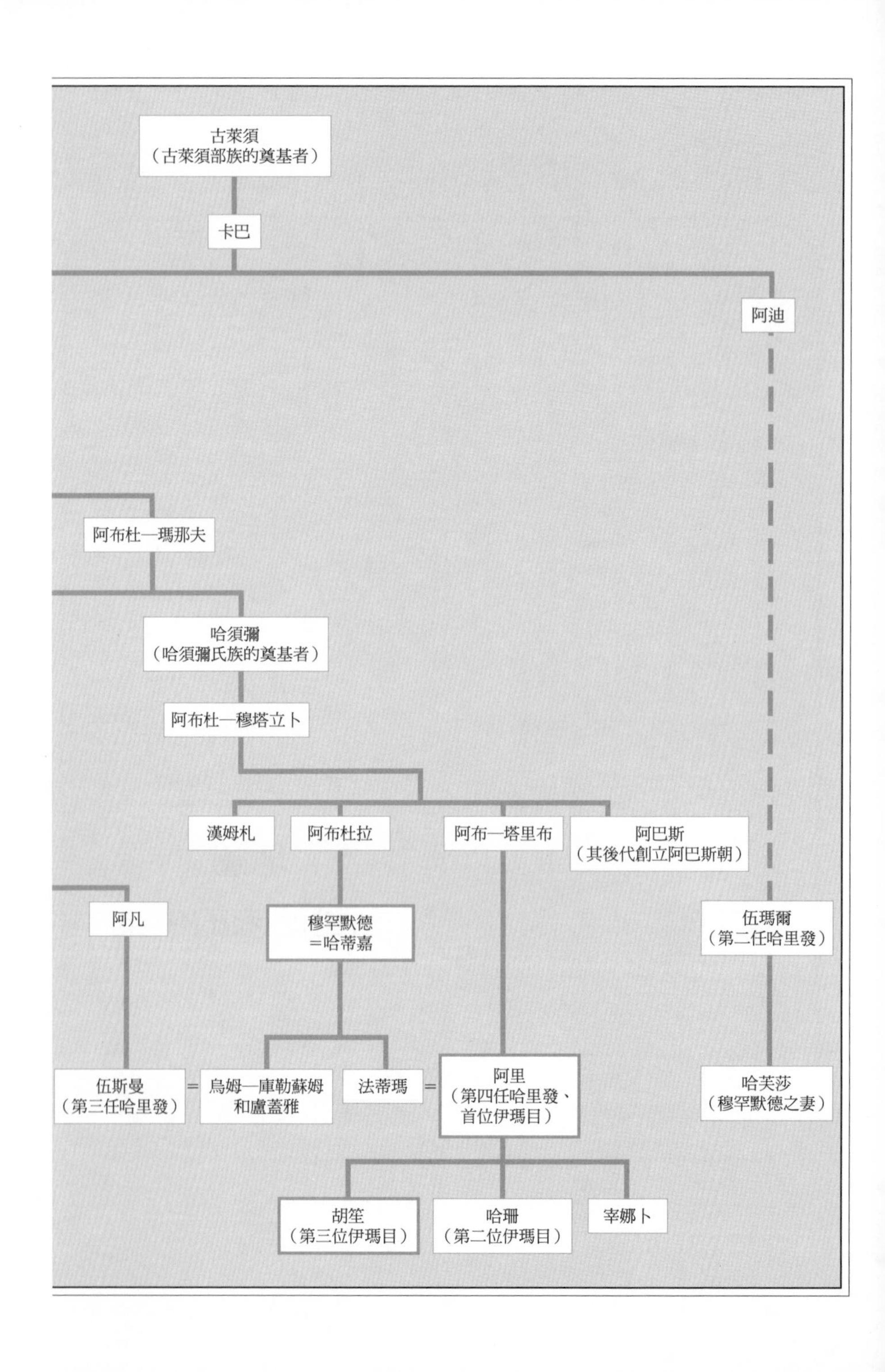

古萊須
（古萊須部族的奠基者）
卡巴
阿迪
阿布杜—瑪那夫
哈須彌
（哈須彌氏族的奠基者）
阿布杜—穆塔立卜
漢姆札
阿布杜拉
阿布—塔里布
阿巴斯
（其後代創立阿巴斯朝）
阿凡
穆罕默德
＝哈蒂嘉
伍瑪爾
（第二任哈里發）
伍斯曼
（第三任哈里發）
＝
烏姆—庫勒蘇姆
和盧蓋雅
法蒂瑪
＝
阿里
（第四任哈里發、
首位伊瑪目）
哈芙莎
（穆罕默德之妻）
胡笙
（第三位伊瑪目）
哈珊
（第二位伊瑪目）
宰娜卜

圖表　書中主要氏族與親屬關係圖

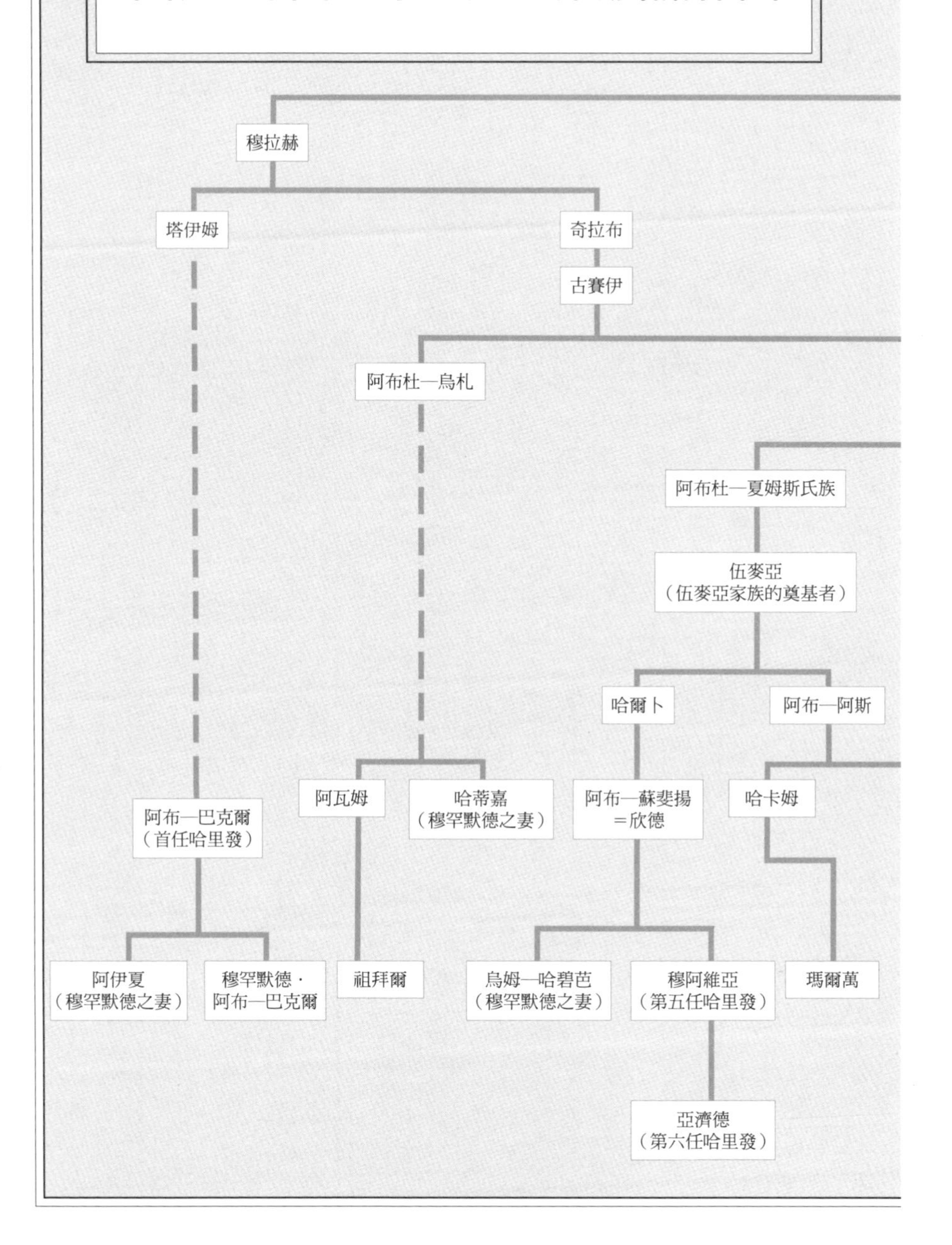

重要人物介紹

先知：穆罕默德

出生於麥加，於壯年時的某次沉思中，聽見來自天使的啟示，寫下了《古蘭經》，成為「最後的先知」。伊斯蘭教一開始並不受麥加人歡迎，甚至演變至迫害的局面，穆罕默德便與追隨者逃往麥地那。

日後，他帶領伊斯蘭教統一了阿拉伯半島，成為世界第三大的一神教信仰。除了早逝的首任妻子哈蒂嘉為他誕下過四女與早夭的二子，他與續弦的九位妻子再無子嗣，僅有與哈蒂嘉收養的一子阿里。

關於穆罕默德為何膝下無子有各種揣測。有人認為他不好女色，婚姻只是為了以聯姻為手段促進社會安定，團結各個部落。從宗教觀點來看，穆罕默德既然被稱之為「最後的先知」，也理當無法有後。

不僅無子，穆罕默德也從未明確指定過繼承人。究竟是出於什麼原因也議論紛紛。也許，他心知此舉將會招致分歧，因此遲遲不肯決定。也許，他清楚知道自己的身分是「先知」而非政治領導人，他在乎的是人心的公正與純潔，而非政治權威的傳承。不論如何，正是因為既沒有指定繼承人，也無男性直系後代可延續「長子繼承制」的傳統，在穆罕默德因病歸真後，無論是誰、以什麼方式成為繼承者，都成為伊斯蘭世界分裂的根源。

愛妻：哈蒂嘉

穆罕默德終身摯愛的髮妻。哈蒂嘉原是成功的商人，在前夫過世後改嫁給家道中落的穆罕默德。她不僅為先知帶來穩定的財務支援，更成為先知求道過程中的良師益友。穆罕默德首次見證神蹟而戰慄不安時，是哈蒂嘉的智慧與溫柔提供他堅強的安慰。當她在世時，穆罕默德並未再娶。

在一場保守勢力發動的圍堵當中，哈蒂嘉因為年邁與飢餓而離世，成為穆罕默德一生最大的悲痛。

愛妃：阿伊夏

出於政治原因，穆罕默德在首任妻子去世後，又再娶了九名妻子。阿伊夏是第一位，也是最年輕的妻子。不像其他八位妻子，阿伊夏過去未曾有過任何婚姻，在成婚時仍是完璧之身。她也是先知的最愛，在穆罕默德歸真後，她幾乎掌控了所有與先知傳統相關的話語權。

如同其他妻子，阿伊夏從未成功懷上穆罕默德的子嗣，這也是她一生無法釋懷的憾恨。年輕有活力的阿伊夏伶牙俐齒、聰明機智，具有高度的政治敏感度，但她直言不諱、任性妄為又善妒的個性，也為她招致許多非議。她莽撞的脾性曾引起一樁不堪的緋聞，而讓阿里在先知面前批評阿伊夏。自此，阿伊夏對穆罕默德的養子阿里終身恨之入骨，也讓她在先知身後帶頭對抗阿里。這兩人在日後充滿激烈衝突的政權更迭中，身居最關鍵的角色。

養子：阿里

最有可能成為「穆罕默德的繼承者」的男人，是先知的堂弟，也是養子。他是皈信伊斯蘭教的第一人，與先知極為親密。他堅定不移的信仰、正直高貴的品性，使他日後在爭奪哈里發位置的衝突中屢次不願為自己出頭。阿里的口才流利，學識深厚、洞察敏銳，又驍勇善戰，是日後「什葉派」（意即阿里的追隨者）的精神指標。

阿里與穆罕默德緊密的關係，在先知將長女法蒂瑪許配給他、並誕下兩個兒子之後，愈發深厚，但也因此更加激起阿伊夏的敵意。兩人之間的糾葛從未平息，也因此埋下日後撕裂伊斯蘭世界的種子。

不論他有多少支持者，阿里從未堅持過自己的統治權，而是以伊斯蘭世界的統一和諧為重。但直到二十五年後，阿里成為第四任哈里發，以及其後的日子，不論他如何潔身自愛、以大局為優先，他始終無法避免權力鬥爭以及穆斯林社群的分裂，最後命喪於刺客之手。

岳父：阿布—巴克爾

阿伊夏的父親，先知的岳父，是最早皈信伊斯蘭教、隨穆罕默德從麥加逃往麥地那的信士之一，也是備受爭議的第一任哈里發。先知死後，他帶領同樣來自麥加的資深長者，闖入其他部族領袖發起的「諮詢會議」，爭取成為繼承者的機會，並帶頭挑戰阿里的繼承資格，最後在麥加信士的支持下，成功取得哈里發的位置。

阿布—巴克爾逼迫阿里宣示忠誠，又拒絕了先知之女法蒂瑪應得的遺產，而獨厚先知的遺孀——包括他的女兒阿伊夏。首位哈里發的統治才剛始，阿拉伯部族的叛亂便開始蔓延。在阿里的協助下，阿布—巴克爾粉碎了所有抵抗，最後卻身染重病，成為接下來五十年間唯一自然死亡的伊斯蘭教領袖。跟先知不一樣，他在過世前親自指定了下任哈里發的人選，不再倚賴諮詢會議，從而避免了部族首領或長老對繼任者決定權的影響。

武士：伍瑪爾

第二任哈里發，其女為穆罕默德之妻，他與阿布—巴克爾同為先知的岳父，兩人也是穆罕默德身旁最資深的門徒、親近的好友。伍瑪爾身形彪悍，是名傑出的戰士，以冷酷嚴峻的性格聞名，手裡總是握著一條馬鞭。

他是第二任哈里發，在他十年的統治下，伊斯蘭教展開對外族的征服，勢力跨出阿拉伯半島，深入整個中東，版圖擴張至伊拉克與敘利亞，更攻下波斯與拜占庭兩大帝國。

伍瑪爾甫成為統治者，阿里便將長女許配給他，化解了彼此過去的猜忌。伍瑪爾和阿里合作無間，當他出征時，阿里便是他的代理人，使阿里再次成為最有可能的繼任者。但出人意料的是，伍瑪爾死於刺殺，臨死前卻提名了六位繼任者候選人，讓他們自行決定。再一次地，出於各方的利益考量，阿里二度落敗，但此一結果也引發伊斯蘭世界日後更加腥風血雨的局勢。

貴族：伍斯曼

第三任哈里發，為先知的女婿。伍斯曼來自麥加最富有的貴族——伍麥亞家族，在穆罕默德尚未逃亡至麥地那之前，便已皈信伊斯蘭教。先知為感謝他不惜背棄親族的忠誠，便先後將兩位女兒許配予他，使伍斯曼具有更加特殊的身分。他與阿布—巴克爾和伍瑪爾同為先知身邊最有影響力的門徒。

由於其出身背景，在第一次諮詢會議中，麥地那人並不支持伍斯曼成為首任哈里發。直到伍瑪爾死後，他被提名為六位候選人之一，再加上正值七十高齡，在位時間不可能太長，以及其虔誠又富有的條件之下，伍斯曼成為第三任哈里發。但他本就奢侈成性，又將征戰取得的財富獨厚自己麥加的家族，過度任人唯親。種種貪汙腐敗以及對伊斯蘭精神的背棄，最終導致了內戰。伍斯曼最後的下場，便是死在數名穆斯林同胞——包括阿里的繼子——手中。在叛軍的帶領下，阿里被推舉為第四任哈里發。

暴君：穆阿維亞

第五任哈里發，伊斯蘭教統治下有權有勢的敘利亞總督。他治理有方，同時善於權謀，政治手腕老練精明，城府甚深。其姊姊為穆罕默德的妻子，同時也出身伍麥亞家族。伍斯曼死後，穆阿維亞趁勢帶頭反抗阿里的統治權，以《古蘭經》之名煽動人民對阿里的敵意，甚至自立為真正的哈里發，同時操弄利益手段，讓阿里陷入眾叛親離的困局。在阿里遇刺身亡後，穆阿維亞的聲勢逐漸壯大，並誘使阿里之子哈珊放棄繼承權，讓自己穩坐第五任哈里發的寶座。

長孫：哈珊

阿里的長子，與胡笙皆為穆罕默德最鍾愛的孫子，博學多聞且虔誠，厭惡戰爭，肅穆而溫和。伊拉克人民認為穆阿維亞是阿里之死的幕後兇手，便推舉哈珊為首領，要求他攻打敘利亞，但哈珊並不情願。穆阿維亞利用哈珊對和平的信念，以三寸不爛之舌與優渥的賠償條件，甚至是第六任哈里發的位置，誘使哈珊答應退位，回歸麥地那。

烈士：胡笙

阿里的第二個兒子，既非戰士，也不是政客，而是備受尊崇的學者。自哈珊在回到麥地那的九年後歸真起，胡笙被視為能體現穆罕默德精神的唯一在世者。

穆阿維亞逝世後，其子繼位哈里發，對胡笙發出死亡威脅，但胡笙事先受到警告，便趁夜帶著親族逃離麥地那，前往麥加。但穆阿維亞之子的殘暴統治讓伊拉克人民轉而向胡笙求救，宣誓會效忠他。隨著愈來愈多人支持，胡笙便帶領七十二戰士前往伊拉克，但在哈里發暴虐的打壓下，原先支持的民眾一夕之間便噤若寒蟬。儘管如此，胡笙並沒有回頭，他胸懷著對良善與正義，以及對伊斯蘭精神的信念，毅然決然走向犧牲。此後，他慷慨赴死的故事成為什葉派的精神基礎，並為此後的世世代代所傳頌。

楔子

分裂的開端

爆炸聲震耳欲聾。響聲傳來的最初幾秒鐘，成千上萬的朝聖者腳下生了根似地定在原地，人人都明白發生了什麼，但似乎沒有人願意承認，彷彿這已經遠遠超出理智能承受的範圍。直到聽覺逐漸恢復，人們才尖叫出聲。

人們驚慌失措、四下逃竄，穿過漫天煙霧和破瓦殘礫，越過飛濺血花和玻璃碎片，踏過粉碎四散的斷肢殘骸，逃出廣場，彎入通往金色圓頂清真寺的小巷，躲藏在各個封閉的方寸之間，只為謀求一絲安穩，直到下一波爆炸沖毀了這道防護，換下一個、然後再下一個。

短短三十分鐘內，共發生了九起爆炸，汽車炸彈、自殺炸彈、手榴彈和迫擊砲此起彼落。徒留焦屍和遺骸散發的可怕惡臭，以及救護車尖銳刺耳的警笛聲。

此時，是二〇〇四年三月二日早上十點，伊斯蘭曆中「穆哈蘭姆月」的第十天，穆斯林稱這天為「阿舒拉日」（Ashura）。[1]伊拉克卡爾巴拉市擠滿了什葉派朝聖者，許多人遠從五十哩外的巴格達徒步而來，他們一面誦念，一邊捶打自己的胸脯，巨大的旗幟在眾人頭上翻騰，哀悼當年在此遇害的穆罕默德之孫胡笙（Hussein，或Husayn ibn Ali），那位殉道的領袖。不過，氣氛中同時帶有歡慶的成分：大眾朝聖遭禁止多年，這是海珊政權垮台後，他們第一次能如此自豪地舉哀，這樣的哀戚也展現出新得到的自由。然而現在，在過去那面可怖駭人的後照鏡中，他們也同樣成為殉道者。

這起事件被稱為「阿舒拉節屠殺」，是內戰爆發的首要跡象，而人們議論紛紛的是：局勢為何惡化至此？

伊拉克極端遜尼派的蓋達組織，精心策劃了這場滅絕人性的攻擊，爆炸發生的時間地點及隨之而來的傷亡人數同樣令人震驚。「阿舒拉節」是什葉派教曆中最神聖的日子，意義等同猶太教的贖罪日或基督教的復活節；「卡爾巴拉」（Karbala）之名吐露出西元六八〇年在此時此地究竟發生了什麼事，「卡爾巴拉」由兩個阿拉伯文詞語組成：「卡爾」（*karab*）意為毀滅，「巴拉」（*bala*）則為苦難。

距離先知穆罕默德（Muhammad）的逝世尚不滿五十年，與他血緣最為親近的男性後裔們在此慘遭屠殺，他們家中的婦女則遭受俘虜和鞭打。當大屠殺的消息在當時整個穆斯林世界中蔓延開來，東起印度、西至阿爾及利亞，無不心驚膽顫，而他們的疑問和十四世紀後如出一轍：局勢為何惡化至此？

七世紀時卡爾巴拉的這起事件，是什葉派與遜尼派分裂歷史的開端，在伊斯蘭最早期的歷史中被繪聲繪影地詳細書寫著，不單是中東地區的遜尼穆斯林人盡皆知，也深深烙印在每個什葉穆斯林的心底。不僅歷久彌新，更波瀾迭起，讓這起事件成為一個不斷擴大的漩渦，密密交織著過去和現在、信仰和政治、個人身分認同和民族救贖。

「無時無刻不是阿舒拉」，什葉穆斯林如是說，「無處不是卡爾巴拉。」而在二〇〇四年三月二日這一天，這段啟示血淋淋地再次上演。更確切地說，卡爾巴拉的故事從未結束，持續在整個穆斯林世界開展著，其中最血腥的一段便發生在伊拉克——什葉穆斯林的搖籃。

這解釋了當前的衝突為何而起，為何無法停止。

注釋

1　譯注：「穆哈蘭姆月」（Muharram）為伊斯蘭曆法的一月，意為「聖月」，在此月除了自衛外禁止打鬥。

第一部分

穆罕默德

第一章

先知之死

種下分裂的種子

正午時沙漠的高溫熱得叫人喘不過氣來。穆罕默德每一次的呼吸都必須經過痛苦的掙扎。整個綠洲壓抑著，難以面對這無可置信的事情。一個從未被問出聲來的問題，在空中不斷盤旋，在每個人的心中縈繞不去，但是，嘴上卻沒有人敢討論，至少是在公共場合裡……

分裂的種子

如果定要為這一切，找尋某個時刻作為初始，那麼，便是穆罕默德的歸真了。先知亦凡人，這就是問題所在，從來沒有人想過先知也會一朝身死，或許，就連穆罕默德自己也無法意料。

他是否知道他命不久矣？他必定有所預感，圍繞他身邊的人也是如此，但似乎無人願意承認。就當時的情勢而言，這樣的盲目可說是不可思議。穆罕默德已經六十三歲了，在當時算是極為高壽，他還曾多次浴血沙場，屢屢從暗殺中逃過一劫，單單是有流傳下來的，就不下於三次。也許這群與他最為親近的人，無法相信安然挺過這麼多次真槍實劍的先知，區區一場病便能擊垮他，特別是此時的阿拉伯宛如旭日東升，正在伊斯蘭教飄揚的大旗之下團結一致。

許多曾經反抗並密謀刺殺穆罕默德的人，如今都隨侍其左右多年。和平達成，阿拉伯社群已然一統，這不僅僅是新時代的黎明伊始，更是陽光燦爛的早晨，迎向充滿希望的一天。阿拉伯正摩拳擦掌地準備踏出政治、文化落後的幕後，一躍成為世界舞台上的要角。既然如此，阿拉伯的領袖又如何能在功成名就時與世長辭？然而，他確實走了。穆罕默德在飽覽征戰和暗殺交織而成的斑斑血跡之後，死於自然原因。

發燒之初看似無傷大雅，只伴隨些微的疼痛和痛苦，完全沒有什麼不對勁，問題或許在於病症從未真的走遠，而是反覆來去，每況愈下。病症持續了十天之久，似乎是細菌性腦膜炎，這無疑感染於他某次的軍事行動，即使在今日，這種病症往往能夠致命。

頭痛欲裂和肌肉痠痛快速地將他擊垮，他再也無法獨力站起身子。氣若游絲的意識開始在濕透全身的汗水中載浮載沉，這和他在得到天啟寫下《古蘭經》時的出神狀態不太一樣，而是真得變成非常虛弱。他的妻子們用浸過冷水的布包裹著他的頭部，希望能減輕疼痛和發燒，但就算能有一絲一毫的幫助，都不過是暫時的。頭痛日益嚴重，一陣陣的發作讓他苦不堪言。

在他的要求之下，他們送他到阿伊夏（Aisha）的寢室，那是他最寵愛妻子的房間，是他為妻子們緊臨清真寺大院東牆所建的九個房間之一，完全符合伊斯蘭早期的道德標準——簡樸、均富、所有信士一律平等——只是區區一室小屋。屋頂上的蘆葦向下遮蓋了粗糙的石牆，門戶正對著清真寺的庭院，屋內的陳設再簡單不過：地上的毯子和後方的長石凳供就寢之用，毯子每天早晨都會捲起，晚間就寢前才會再次攤開。然而，如今毯子已經攤開了好些時日。

此時正值六月，正午時沙漠的熱氣蒸騰、溽暑難消。小室之內令人窒息，即使是健康之軀也難以承受。穆罕默德的每絲呼吸都艱鉅非常。尤為甚者，頭痛欲裂帶來的是對噪音和光線的極度敏感，這令他痛苦不堪。光線還有辦法用懸掛在窗上的毯子，以及垂落在門前的重重帷幕阻擋。但是片刻寧靜難求。

當時中東的病房就和現在一樣，總是聚集著人群。親屬、助手、門徒、支持者——所有人都亟欲更貼近這個新興宗教的中心——他們和其心中的所有掛懷、忠告與疑問，日日夜夜川流不息。穆罕默德正為了清醒而奮鬥，但無論病得多厲害，他都無法忽視他們，他們如此仰賴著他。

在外頭，清真寺的院子裡，人們日夜聚在這裡，祈禱聲從不間斷。他們拒絕思考這場大病即將引發的所有可能。這只不過是一場終將結束的試驗。但他們連自己都難以說服，因為已經有太多人死於這樣的疾病，他們知道接下來可能發生的事，即使他們拚命想予以否認。因此，他們祈禱、等待、祈禱、等待，他們的祈禱聲和殷殷關切化為不屈不撓的嗡嗡聲，持續鑽入穆罕默德的耳中。祈求者、追隨者，或忠實或虔誠，所有人都希望成為第一個聽到先知好轉消息的人。這個消息將會口耳相傳，從一個村落到另一個，沿著麥地那八哩長的綠洲播送，再沿著漫漫長路向南傳到麥加。

但在過去的這幾天裡，病情不斷加重，最後就連那持續不斷的竊竊私語都沉寂了下來。面對此突如其來的變故，整個綠洲被愁雲慘霧所籠罩。一個從未被問出聲來的問題，在空中不斷盤旋，在每個人的心中縈繞不去，但是，嘴上卻沒有人敢討論，至少是在公共場合裡。如果，那個不可能發生了，如果先知走了，誰是繼承者？誰來接手？誰來領導眾人？

啟示的代價

如果穆罕默德有兒子，那問題便再簡單不過，哪怕只有一個兒子。雖然沒有嚴格的定制，死後要由長子繼承領導權，他當然也可以選擇傳給較小的兒子，或是其他近親，但只要沒有明確的不同意見，長子便是天經地義的繼承者。然而，穆罕默德，既沒有兒子，也沒有指定繼承者。他歸真時沒有留下遺囑，這就是阿拉伯文所稱的 *abtar*，字面之義是削減、中斷、斷裂，即沒有留下男性後代。

如果他有兒子，或許伊斯蘭的歷史將有所不同。紛爭、內戰、你爭我奪的哈里發、遜尼派和什葉派的分裂，所有一切都能避免。但是，儘管穆罕默德的首任妻子哈蒂嘉（Khadija）除了四個女兒以外，還誕下了兩個男孩，但兩個兒子都在襁褓之中便夭折。雖然穆罕默德在哈蒂嘉去世後，又陸續與九名妻子成婚，卻無一人懷孕。

無論是在麥地那或是麥加，這想必早就成為大家茶餘飯後的話題了。哈蒂嘉之後的九段婚姻大多出於政治考量。這也是當時所有統治者的習俗，婚姻不過是外交聯盟的一種形式。穆罕默德精心挑選妻子，建立跨越部族和舊有敵人的親屬關係，以求將阿拉伯部族一統成一個嶄新的伊斯蘭社會。不過兩年之前，他迎娶了烏姆—哈碧芭（Umm Habiba），才讓麥加終於皈信伊斯蘭教，並接受他的領導。哈碧芭的父親阿布—蘇斐揚（Abu Sufyan）長期以來領導麥加人頑強反抗穆罕默德。而婚姻聯盟通常能由婚後的兒女加以確立，混和出全新的血緣，超越舊有的分歧。身為領袖，這便是婚姻的著眼之處。

哈蒂嘉之後，穆罕默德大多數的妻子其實都有孩子，但都不是他的親生骨肉。除了年紀最輕的阿伊夏，其他妻子在嫁予穆罕默德之前，不是離異便是孀居，因此孩子都是同前任丈夫生的。這在當時一點兒也不足為奇，有錢男人同時最多可以有四名妻子。而為了滿足政治聯盟的需求，穆罕默德可以擁有更多妻子，但女人也經常有過兩、三個，或甚至四名丈夫。不同之處在於，男人可以同時擁有許多妻子，女人則是可能有前後好幾段婚姻，或因離異——當時男女皆可離婚——或因丈夫過世，往往是因為戰爭。

這意味著，整個麥加和麥地那構成一個龐大且環環相扣的親屬網絡。同父異母、同母異父的兄弟姊妹、姻親、堂表兄弟等等，處於伊斯蘭網絡中的所有人都能以至少三或四種不同的方式和其他人連結，這和現代西方的家庭概念大相逕庭。在七世紀的阿拉伯，這樣層層相疊的親屬網絡無法用簡單的祖譜描繪出來，而更像是盤根錯節的濃密森林，每一條散出的分枝，都和其他枝蔓相互纏繞，有些朝自身蜷縮，有些又蔓生他方。無論他們出身哪個部族（tribe）或氏族（clan），在這個錯綜複雜的姻親關係的母體中，他們不斷和新的伊斯蘭社群成員結合在一起。儘管如此，血緣卻依舊要緊。

有傳言說，其實在哈蒂嘉之後，穆罕默德有過另一個孩子，由科普特人瑪利亞（Mariya the Copt）所生。她本是埃及奴隸，穆罕默德解除其奴隸之身後，就將她納為遠離清真寺大院的情婦。而且這孩子是個男孩，喚做易卜拉欣（Ibrahim），阿拉伯文的「亞伯拉罕」（Abraham）。但是，與其同名的先祖命運迥異，這個男孩沒有機會長大成人，十七個月大時，他便夭折了。甚至至今都無法確定，世上是否真的有過這個人。不過，在這個將兒子視為父親男子氣概之象徵的文化中，這個傳奇保證了先知的榮譽。

當然，每一個圍繞在穆罕默德病榻前的妻子，都曾為了替先知生下兒子而傾盡所有、在所不惜。歷來不乏母憑子貴之事，有了子嗣就能讓自己的地位高於其他妻子。更何況，這還是先知的兒子，是他的當然繼承者，這可是莫大的榮耀。所以，她們每個人肯定都盡了最大的努力，想方設法讓自己懷上穆罕默德的孩子。更別說是阿伊夏了，她可是哈蒂嘉死後他娶的第一個妻子。

阿伊夏是九個妻子當中最年輕的，也是他最寵愛的，也是迄今為止最備受爭議的。阿伊夏一直受無子所困，和其他人一樣，她必定嘗試過，卻徒勞無功。也許這說明了穆罕默德從來就無法忘懷哈蒂嘉。這位他摯愛的妻子曾在他因第一次遇見神蹟而驚慌顫抖的時候，將他抱在懷中，並向他保證他的確是*Rasul Allah*，即「真主的使者」。這便是《古蘭經》的第一次啟示。或許因此，只有哈蒂嘉有資格母儀天下，也只有她的長女法蒂瑪（Fatima），可以是穆罕默德最珍愛的孫子，哈珊（**Hasan ibn Ali**）與胡笙的母親。

在穆罕默德一方，不可能有性無能或不育的問題。他和哈蒂嘉的孩子都能證明這一點。他之後的妻子也毫無疑問沒有不孕的問題，因為除了阿伊夏，她們都和前夫有過一兒半女。那麼，莫非妻妾成群的先知厲行禁欲？抑或像遜尼派神學家幾世紀來所爭論的，晚年的無子無女是啟示的代價，[1]《古蘭經》便是真主最後且最終的話語。或是如同什葉派所聲稱的，穆罕默德之後，人間再無先知，再沒有男性親屬能對真主的意志如此瞭若指掌，再無人能如此接近真主。為此哈蒂嘉的兩名男嬰不得不夭折。他們斷不能活，以免他們的先知基因流傳下去。

我們如今只能確定，哈蒂嘉之後的九段婚姻，沒有一人有孕，更別說懷有兒子。故事由此展開。

穆罕默德在廣大的阿拉伯半島上，強加上他的意志，或說是「真主的意志」。自從天使加百利（**Gabriel**）首次在他面前現身，他便在短短的二十年中辦到了這一點。天使命令他「誦讀」（*Iqra*），就此《古蘭經》——亦即「誦讀之書」——激勵人心的篇章降臨塵世。神聖的啟示陸陸續續地浮現，用世人聽過最美麗的阿拉伯文傳述，超驗的詩歌擔保了其神聖的起源，因為像穆罕默德這樣目不識丁的商賈，絕對無法自行創造出如此洗滌靈魂的美麗詩句。他是這樣逐字逐句傳述的使者，是承擔真主啟示之人。

自從伊斯蘭教透過城鎮、綠洲，以及阿拉伯的游牧部族流傳之後，這條線路便蓬勃發展。稅收和納貢積累而成的財富屬於整體的伊斯蘭社群。但既然掌有公庫和公有地，領袖是否留下遺囑就更加舉足輕重——他得指定繼承者，或至少建立決定繼承者的明確指導原則。

在他辭世之後，其他人該怎麼辦？這個疑問縈繞在遜尼和什葉派分裂的悲劇歷史中，久久不能散去，但這打從一開始便無從解答。穆罕默德歸真後，人人都聲稱能洞悉先知的思想和規劃。然而，既然他沒有清晰明確地指定繼承者，就沒有人的主張不會被質疑挑戰。不管他們有多麼相信自己是對的，總是會有人持反對意見。堅信關乎信念，無關現實。

逃離麥加

顯然，穆罕默德並不抱有永生的幻想，他絕對知道自己的生命有盡頭，只是沒有那麼迫在眉睫。不錯，他仍然充滿活力，直到疾病來襲的那一刻，他的步伐都還十分強健。他的身材結實、肌肉健壯，只有張大眼睛才可以在那編成髮辮的滿頭黑髮中，找到幾縷白髮。只是，三次的暗殺未遂讓他深切意識到，他的壽命極有可能在某天戛然而止。另一方面，和死神的近距離接觸，有時也能為生活帶來新的契機。事實上，最危殆的那次暗殺便成為他建立伊斯蘭教的一大轉捩點。

那次是十年前，他的講道日漸威脅到家鄉麥加的貴族。由於他傳達的啟示十分激進，嚴厲抨擊城市生活中的階級鴻溝。儘管七世紀的阿拉伯社會給人的印象仍然是游牧民族，但大部分的人都已經定居好幾代了。社會認同也仍然是部族式的，生在哪個部族便決定了個人的階級，當時最富裕且強大的部族當屬古萊須部族（Quraysh），他們構成了麥加的城市菁英階層。

古萊須人是商賈，他們的城市位於貫穿整個阿拉伯西部、南北向貿易路線上的中心點。然而，麥加之所以能為阿拉伯世界的中心，不全是靠這樣的地理優勢——它其實有些微的繞路——而是因為麥加還是「卡巴聖壇」（*Kaaba*）的家鄉。這個正立方體的神殿供奉了許多區域性的神祇，大多數被視為是更崇高、更久遠的神的後代，這個神就是「阿拉」（*Allah*），唯一的真神（*the* God）。麥加因此成為主要的朝聖中心，並且因為在穆哈蘭姆月期間部族間的征戰都會被隔絕在城牆之外，麥加便提供了大規模商業交易一個安全的場域。

朝聖和商業的結合帶來了大量的商機。古萊須人巧妙融合了信仰和財政，既收取進入卡巴聖壇的費用，也對往來商賈收取通行費，並對商業交易課稅。然而，這筆他們聚集的巨額財富，卻沒有和眾人共享。傳統的部族倫理要求有福同享，這一點卻沒有在城市生活中留存。所以，縱然部族內的少數氏族日進斗金，其他人卻絲毫無法分一杯羹。正是這批人率先響應穆罕默德的啟示。

窮人、孤兒、奴隸，在真主面前，人人平等，穆罕默德如此勸告。不管你出生在哪個部族，部族中的哪個氏族，氏族中的哪門哪戶，這些都不要緊。沒有哪個團體有權自命不凡，貶抑他人。成為「穆斯林」——從字面上來說，就是讓自己服從真主的旨意——亦即拋棄人為的高下、你我之別。這意味部族之間、貧富之間皆不再相爭。他們是一個民族、一個社群，由「萬物非主，唯有真主」（no god but God）這樣一條簡單的誡命凝聚在一起。

如同西元一世紀時巴勒斯坦那名先知所宣揚的，崇尚平等的啟示在那樣的時空背景中極富革命性。對於那些牢牢掌控城市財富的人來說，這是明目張膽的挑釁，直接威脅到現有的權力。隨著穆罕默德的追隨者持續增加，麥加的菁英費盡心思想讓他閉嘴，但是所有的嘗試，不論是中傷或抵制，皆以失敗告終。最後，古萊須部族中所有重要氏族皆派人組織一群人馬，選在一個月黑風高的夜晚，集結於穆罕默德的房外，兵刃早已準備出鞘，只等待他為了晨禱而現身。幸好，警告來得甚為及時，穆罕默德趁著夜色逃離麥加，身邊只有一個門徒，一起逃往北邊的綠洲城市麥地那，在那裡，他起初以幾個世仇部族的「恢復和平的仲裁者」身分受到歡迎，接著他便成為領袖。他夜逃的這一年，即「遷徙」（*hijra*）之年，成為伊斯蘭教曆的紀元之始：西元六二二年，或稱伊斯蘭教元年（A.H., After the *Hijra*）。

在穆罕默德的領導下，這座綠洲之城成為阿拉伯的政治中心，屢屢向南威脅並削弱麥加的地位。這兩個城市間的權力鬥爭前前後後經歷了兩次大戰役，和無數次的小規模衝突，但在穆罕默德被迫出逃的八年後，麥加最終接受了他的領導。他們稱此為*Fatah*——亦即「征服」——讓這座城市敞開對伊斯蘭教的大門。卡巴聖壇內如今只能供奉一個神——真主阿拉。穆罕默德遵循阿拉的統一啟示，跨越氏族間的藩籬，如同麥地那曾經無私接納他，他如今也歡迎麥加菁英進入伊斯蘭教的領導階層。

誰是繼承人？

然而，朋友和宿敵同樣危險，穆罕默德肯定知道這一點。最親近你的人可能也會想要你的命。縱觀當時的世界，這一向是通往權力的捷徑。一旦任命繼承者，無論這個繼承者有多麼值得信賴，終究有可能想要一步登天，用人為手段來加速自然的生命週期。誰能知曉在那一杯杯甜湯或是一道道鮮美的羊肉裡，究竟是不是被神鬼不知地下了毒藥？這些伎倆大家都心知肚明，而且很快就變得司空見慣。

但是，最大的可能是，穆罕默德知道若在此刻他正式任命一位繼承者，將會招致伊斯蘭教剛統一沒多久的社群的分裂，或者，更確切地說，加深已然存在的隔閡。任命繼承者，如同讓自己陷入由怨忿和妒忌交織而成的天羅地網。鑑於人們向來容易受到權勢和地位的撥弄，他們會圍繞在每一個富有領導魅力之人的身邊，更別說是先知的繼承者。即便他極力試圖將其弭平，種種分歧已然不只是在幕後暗潮洶湧，更已日漸浮上檯面。派系一一成形，分歧日益加深，穆罕默德一生努力的成果已經搖搖欲墜。或許，這本是無可避免的，但他還是要盡其所能地避免。他已經終止了部族間的征戰、讓弱勢受到保障、推翻了麥加的舊貴族，驅逐了舊日的異教神祇，創立了世界第三大的一神教信仰。他已經達成了非凡的功業，但這功業能在他身後延續嗎？

有跡象顯示，穆罕默德對於他死後會發生的事早已心如明鏡。傳說中他的最後一句話是：「噢，真主啊，憐憫接替我之人。」[2] 但是，他這句話究竟何意？可能只是示以謙卑？或是想祈願上蒼來幫助他的子民？還是，穆罕默德嚥下最後一口氣時，已經預見血淚交織的可怕傳說即將到來？我們再也無從得知。「那只有真主才知道」，古老的阿拉伯諺語如是說。即使是白紙黑字，也容許多種解讀。先知的心思只能由人臆測，而這已經是小說家的工作了。我們必須遵循史料，聽從那些當時在場的人的說法。但每一段論述或多或少都帶有他或她自身的角度，以及他或她自身的利益。

幾世紀以來，遜尼派學者主張穆罕默德對所有穆斯林的善意和正直抱有信心。他相信他們，也相信真主會確保其做出正確的決定。他認為社群是神聖的，這些學者主張，這意味所有社群集體做出來的決定都是正確的。但是什葉派學者堅稱穆罕默德早在很久以前，就曾經依從神的指導做出選擇，由與他血緣最近的男性親戚，也就是女婿阿里（Ali）為他的繼承者。他這樣提示了很多次，而且是在公開場合。什葉派堅稱，如果那些阿里的敵人不曾違逆先知的意志，他絕對會一再如此表明，而在他最後一次嘗試時，他已經奄奄一息地躺在清真寺旁的小房間裡。

在穆罕默德在世的最後十天當中，所有這起故事裡的要角，不斷出入病房，特別是一個女人和五個男人。他們都是先知的親屬，無論誰繼承了先知，都與他們有直接的利害關係。這批人包括他的兩個岳父、兩個女婿，以及一名內弟，事實上，這五個人最後都曾接替他，爭奪「哈里發」（*khalifa*）——「穆罕默德的繼承人」——之位。但是這會如何發生，以什麼順序，將成為未來十四個世紀裡種種矛盾衝突的根源。

無論在穆罕默德瀕危之際這些男人之間有什麼樣的分歧，最劇烈的矛盾存在於膝下無子的阿伊夏與五個男人之中最年輕的阿里之間。作為穆罕默德的親堂弟、養子，以及女婿，阿里是與先知血緣最近的男性親屬。然而，阿伊夏和阿里，這兩個在日常生活中最靠近穆罕默德的親戚，卻經年累月地幾乎無法客氣地向對方說上一句話，即使是穆罕默德尚在人世時便是如此。

兩人的劍拔弩張肯定是讓病房中的空氣如此令人窒息的原因，即便不是先知，都能預見到他倆之間的仇恨將如何影響伊斯蘭世界的未來。畢竟，像搞丟項鍊這等區區小事，如何能在七年前就為往後千百年的仇恨埋下禍根？

注釋

1　伊斯蘭教神學家對於穆罕默德晚年無子的研究，參見：Madelung, *Succession to Muhammad*.

2　「噢，真主啊，憐憫接替我之人。」（"Oh, God, have pity on those who succeed me."）：引用自什葉派聖訓，其餘參見Ayatollah Khomeini，見：Khomeini, *Islam and Revolution*。

第二章

項鍊事件

百口莫辯的先知愛妃

在一場場征戰中，她不是溫室中的嬌貴花朵。憑著她的伶牙俐齒、聰明機智，在這些激烈的短兵相接中，阿伊夏學會用尖銳刺耳的呼聲在後方咒罵敵人、鼓舞己方戰士的男子氣概，督促他們立下戰功。但是，也正是她的過度自信和膽大妄為，引發了劇烈動搖她身為先知之妻地位的危機……

阿拉伯的歷史書寫

雖然人們經常以為它不過就是一條普通項鍊，畢竟它只不過是一串珠子，但它遠不僅止於此。當然，這些珠子可能是瑪瑙、珊瑚，或只是再簡單不過的貝殼，阿伊夏從未說清楚，而她隨意揮舞手腕時，彷彿它一點都無關緊要。也許她是對的，知道這是一名年輕女孩會配戴的項鍊就已經足夠。但她會將這條項鍊看作比鑽石還珍貴，因為這是婚禮當天穆罕默德親手給她的禮物。

遺失項鍊和隨之而來的緋聞以「項鍊事件」（the Affair of the Necklace）為人所知，這類富有民俗風味的名稱，充分展露出口述歷史的風貌，具體反映出在印刷工業和大眾識字年代之前的歷史如何開展。此外，像是「斗篷下的人」（The People of the Cloak）、「紙筆插曲」（the Episode of Pen and Paper）、「駱駝之戰」（the Battle of the Camel）、「密函」（the Secret Letter）、「戰慄之夜」（the Night of Shrieking）——種種種種，都構成了早期伊斯蘭歷史的基石。歷史如同一則則典故軼事般被細細傳述。當然了，歷史本來就是故事，但很少會描繪得如此活靈活現、歷歷在目。

在伊斯蘭教的首個一百年，這些故事們並未書之於史冊，而是流轉在說書人的舌尖上，再由聽眾銘記在耳中和心間，細節隨著時光流逝不斷積累。這是早期伊斯蘭教史家的原料，他們的考察穿越各地，翻山越嶺以蒐羅這些記憶。他們仔細地聆聽每一段極為詳細的敘述，並小心翼翼地記錄「傳述鏈」（the chain of communication）上的每一個來源。他們稱之為*isnad*——即每段記憶的起源。每位史家的記載一定會這樣開頭：「丙告訴我這件事，丙是從乙那裡聽來的，而乙又是聽甲說的。當事情發生的時候，甲就在那兒。」

這是伊本．易斯哈格（Muhammad Ibn Ishaq）書寫穆罕默德傳記的方式，伊本─賈利爾．塔巴里（Abu Jafar Muhammad ibn Jarir al-Tabari）也是如此寫下早期伊斯蘭教史的權威之作，這套書翻譯成英文之後，足足有三十九卷。這也是伊本─薩阿德（Muhammad ibn Saad）充滿趣味橫生的軼事的筆法。巴拉祖里（Ahmad ibn Yahya al-Baladhuri）在《貴族譜系》（*Lineage of the Nobles*）中也是這麼做。這是一種極為透明公開的歷史書寫，不僅讓後世可以看清楚歷史是怎麼流通與確立的，而且非常尊重事實，以致於似乎造成了一種羅生門風格——如果事發當時有六個人在那兒，便會出現六段相似但略有不同的說法。

塔巴里是遜尼穆斯林，但遜尼和什葉兩派都公認他的歷史巨作《先知和國王的歷史》（*Tarikh al-rusul wa al-muluk*）具有絕對的權威性。它的長度和細節是其卓絕之處。他一而再、再而三地訪問相同的事件，到了近乎狂熱的地步。因為每個人講述的都是自己心中的版本，不同版本之間往往會有重疊和差異之處。這種作法即使在今天看來都相當地後現代。塔巴里明白人類所謂的真理總有偈限性——現實是多面的，每個人的觀察與描述都帶有一定程度的偏見。只能透過不斷大量的匯總，來取得最接近事實真相的客觀性，因此他頻繁地用亙古的名言來為每段有爭議的插曲下結論：「那只有真主才知道」。

閱讀這些七世紀的聲音，你會覺得自己如同置身於廣袤沙漠上，絲絲入扣的故事超越了時空的限制，讓人感覺身歷其境。當說書人述說他們看到什麼、聽到什麼，以及一個人說了什麼，另一個人又如何回應，他們的語言有時簡潔得令人震驚。這或許一點兒也不符合人們對傳統歷史的期望。然而它們出自那個至今仍影響深遠的時代中的真實人們，因此有血有淚，而且也忠實呈現出當時的文化，那個詛咒的語言與祝福的語言同樣懇切、同樣無法抹滅的文化。誠然，在接下來的篇幅中，詛咒和祝福同樣不可忽視。

沙漠探險

大軍離開麥地那才不過一天，項鍊就搞丟了。以伊斯蘭教之名，穆罕默德一統阿拉伯各部族的征戰已經邁入尾聲。這些幾乎都是大規模的遠征，時間往往長達數週甚至數月，會有至少一名妻子隨行。而他最想帶在身旁的總是阿伊夏。

這絕對能讓阿伊夏這樣活潑好動的城市少女興奮不已。麥地那當然尚未達到我們今日印象中的城市樣貌，它充其量不過是部族村莊的集聚，每一個村落都圍繞著一座堅固的主要房舍。然而，這樣的城市化程度已經足以讓過去的游牧生活化為濃濃的鄉愁。一篇篇的詩歌讚頌著沙漠的純淨，雖然它的環境嚴酷，但能陶冶出高貴的靈魂，那在安逸的城市生活中已經不復存在。

對阿伊夏來說，這些遠征更像是浪漫的傳奇故事故事。她興奮地穿過如玉帶般蜿蜒的綠洲之城麥地那，上達陡峭的漢志山脈，其高聳之勢使之成為麥地那與阿拉伯中部、北部大沙漠之間的屏障，其名 *Hijaz* 原本也就帶有「屏障」之意。在這片山區之下，延展了超過七百哩的乾草原，直到土地突然浸濕於蒼翠繁茂的河水谷地之中，此處稱作 *al-Iraq*，是波斯語「低地」的意思。

阿伊夏要把握這次機會，發掘沙漠傳說中的純淨，樂此不疲地玩味其中一絲一毫的細節。她對偵察兵總是知道如何找尋泉水而欽佩不已：他們知道每一道岩石裂隙之間，都能鑿出深藏的地下水，每一處土地的低窪處，都能匯集冬日的驟雨，大雨過後的窪窪水潭可能在幾天之內消失。偵察兵毋需指南針和地圖，整片土地都刻印在他們的腦海之中，他們是老馬識途的旅人大師。

從她處於駝轎中的制高點——搭建在駱駝鞍上的有頂藤編平台——阿伊夏可以看見北邊草原上大批飼養駱駝和馬的人們；亥巴爾（Khaybar）和法達克（Fadak）綠洲上的椰棗樹相互依偎，如同山谷中高聳的綠寶石；金銀礦為漢志山脈創造出了諸多財富；就連偏遠部族的貝都因

（Beduin）戰士，對城市少女來說，都帶有兇殘血性的浪漫。她細細留意、聆聽一樁樁曠日費時的談判，試圖拉攏拒絕承認穆罕默德和伊斯蘭教的部族，希冀得到和平的善果。然而，她心底的某處可能曾經希望談判破局，雙方拔刀相向，征戰殺伐取代外交折衝，男人的吼叫聲日漸嘶啞，空氣中充斥著刀劍撞擊的鏗鏘聲和刺鼻的血腥味。

正是在這些遠征中，她瞭解到如何在戰士的怒吼之中，唱好自己的一台戲，即不斷鞭策後方的士兵。七世紀的阿拉伯婦女絕不是徒待枯萎的紫羅蘭花，阿伊夏尤其不是，她以伶牙俐齒與聰明機智聞名於世。她學會靠著咒罵敵人，鼓舞自己陣營的男子氣概，督促男人頻頻立下英勇戰功。數年之後，無論征戰有多激烈，即使這些男人一個個倒在她腳下，她依然不改本色。她明白她的咒罵強而有力，令人膽怯，又令人毛骨悚然——她以高亢、刺耳的破空之聲聞名，幾乎未曾失敗過。但是，這一次，她向來立於不敗之地的伶牙俐齒和聰明機智卻令她栽了跟斗。

天色未明，他們就準備趁著涼爽的凌晨拔營，踏上歸途中的最後一哩路。在黎明前冰冷的晨曦中，阿伊夏在距離營地的百碼或更近之處，在單薄的灌木叢後面小解——婦女在野外時會這樣做，以尋求些許的隱私。當她回到自己的駱駝旁時，車隊正準備啟程，駝轎也已經設置好，她的手指偶然輕觸頸子間，心臟瞬間漏跳了一拍——少了什麼東西的念頭閃過腦海，那應該要在那裡的東西消失了。她的項鍊，穆罕默德的禮物，居然不翼而飛！

她旋即意識到發生了什麼事。珠串連接處斷裂了，而她沒有注意到，也許有過那麼啪啦的一聲，散開的珠子顆顆滾落在地。不過，只要她發現得還不算太遲，就仍有時間尋回珠子。她沒有告訴任何人，一溜煙地滑下駝轎，按原路折返。

即使她如此胸有成竹，找尋珠子的時間卻遠比她預想的要長。在凌晨微弱的光線下，每叢灌木看起來都是一個樣。當她終於找到了正確的那一叢，並跪下來尋找，已經過了一段時間。接著，她又不得不翻開灌木叢下成堆的落葉，才有辦法找尋珠子的蹤跡。等到她終於一顆顆找回了所有珠子，用罩衫下襬兜著細細打了結的珠子，並且歡天喜地地回到營地，卻發現營地早已不在那兒了。那一刻，她獨自一人身處於無垠沙漠中。

這其實可以理解，她的侍女，衣索比亞的女奴，雖然目睹她上轎，但沒有見到她又溜了出去。侍女都以為她還在裡頭，而且心想或許她不想受人驚擾，所以把簾子放了下來。於是，大軍就這樣撇下了她。對於大多數人來說，接下來發生的事，或者說未發生的事，更加令人費解。

阿伊夏沒有追趕車隊，即使大軍踩踏出的痕跡依然清晰可見。她居然沒有走在其後，就算車隊肯定尚未走遠。馱著裝備和補給品的駱駝無法移動得太快，雙腳應該很容易就追趕得上，特別是在清晨時分，陽光尚未全力曝曬大地，沙漠中夜晚的寒意仍飄散在空氣中，清新涼爽。約莫最多一個小時就能追上。

然而，她卻是這麼想：「我把自己裹在罩衫中，然後在原地坐著。當他們知道我沒有跟上，他們會回來找我。」

天之驕女

結果沒人注意到阿伊夏失蹤了，這對她來說簡直不可思議。她無法置信車隊不曾為了她停下，並遣回一支分隊來找她。作為先知的妻子，她應該享有特權。要指望她徒步追上車隊，是把她想成了普通的十幾歲少女。如果人生中有那麼一件事，讓她永遠堅持，那就是她的與眾不同。

首先是她嫁給穆罕默德時的年紀。六歲的時候，她就許配給他了，九歲的時候，舉行了婚禮並圓了房。雖然有點匪夷所思，但在她的一生中，很少有人對此表示懷疑過。事實上，或許根本沒有人想要與她爭辯。後來一位權傾天下的哈里發在多年以後曾經如此說道：「從來沒有一樣我想闔上的東西她不會打開，或者說，我想打開的東西她不會闔上。」

但是，如果阿伊夏真的在這麼輕的年紀就婚配，當時的人們肯定會有所評議。事實上，大多數的紀錄說她在九歲時訂婚，十二歲時才真正結婚，因為習俗規定青春期前的少女不得婚配。但話又說回來，在適當的年齡成婚會讓阿伊夏顯得稀鬆平常，和一般少女沒有兩樣，而這正是她向來抗拒的。

她的高壽也令人嘖嘖稱奇，因為她活得比故事中的其他主角長上許多。終其漫長的一生，她不斷提醒一向對她唯命是從的大家，她不僅是穆罕默德最年輕的妻子，更是最純潔無瑕的。她是唯一一個既未曾離過婚，也不是某人的遺孀，且在成婚時仍是完璧之身。但，最重要的是，她是穆罕默德的最愛。

「我的小紅髮」，他總是這麼喚她。但我們幾乎可以肯定她絕非天生紅髮。如果她天生紅髮，肯定會引起大多數為黑髮的阿拉伯人諸多評論。的確，這是出於她自己的小伎倆，她從不羞於承認這一點，甚至還津津樂道。是散沫花（henna）讓她的髮絲泛出暗紅色。這讓她看來更加與出眾。

她是九名妻子之中，在哈蒂嘉過世後第一個嫁給穆罕默德的。為了轉移先知的哀痛，她父親阿布—巴克爾（Abu Bakr）做了如此安排，他既是穆罕默德的摯友，也是長期的支持者。這個理由顯而易見。調皮、熱情的青春少女，可以重新賦予他活力。以她自己的話來說，她會逗弄並調侃他，他不僅不會因此受到懲罰，還因此更加受寵。穆罕默德默許這種少女的惡作劇，彷彿他是寵壞女兒的慈父，為她的嬌縱和迷人魅力所傾倒。

她絕對十分迷人，而且鐵定很嬌縱。然而，至少以現代的眼光來看，嬌縱與迷人都還不足以形容她。日後阿伊夏談起她的婚姻時，總希望能展現她的尊榮與堅毅，但事實往往有另一面，即這個年輕女子善妒、易怒的一面。堅毅與剛愎只有一線之隔。

有一回，穆罕默德在另一個妻子處待了太久，因為她為他調了一杯「蜜飲」——一種阿拉伯奶酒，由蛋白和山羊奶調製，並加入蜂蜜調成濃濃的乳狀，這是穆罕默德的最愛。當他終於來到了阿伊夏的房間，並解釋他為何遲到，阿伊夏聞到他口中的酒氣，她做了個鬼臉，厭惡地皺皺鼻子，「釀造此蜜的蜜蜂一定是吃了苦艾了。」她堅持道。結果穆罕默德答應他下次他再也不喝了。

另一回，她更是過分，穆罕默德正準備和一個新皈信伊斯蘭教的重要基督教部族聯姻，迎娶其領袖婀娜多姿的女兒。當準新娘到達麥地那，阿伊夏自願幫忙她準備婚禮，再狀似閨密地規勸她，如果在新婚之夜，她反抗他，並說「神庇佑我遠離汝」。穆罕默德就會更加敬重她。新娘不知道這是用來宣告婚姻無效的伊斯蘭慣用語。她只知道，當她說出口的那一刻，穆罕默德拂袖離去。第二天，她被毫不客氣地打發回家。

總而言之，阿伊夏向來我行我素慣了，對他人也頤指氣使。所以當她被獨留在沙漠上時，她並不認為該會有什麼不同。不過或許，當日頭升得更高，她的心中曾經出現絲毫的恐慌，於是她躲避在枝繁葉茂的金合歡樹下，眼看著樹的影子逐漸變短，卻依然沒有人來。即使是對她自己，她也絕不會承認獨特如阿伊夏，也會有被撇下的一天。絕對會有人被遣來找她，身為先知最寵愛的妻子，絕不會像貝都因的牧羊姑娘一樣追在駱駝車隊後方跑。這實在太有失身分。

青年武士

的確有人來了，卻不是如她預期，特別被遣來尋找她的隊伍。事實上，遠征隊沒有遣送任何人，因為他們完全沒有意識到她失蹤了，即使他們已經抵達麥地那，也無人發覺。在大軍返鄉的陣陣騷動中，數百駱駝卸下鞍囊並拴入廄中。戰士們正忙著與妻子親戚打招呼——仍然無人留意到她不在那兒。她的侍女以為她自己下了轎，或許是去見她的母親了。穆罕默德則忙得團團轉，根本顧不上她。每個人都以為她應該是在別的什麼地方。

所以，只能說阿伊夏的運氣很好，又或者這恰恰是她的不幸，某個年輕的麥地那戰士因故延遲了，正獨自一人穿過氤氳的暑氣，試著跟上行軍隊伍，正好瞧見她孤身一人躺在合歡樹下。

他是薩夫萬（Safwan）。他一認出她，立即翻身下馬，扶她坐到他的駱駝之上，然後牽著駱駝，徒步整整二十哩到麥地那。這正是綠洲之城的人們親眼所見，指證歷歷地說先知的妻子如何趕在夜幕低垂之前到來，比遠征軍足足晚了幾個小時。她昂首挺胸地騎在駱駝上，由一名年輕俊俏的戰士牽著。後來阿伊夏發誓，他這騎士精神的行為如同沙漠一樣純淨。

她肯定察覺到什麼不對勁，因為大夥兒正驚訝地瞪著他們。他們畏畏縮縮，沒有人迎上前、搶著跟她說：「感謝阿拉，妳安全了」。她肯定看出他們相互使眼色，在她經過的時候竊竊私語。無論她在薩夫萬的駱駝上坐得有多筆直，頭抬得有多高，她的怒目有多倨傲，她肯定聽到他們嚼舌根。孩子搶著跑在前頭，四處散布謠言，聰明如她，該猜得出謠言的內容。

這景象很難不讓人有所臆測。先知最年輕的妻子和一名精力充沛的年輕戰士單獨出行，穿過麥地那山谷中一連串的村莊？不出幾個小時，謠言就在綠洲之間流傳開來，人們咕噥著，真的只是因為一條項鍊？人們會怎麼想，膝下無子的少女嫁給五十好幾的男人？一整天跟個年輕戰士獨自走在沙漠裡？為什麼她明明可以徒步趕上大軍，卻偏要待在那裡等人去找她？又或者，這根本是預謀的幽會？先知是否受了他最愛之人的欺騙？

無論是否有人真的相信，都已經不再重要。七世紀和今日如出一轍，緋聞本身已經足夠傷人，特別是還涉及到了性的層面。更麻煩的是，這牽涉到綠洲現有的政治格局。阿伊夏和薩夫萬究竟在沙漠中發生了什麼，並非真正的焦點。穆罕默德的聲譽，他的政治地位，才是關鍵。

任何對阿伊夏施加的汙辱都會波及整個家族，特別是對於兩個最親近她的男人：為她許婚的男人和娶了她的男人。她的父親阿布—巴克爾是穆罕默德那晚從麥加逃亡到麥地那時的唯一一位隨護，如今麥地那已經是阿拉伯的權力中心，而他也成了麥加人的領袖。這些從麥加來的人被稱為「遷士」（the Emigrants）。這個稱呼反映出了一個事實，即這些麥加人仍然被麥地那人視為外人。他們自然備受尊重，但未被全然接納，他們的一舉一動仍然透露著外人的氣味。他們抵達這裡，又接管了這裡，但是麥地那人從未邀請過他們。因此，被稱為「輔士」（the Helpers）的麥地那當地人，特別樂見此椿緋聞掀起的風波。在七世紀的麥地那政壇，和今日全世界的政壇一樣，看似犯錯與真正犯錯是一樣糟糕的。

即便是在「遷士」之間，也有些人認為阿布—巴克爾的家族需要被掣肘，尤其是那位長伴先知左右的年輕姑娘，顯然認為自己比先知身旁的人更為優越。特別是女人，多半對阿伊夏心懷怨恨，像是穆罕默德的女兒，更何況是其他妻子，都對她的專寵十分厭煩。這位少女向來自認與眾不同。然而，這是第一次，她發現自己或許出頭太多了。

名譽之戰

對於這些指控，阿伊夏無疑是無辜的。沒錯，她可能年少輕狂，但她同時也有高度的政治敏感度，要拿她的畢生地位來冒險，更別說還有她父親的，只為了一場露水姻緣？這絕對是不可能的。先知最愛之妻與區區一介戰士廝混，而他甚至不是出自那些最顯貴的家族？她恐怕連做夢都不曾想過。薩夫萬的所作所為恰好如同阿伊夏所想，一名救助落難少女的白衣騎士。這樣的詆毀簡直不堪入耳，究竟是誰想出這樣下流的話來？

當然，穆罕默德並不做如此想，如果他心中曾閃過什麼念頭，肯定是內疚，不捨他居然將最寵愛的年輕妻子獨自留在沙漠中。所以起初他完全不為傳言所動，相信很快就會風平浪靜。但這一回，他低估了綠洲裡人言之可畏。

一夜之間，詩人忙碌了起來。當時的他們就如同今日的八卦專欄作家、部落客和通告藝人，他們當然不會為這樁緋聞寫出什麼抒情頌詩，而是採用了傳統阿拉伯詩歌中另一個偉大的形式：諷刺詩。他們以雙關語和俏皮話寫下朗朗上口的詩篇，趁勢四處傳播，而且後來的人往往還加油添醋。帶刺的詩句如同匕首，一刀刀刺向名流顯貴的身上。在一個重視名聲、部落之間的同盟只靠握手與口頭承諾就達成的社會，街頭的閒言閒語可以毀掉一個男人。

很快地，整個綠洲充斥著含沙射影的嘲諷狂熱。在水井邊、蓋有圍牆的菜園裡、在椰棗園旁、在旅店、市集和廄舍中，甚至是在清真寺裡，全麥地那山谷的前後八哩，人人莫不人云亦云。人們向來喜歡一再回味醜聞的種種細節，不論其是真是假。

穆罕默德一開始都不做回應，但如今再也不能置之不理了。阿伊夏是否清白並不重要，重要的是她必須被「視為」清白。他清楚知道他的權力和領導在麥地那並非穩如泰山。南邊的麥加仍然反抗著他，即使經過了兩次重大戰役，還無法在短時間之內讓他們稱臣。這些下流非常的諷刺詩已經傳到了那座商賈之城，他們歡欣鼓舞地全盤接收。

在此期間，他將阿伊夏從原本清真寺院東牆下的房間趕走，將她送回給阿布—巴克爾。在父親家中，她深居簡出，遠離那一隻隻窺視的眼睛和一雙雙貪婪的耳朵。她家的人對外宣稱她突然生了重病，因此回父親家休養。但造謠者可沒這麼容易買帳。病是真的病了，因為她沒臉見人啊。她是該如此。

生平第一次，阿伊夏完全有口難言。一名早期史家曾說「她向來說得很多」，如今可是從天堂掉落地獄。她曾經怒不可遏，帶著受傷的自尊，用忿怒對抗誹謗，但似乎完全沒有起任何作用。直到多年以後，她仍然深受其擾。她甚至一度主張薩夫萬性無能，說他「從來不碰女人」。這個聲明無懈可擊，因為那已經是薩夫萬死於征戰的多年以後，根本無法開口捍衛自己的性能力。

就像其他受委屈的少女，阿伊夏終於做了一般十幾歲少女都會做的事。她哭了，哭得潸然淚下，傷痛欲絕。即使這些決堤淚水或多或少有些誇張，但要放在她如今的立場，倒也是合情合理。根據她日後回憶所說：「我無法停止哭泣，我以為我會哭到淚盡腸絕。」

信士之母

區區遺失一條項鍊可以惹出軒然大波，難道只是意外巧合嗎？有人會說，如同至今保守派穆斯林教士的看法，這就是當一個女人拒絕乖乖在家相夫教子，妄想參與公共事務的後果。我們當然也可以反駁這種指控不過是性別歧視的老把戲。或者可以進一步爭辯道，是阿伊夏自己無法無天的性格讓自己身陷險境。尤其是因為她對穆罕默德髮妻的妒忌。

當哈蒂嘉與穆罕默德成婚的時候，這位富商遺孀已經四十歲，而他才二十五歲。然而，穆罕默德對哈蒂嘉忠貞不二，直到她過世的那一天，他都沒有再娶。在他四十歲那年經歷神蹟啟示而惶恐惕慄時，是她的懷抱帶給他庇護和安慰。她用溫柔而堅定的聲音向他保證，他的使命來自於真神的寄託。不管他之後結過多少次婚，如此深摯的愛是獨一無二的。

一個十幾歲的少女要如何與一個逝去女人留下的珍貴回憶較勁？但誰能預料，偏偏這個不服輸的女孩就是想要試試看。

「除了哈蒂嘉，我絲毫不會妒忌先知其他的妻子，即使我在她死後才到來。」她多年以後說。雖然哈蒂嘉肯定也是她嫉妒的焦點，但這顯然是違心之論，因為每當有人提及其他妻子的美貌，阿伊夏便如芒刺在背。註定只有一個女人能成為穆罕默德的髮妻，且正因為她已不在世，其地位更是無法挑戰，難以超越。穆罕默德的態度也非常清楚，他可以忍受阿伊夏所有的戲弄，但有一次她實在太過分了。唯獨這一次穆罕默德斥責了她，因為她膽敢把她那鋒利的舌頭指向哈蒂嘉。

這起事件始於一個小問題，阿伊夏只是利用自己的魅力來吸引穆罕默德。這種問題只有十幾歲的年輕人才問得出口，而只有一個老女人才會在多年之後的回憶中懊悔不已。這句話一聽就知道出於阿伊夏之口，那種直率沒有其他人膽敢嘗試。正值青春年華的阿伊夏問穆罕默德，他怎麼可以仍深愛著那個「沒了牙齒的老女人，即使阿拉用了更好的來取代她」。

可以想像這句話本來只是用來打情罵俏，輕佻到完全沒有意識到此話的後果。但這仍然凸顯出了青少年的殘酷，他們的旺盛的精氣活力對年長者來說只能望之興嘆。阿伊夏一度以為她可以用這樣的方式比下哈蒂嘉，穆罕默德的回應卻讓她心涼了。

「的確沒有，阿拉並沒有用更好的女人取代她。」然後話鋒一轉，他說到了她的痛處：「阿拉讓她生下我的孩子，而其他女人沒有。」

這下子不只是哈蒂嘉不可批評，甚至連先知自己也用阿伊夏膝下無子這件事來攻擊她。她或許曾因為處女新娘的身分而難能可貴，但在一個母憑子貴的社會裡，她不是一名母親，也永遠不可能是。

她是在此時此刻才下定決心，又或者這個決心老早就埋藏在她心中？這個決心讓阿伊夏痛定思痛。這個沒有孩子的少女決心在先知逝世後，成為名列第一的「信士之母」（Mothers of the Faithful），這日後將成為先知遺孀們的稱呼。她將為他們所有人發聲，她要讓自己晉升為「唯一」的信士之母。所有廟堂上統治者都要徵詢她的同意，她的旨意沒有人膽敢低估。眼前她不是任何人的母親，但將來，至少她已經預見，她會成為所有穆斯林的母親。

勇敢、固執、直來直往，這些性格特徵未必有利於她，但這讓她在這段歷史中處於風暴的核心，可以用隻字片語操弄圍繞他身邊的男人們——每個男人，除了那一個之外，也就是在項鍊事件中，穆罕默德向他尋求意見的那個男人。

第三章

真主之獅

與先知最親近的男人

這位與先知最親近的男人，是所有穆斯林的典範，具備虔誠的信仰、高潔的品性。他逝世後數百年來的影響力，比他生前還要巨大。那麼究竟是什麼原因，讓先知從未明確指示阿里未來的角色，而成為後人永不得其解的謎團？

真主之獅

如果說有誰最有可能成為穆罕默德的繼承者，那就是阿里，他的親堂弟，未來的「什葉派」將以他之名為名。他們過去是、現在也是「阿里的追隨者」（*Shiat Ali*），簡稱「什葉派」（*Shia*）。

阿里是首位皈信伊斯蘭教這個新信仰的人。他當時年僅十三歲，但他的的確確清清楚楚地記得，這標誌著他一生中最重大的時刻。這時，穆罕默德剛剛經歷與天使加百利第一次相遇時的靈魂震撼，仍然陷於當人類與神靈面對面時會有的巨大恐懼，他一度在哈蒂嘉的懷裡尋求慰藉，而她這樣安慰他，「這確實是天使，絕不是魔鬼，而你將是這些人的先知」。於是，穆罕默德召集了他最親近的親屬，尋求他們的支持，「你們之中誰願意輔助我成就此業？」他問。

阿里這樣說道：「他們所有人都退縮，而我雖然是這裡最年輕的，我的眼睛看不清、肚子最肥大、雙腿最瘦弱，但我會說我，噢，真主的先知，讓我成為您的助手。」

近視？肥胖？孱弱？阿里是在自我消遣嗎？他對自己的這番形容，和在什葉派信士之間廣為流傳的海報上，那名陽剛又溫柔的戰士相去可謂十萬八千里——什葉派不太在乎遜尼派對偶像畫面的禁忌。[1]從黎巴嫩到印度，阿里的海報在什葉派聚集地區的小報攤和街頭攤販四處兜售。上頭的不是笨拙的青少年，而是英俊的四十多歲男子。堅實的下顎之下是修剪整齊的鬍鬚，還有濃密的眉毛、炯炯有神的雙眼。我們幾乎會誤以為他的肖像是常見的基督的形象，除了他更加的剛健挺拔。

他有一把劍。有時搭在他的背上，有時橫在他的腿上，這把劍註定聞名整個伊斯蘭世界，比亞瑟王的「王者之劍」（Excalibur）在基督教世界的名聲更響亮。如同「王者之劍」，它有著超自然的神力，名為「分割者」（*Dhu'l Fikar*），這就是為什麼它的形象總是如蛇信般分岔。事實上，這並不是說劍被分割，而是指其接觸到的肉，因此若是翻譯為「切肉刀」或「切割者」會更直白。

一直以來，它都是穆罕默德的劍，由他賜給阿里，或者可以說是「遺贈」。在他手持此劍奮勇殺敵無數戰役後，無懼身上的多處傷口，阿里贏得了穆罕默德賜予其最有名的稱號「真主之獅」（*Assad Allah*）。因此在他日後的畫像中，常有一隻雄赳赳氣昂昂的鬃獅蜷縮在他的腳下，用沉靜而有威嚴的眼神，凝視著觀者。

無處不在的海報都能傳達出「真主之獅」英姿颯爽、氣蓋山河的形象。他的顴骨很高、用墨塗黑眼眶，綠色的頭巾（*keffiya*）巧妙地覆蓋在他的頭上，落在他的肩膀上——伊斯蘭教的綠色旗幟源自於穆罕默德的氏族，這個顏色讓沙漠中的人們聯想到舒服與富庶。阿里便是這樣一名完美的穆斯林。

那麼，如果在十三歲時，他還是一個近視、有著細瘦雙腿的青少年？如同什葉穆斯林指出，這些都不是對他的實際描繪，而僅僅只是想像。筆觸中傳達出的是他們對阿里的崇敬之情，對他們來說，這個男人由穆罕默德親自引領進門，並授以伊斯蘭教最核心、最靈性的真諦，因此他對信仰的理解，遠遠超過其他人。就算他在世時不是世上最英俊的男人，那又有什麼關係？他在精神世界中長存不朽，他的身體更加強壯，他的聲譽與尊榮也都勝過在世時。

聽到他年輕堂弟發出堅定承諾的第一個字，穆罕默德似乎就理解了一切。「他用手臂摟住我的脖子，」阿里回憶道，接著他說，「他是我的兄弟，我託付的人，也是你們之間我的繼承者，所以，聽從他吧。」然後每個人都站起身，對阿里的父親打起趣來，「他命令你要聽從你的兒子。」

這樣似乎已經說得夠清楚了：不只是阿里被指定為穆罕默德的繼承者，這也是伊斯蘭教義的第一個象徵——狹義地來說是對傳統父權的革命性顛覆，廣義來看是對整個舊秩序的顛覆。不再有哪一個部族能夠稱王稱霸，沒有哪個氏族可以聲稱統御整個部族，也沒有哪個家族可以掌控整個氏族。在真主的眼中，人人皆平等。伊斯蘭教新社群中的所有成員都平等。

然而，按照阿里自己的說辭，這並沒有被認真看待。事實上，從來沒有人能肯定這句話是否認真。阿里仍然是那個單純、細瘦的小伙子，沒有強大到足以揮舞寶劍的能力，更不用說是「王者之劍」。穆罕默德則是個窮困、靠叔叔養大的孤兒，只能藉由妻子哈蒂嘉獲得財富。這讓他看起來似乎再平凡不過，他的親屬都對他們的生平了然於心，他卻突然宣布自己為真主的使者。大多數人聽到的時候，肯定都覺得光是自稱使者就荒謬絕倫，更何況還要任命繼承人。畢竟，他根本無所傳承。在當時，伊斯蘭教只有三個信士：穆罕默德、哈蒂嘉，以及阿里。只要是稍微有點理性的人都無法想像這居然會發展成偉大的新信仰，甚至一統阿拉伯半島，更茁壯成一個帝國？穆罕默德就是這樣一個看似毫無值錢東西能夠傳承的人。

接下來二十年間的變化當初誰也想不到。伊斯蘭教宣揚的平等精神，同穆罕默德的權威一起大幅增長，各個部族和城鎮前仆後繼地正式接受了這個信仰，並以繳稅的形式表達尊崇。新的「社群」（*ummah*），伊斯蘭社群，不僅更為強大且益發富有。穆罕默德病危之際，幾乎整個阿拉伯半島都已經由伊斯蘭教和單一的阿拉伯認同連成一體。這些年來，一次又一次，穆罕默德不斷明確表示，他與阿里有多親密無間，當所有人都對他嗤之以鼻的時候，這個男人仍對他充滿信心。

「我出自阿里，阿里出自我。他是所有跟隨我的信士的守護者，」他說。[2] 阿里之於他「如同亞倫之於摩西，」他宣稱。[3]「沒有一個信士不愛阿里，也沒有一個叛教者不恨他。」最有名的，特別是對神祕的蘇非主義者（Sufism）來說，阿里化身為知識和智慧的守護神，「我是知識之城，而阿里就是進來的門戶。」

什葉派學者仍然堅持這些話可以證明穆罕默德就是希望讓阿里接替其位，即使在之後的種種聲明中，便再沒有字字清晰地使用「繼承者」一詞。沒有一處有過明確表示，「這是我所指定的人，將在我去世之後帶領你們。」只有間接的說法，但從未斬釘截鐵地指定。或許對某些人來說，這足以構成無可辯駁的證據，對其他人來說，卻極為模稜兩可。

最靠近先知之人

然而，有一件事並不模稜兩可。不管是遜尼派或什葉派，沒有人能否認穆罕默德和阿里之間絕無僅有的親密關係。事實上，他兩人是如此親密，以致在先知一生中最生死交關的時刻，阿里擔當他的替身。

那是他計畫逃往麥地那的前夕，麥加人密謀暗殺穆罕默德，這些刺客等在他的家門外，準備在黎明時動手——就算他們心有歹念，卻仍然服從傳統的阿拉伯訓諭，在一個人自家裡不可以對他進行攻擊。阿里已經安排好讓穆罕默德與阿布—巴克爾一起逃跑，自己留下作為誘餌。正是阿里在那晚睡在穆罕默德家中，也是阿里在早晨時披上穆罕默德的長袍步出門外，預備為穆罕默德捨生赴死，直到刺客意識到他們搞錯了人。阿里，在那晚一馬當先站在了本該由穆罕默德所處之位，最終自己有幸逃脫，以最不受人注目的方式，獨自一人徒步展開前往麥地那的迢遙旅途。

某種程度上，這似乎註定了阿里應該要擔任穆罕默德的替身，儘管這兩位堂兄弟間有二十九歲的年齡差距，他倆的關係是完美的互補，兩人都在對方家中找到避難之所。遠在阿里誕生之前，穆罕默德的父親去世之後，身為孤兒的他就在叔叔阿布—塔里布（Abu Talib）的扶養下長大成人。多年之後，當阿布—塔里布陷入財務困難，穆罕默德遂與哈蒂嘉成婚，接管她從第一任丈夫繼承來的商人事業，並將叔叔的小兒子阿里當成自家的一分子。阿里和穆罕默德的四個女兒一起長大，成為穆罕默德和哈蒂嘉從未有過的兒子。先知成為他的第二個父親，哈蒂嘉成為第二個母親。

時光流轉，他們又多了第三層的關係，讓兩人的親緣連結更密不可分。彷彿阿里作為他的親堂弟與養子還不夠，穆罕默德仍親自許下他與長女法蒂瑪的婚姻，哪怕已經有其他人向她求婚。

這個其他人不是旁人，正是他們在穆罕默德死後公然領導了對阿里繼承權的挑戰，一為阿伊夏的父親阿布—巴克爾，在遷徙至麥地那的路途中，他是穆罕默德的門徒。另一位則是著名的戰士伍瑪爾（Omar），未來在他的領導之下，伊斯蘭教得以跨出阿拉伯半島，深入整個中東。儘管阿布—巴克爾和伍瑪爾都將自己的女兒嫁予穆罕默德，他仍然在他們和法蒂瑪求婚的時候，拒絕了他們。這個意思再清楚不過：在一個重視給予勝於受惠的社會裡，給予者比收受者更為尊貴。許以與女兒婚配的人，也將賦予其更高的榮譽。阿布—巴克爾和伍瑪爾雖然有幸讓穆罕默德娶了自己女兒，他卻沒有如此回禮，而是選擇了阿里。

這個區隔十分罕見，在在表明了他對這段婚姻的特殊考量。先知不僅親自主持婚禮，還制定了一個條件：這對新人得按照自己與哈蒂嘉的婚姻典範，是一夫一妻制。他似乎在說，阿里和法蒂瑪將是新的穆罕默德和哈蒂嘉，並且會有穆罕默德和哈蒂嘉從未有過的兒子。

果不其然，穆罕默德仍然沒有自己的兒子，但很快就有了兩個可愛的孫子，哈珊和胡笙。一年之後，他們立即成為祖父最心愛之人。有人說，沒有愛能比祖父母對孫子的愛更為純潔。穆罕默德極為溺愛他們，他會放任兩個小男孩在膝頭上蹦蹦跳跳好幾個小時，不斷親吻和擁抱他們。他總是忘我地將作為真主使者的禮儀和尊嚴拋諸腦後，四肢跪地，像馬一樣任他們騎在背上，兩個孫子甚至會用腳跟踢他的兩側，調皮地放肆尖叫。就什葉派來看，這兩個男孩是他的未來，也是伊斯蘭教的未來。而阿里，這位對哈蒂嘉的忠誠僅次於穆罕默德的人，因為生下了他們，為伊斯蘭教帶來了希望。

在穆罕默德逃往麥地那的前兩年，哈蒂嘉去世了，阿里陷入和穆罕默德一樣的哀慟。哈蒂嘉將阿里視作她從未有過的兒子，將他養育成人，最後成為他的岳母。阿里對哈蒂嘉之愛和對穆罕默德之愛一樣深。他的想法向來十分簡單，不管先知在哈蒂嘉之後還會有多少位妻子，沒有人可與之相比，就算其中有人一心想證明自己更得寵。

在項鍊事件很久以前，也就是說，在那些珠子滾落在沙漠中掀起風暴之前，阿里就對阿伊夏的魅力無動於衷。在他眼裡，穆罕默德最年輕的妻子完全配不上作為哈蒂嘉的繼承人。而這股敵意是互相的。對阿伊夏來說，阿里對哈蒂嘉的難以忘懷，像在時時提醒她那個永遠無法打敗的首要勁敵的存在，而他的兩個兒子，時時都在指責她無法為先知生下一兒半子。她，阿伊夏，看似得寵，先知卻似乎在兩個可愛孫子那兒，得到比在她這兒更多的喜悅。而她在兩個可愛孫子的父母那裡，不論是平凡無趣的法蒂瑪，還是備受尊崇的阿里，都絲毫沒有得到她深信她應得的服從和尊敬。

斗篷下的人

當她批評哈蒂嘉，穆罕默德的斥責對阿伊夏來說無疑是沉痛的打擊。她本就不是善於寬恕的人，更不用說會將之遺忘。這個打擊的影響力從未隨物換星移而減少一絲一毫。如果真要說有所改變，只能說它加劇了。既然哈蒂嘉是批評不得的，而膝下無子又使得她無法在傳宗接代一事上有所斬獲，她只好將她的怨恨轉移到另一位似乎可以打擊的人身上，即哈蒂嘉的大女兒。

法蒂瑪絲毫不具備阿伊夏的健康和活力。她年長了足足十五歲，體質更為羸弱，幾乎可以說是多病。她無法像阿伊夏那樣，讓她的父親充滿父愛地開懷大笑，不能逗他開心，除非是帶上她的兒子，才能勉強獲得他的注意。她的地位早被阿伊夏取代，阿伊夏毫無懸念地將她掃地出局。比起妻子，阿伊夏更像是女兒，阿伊夏認為自己絕對能與法蒂瑪競爭穆罕默德的寵愛。在這場較勁裡，法蒂瑪毫無勝算。

麥地那人人相傳，如果想請求穆罕默德的幫忙，接近他最好的時機就是他和阿伊夏在一起的時候，因為至少能保證他處於好心情。無疑，這位年輕妻子握有足夠的影響力，讓她能不斷輕視和侮辱法蒂瑪，讓法蒂瑪毫無招架之力。當穆罕默德的其他妻子懇求法蒂瑪向父親抗議他對阿伊夏的偏心，她自知毫無勝算，也明白若是如此，徒讓自己置於羞辱之中，但卻只能順從。在她正想開始討論這個話題時，穆罕默德立刻止住了她。

「我親愛的小女兒，」他說，「妳會愛我所愛嗎？」對於這樣的提問，法蒂瑪只能回答，「是的，那是自然。」

他的問題是修辭學上的高招，雖然他以愛為名來措辭，卻能聽出他聲音中的不耐，渴望制止那一旦開始就會無休無止的爭論，讓他能遠離這些無謂的紛擾，處理更為重要的國事。但他似乎也表明了，他對阿伊夏的寵愛其他人無法望其項背。

當阿里聽到他的妻子帶著屈辱的淚水回家，立即明白這樣的侮辱不僅是針對法蒂瑪，也是針對他，更有甚者，是對哈蒂嘉的不敬。他馬上與穆罕默德對質，抱怨他忽視他最親近的家人。「你是不是覺得阿伊夏對我們的侮辱還不夠，」他說，「你還要告訴法蒂瑪，阿伊夏是你的最愛？」即便先知可以隨意置法蒂瑪於不顧，他不能如此對待阿里。於是，他試著予以彌補。

他選擇的時機極為巧妙。拜占庭帝國的長臂已經深入阿拉伯和納季蘭（Najran）。納季蘭是從麥加以南至葉門的主要貿易路線上的中點，是半島上基督教最大的據點。《古蘭經》的啟示對阿拉伯裔的基督徒來說很有說服力。幾世紀前，在對羅馬統治的叛亂失敗後，有幾個猶太部族開始從巴勒斯坦逃至南方，如今他們的語言和文化與阿拉伯鄰居幾乎沒有什麼區別，他們也對伊斯蘭教很有興趣。畢竟，伊斯蘭教是奠基於亞伯拉罕的宗教之上。人們普遍認為，卡巴聖壇最初由亞當所建，之後由亞伯拉罕重建，而阿拉伯人就是亞伯拉罕之子以實瑪利（Ishmael）的後裔。因此，皈信伊斯蘭教不僅不是對現有信仰的摒棄，而是賦予它們一個嶄新的阿拉伯認同。

然而，納季蘭內部分裂了。那些贊成皈信伊斯蘭教的人，主張穆罕默德明顯是以「聖靈」（Paraclete）或「保惠師」（Comforter）的身分前來，恰好如同耶穌在《福音書》中的預言。反對者則認為，「聖靈」應該要有兒子，但穆罕默德膝下無子，那麼他便再不可能是耶穌所預言的

「聖靈」。最後他們決定派遣代表團到麥地那，直接和穆罕默德公開辯論，以古老的方式來解決此難題。但是穆罕默德先發制人，率先提出了辯論的要求。在一場戲劇性十足的談判中，當他出來迎接代表團時，沒有帶領平時的助手團，只帶上了他的血親：阿里、法蒂瑪，以及他們的兒子哈桑和胡笙。

他一個字也沒有說。他只是緩慢地、不慌不忙地，在眾目睽睽之下拉起斗篷的下襬，將之伸展得既高且寬，遮蓋住他這個小家族的成員。這意味他們是他斗篷下所庇護之人，是他帶在身邊的人，是他最親、最愛的人。他們是「先知家族」（*the Ahl al-Bayt*），即穆罕默德家族的成員——或是什葉派之後將會稱他們為「斗篷下的人」。[4]

這鐵定是經過精心策劃的舉動。阿拉伯裔基督徒的傳統認為，亞當亦曾經歷過這樣的景象，在四道絢麗光芒的包圍下，神告知他，這些便是他預言中的後裔。穆罕默德肯定聽說過這個傳統，也知道當納季蘭的基督徒看到他張開斗篷、蓋住他家族中四個成員時，他們會確信他是另一個亞當，耶穌曾預言過他的到來。果不其然，他們當場就皈信了伊斯蘭教。

但另一方面，穆罕默德的斗篷也同時在傳達訊息給阿里和法蒂瑪。人與人之間以愛與血緣的紐帶相連，他說，而在愛與血緣之間，血緣始終必須排在第一位。在他的斗篷之下，膝下無子的阿伊夏沒有空間。

天啟昭雪

我們可以預料到，穆罕默德會轉而向阿里諮詢項鍊事件該如何收場，但以阿伊夏的角度來看，阿里絕對是最糟糕的人選。如她所料——至少以她的說法來看，這是我們目前唯一能得到的紀錄——阿里的建議唐突得令人難以想像，甚至可以說相當粗暴，因為阿里向來以辯才無礙聞名。他的演講和講道集結成《雄辯之道》（*Nahj AL-Balagha*）[5]，幾百年來，被當作完美的語言和精神的教學典範。最著名的是他的睿智和洞察力，他體現了戰士和學者、勇氣與騎士精神的完美結合。但至少據阿伊夏的說法，這次的諮詢中阿里完全沒有顯露出絲毫的騎士精神，更別說是流利的口才。

也許他有提出更為周延的說法，但阿伊夏只說出了結論。也許他已經對整起事件的歹戲拖棚失去耐心，又或許他單純只是受夠了阿伊夏。我們唯一可以肯定的是，雖然他給穆罕默德的建議可能被許多人認為明確俐落，但確實直白地過頭了。

「像她這樣的女人多的是，」他說，「阿拉藉此讓你從束縛中解脫，找到替代她的人再容易不過了。」海中游魚甚多，和她離婚，擺脫這整起事情。

這是新興的伊斯蘭教自奠基以來，首次公開出現分裂的跡象。如同一道狹窄的縫隙，起初幾乎難以察覺，但慢慢漸行漸遠，最終擴大成難以彌補的斷層。阿里話語中如此不經意的貶抑，恰恰流露出難以掩蓋的鄙視，這對阿伊夏來說不僅如同芒刺在背，更是刀刀見骨。正因為他是隨口說出的，因此更加傷人。這樣輕佻的措辭、這樣明顯的不屑、這樣相信阿伊夏的不忠——這些話讓阿伊夏終其一生都對阿里恨之入骨。

沒有紀錄顯示阿里可能有過其他的建議，但我們可以肯定他一定還說了些別的什麼。不僅是因為他的回答中不尋常的簡短直率，而且這樣的建議完全沒有顧及穆罕默德本人的進退維谷。和阿伊夏離婚解決不了問題，不忠的傳聞仍然勢不可當地甚囂塵上，不斷傷害穆罕默德的威望。而這只能藉由訴諸另一個更高的權威來解決，而這正是之後這起事件的走向。

歷經三週的懸而未決，穆罕默德親自拜訪阿布—巴克爾，直接詢問阿伊夏，她自然再三發誓自身的清白，他卻忽然進入了一段如出神般的恍惚狀態。如她所述，「先知包裹在他的長袍之中，皮墊子放在他的頭下……汗水如冬天的大雨般從他身上落下。接著，他恢復清醒並坐起身來，他拭掉額頭上的汗珠，說道：『好消息，阿伊夏！阿拉捎來了昭雪妳清白的啟示。』」

這是一個神聖的啟示，時機也完美。就在同一天，穆罕默德公開宣告此事，如今成為《古蘭經》第二十四章的一部分：

造謠者確是你們中的一伙人……應受重大的刑罰。當你們聽見謠言的時候，信士和信女對自己的教胞，為何不作善意的猜想，並且說：『這是明顯的謠言』呢？他們為何不舉出四個見証來証明這件事呢？他們沒有舉出四個見証，所以在真主看來他們是說謊的……當時，你們道聽而塗說，無知而妄言，你們以為這是一件小事；在真主看來，確是一件大事……你們為何不說：『我們不該說這種話？』……真主勸告你們永遠不要再說這樣的話，如果你們是信士。[6]

這是阿伊夏的光榮昭雪。更重要的是，若要指控她有罪，需要的不僅僅是一個而是四個人的指證。也就是說，除非有四名見證人親眼看見他們發生非法的性行為，否則被告就是無辜的，而沒有證據就輕言誹謗的人是要被懲罰的一群。

對於一個受到誤會的女人來說，這可能已經是最好的結果。但數個世紀之後，這套規範將被荒唐地扭曲，保守的教士用它做出了和原先穆罕默德的初衷相反之事：不是還給女性清白，而是怪罪於她。穆罕默德的話不僅被用在通姦尚且存疑的時候，也被用於對性侵的控訴。女人必須提出四名證人來證明她受到侵犯——當然這實際上並不可能——否則她將被視為犯有誹謗和通姦罪，並被判處相應的懲罰。過去證明阿伊夏清白的制度，如今卻成了壓迫、羞辱、甚至是處死女性的兇手。

當然她無法預料後來的發展。她只知道，透過神聖的權威，對她的指控被宣告為不實。控告她的人被處以公開的鞭刑，而曾經編撰出最下流詩句的詩人，忽然轉而譜寫新的阿諛之詞。她回到了她在清真寺院落的房間裡，恢復了她最寵愛妻子的地位。此外，這次穆罕默德接受啟示時，她就在他的旁邊，這是過去從來沒有過的。尤有甚者，啟示的內容完全是針對她，這更是空前。如此，她的地位又更上一層了。

儘管如此，她仍然付出了代價。她能自由隨穆罕默德出征的日子已然結束。除了前往麥加朝聖的日子之外，在穆罕默德尚在人世的時候，她不能再踏上沙漠的旅途。她一定錯過了許多次的遠征，再不能因旁觀戰爭而感到帶著罪惡的快感。她勇敢甚至是莽撞的性格原本有可能讓她成為一名偉大的戰士，但在足足二十五年之後，她才能再次親眼目睹真正的戰鬥。

還有其他的代價。雖然再一次，阿伊夏無法測知其影響的程度有多深遠。她騎乘在薩夫萬駱駝之上的形象，深深銘刻在綠洲人民的集體記憶之中，而穆罕默德並不樂見於此。不久之後，另一個《古蘭經》的啟示頒令，從現在起他的妻子需要受到穆斯林的帷幕保護，以防有非其親屬的男人窺探她們。而且，因為帷幕只能在室內發揮功效，它很快就裁減成可在戶外使用的迷你版，即面紗。

有關帷幕的啟示顯然只以先知的妻子為對象，並因此賦予面紗極高的尊榮。在接下來的數十年裡，它被新崛起的伊斯蘭貴族婦女所採用，最終還被伊斯蘭基本教義派強加到所有的婦女身上。毫無疑問的是，這會讓阿伊夏感到忿慨。人們可以想像，當她在盛怒之下摘下她的面紗，會如何震驚保守派的穆斯林。她可以接受面紗作為區隔的標誌，但她會接受被迫退居幕後嗎？而這個慣常享受高能見度的女孩，絕對不情願就此銷聲匿跡。

就算穆罕默德也曾質疑過她的清白，她很輕易便會原諒他，但對阿里則不然。即使在穆罕默德歸於黃土的七年之後，命運最終將阿伊夏置於反抗阿里軍隊的領導地位上，他曾經給予先知的建議，讓她終其一生都耿耿於懷。事實上，這個影響直到今日都揮之不去。遜尼派稱呼其為*Al-Mubra'a*，意指「清白者」。但是有些什葉派會給她安上另一個頭銜，不無巧合地和她的名字念起來有同樣的韻律：*Al-Fahisha*，意指「妓女」。[7]

注釋

1　大部分什葉派的宗教海報都在美國自由撰稿記者Steven Vincent的文章"Every Land is Karbala: In Shiite Posters, a Fever Dream for Iraq"中重現，刊登於《哈潑》（*Harper's*）二〇〇五年五月號。在一些新的照片中也能看到，例如二〇〇六年十二月二十八日Shawn Baldwin為《紐約時報》（*The New York Times*）拍攝的"Posters of Shiite religious figures and

Iranian and Syrian leaders"出自"Iraq's Strong Ties with Syria"一文。

2 「我出自阿里，阿里出自我。」（I am from Ali and Ali is from me）這句和其他穆罕默德對阿里的聲明之考證，參見Momen, Introduction to Shi'i Islam和Jafri, Origins and Early Development。

3 譯註：亞倫（Aaron）為《舊約聖經》人物，摩西的兄長。當摩西向埃及法老王請求釋放以色列人時，他是代表摩西與埃及法老打交道的發言人。在以色列人民出走時，他也與摩西為伴。

4 「斗篷下的人」（People of the Cloak）參見：Jafri, Origins and Early Development和Momen, Introduction to Shi'i Islam。

5 《雄辯之道》（*Nahj AL-Balagha*）：由Sayed Ali Reza翻為英文，名為Nahj AL-Balagha，亦即Peak of Eloquence: Sermons, Letters and Sayings of Imam Ali ibn Abu Talib (Bombay: Imam Foundation, 1989)。什葉派學者將此選集稱為「《古蘭經》的兄弟」（the brother of Quran）。

6 譯註：中譯文引用自馬堅所譯的《古蘭經》（中國社會科學出版社，二〇一三）。

7 「妓女」（Al-Fahisha）：此用法的討論見於Spellberg, Politics, Gender, and the Islamic Past，記錄於Fischer, Iran: From Religious Dispute to Revolution。

第四章

最後的朝聖

誰是先知繼承者？

如果穆罕默德確實打算將此作為正式的指定，他為什麼不能簡單說出口？為什麼要依靠象徵性的隱喻，而不是一個簡單明瞭的聲明？種種的撲朔迷離，讓在場信眾與後世之人的爭論從未止息。每個人都各有各的利益考量，每個人都為了伊斯蘭教的未來盤算，也為了個人的利益盤算……

永遠的寡婦

分裂的種子已然播下。穆罕默德的妻子、岳父、女婿、堂表兄弟、女兒、助手、最親密的門徒——每個人都將深陷其中，如同種子牢牢扎下了根。但是，在穆罕默德彌留之際，是妻子們控制著局面。是她們把守病房，決定他的病體是否好到能接見訪客，或是病體衰弱，即使是最親密的門徒都被拒之門外。他們曾在房外爭論不休，直到他堅持他想待在阿伊夏的房間。接著他們轉而爭論他應該服下哪些藥，甚至爭論是否不該再給予他任何藥物。

隨著先知的生命一點一滴流逝，爭執範圍擴大為誰能見他、誰不行。只有少之又少的幾次，他勉力振作，清楚表達出他究竟想見誰，他們也為這一點爭論不已。即使他無助地試圖防止這些事，垂死之人只能眼睜睜看著他最擔心的事情成為現實。

當他叫喚阿里之時，阿里這段時日中大部分的時間都在清真寺裡學習和禮拜，但阿伊夏轉而遊說其改見她的父親。「難道你不是更想見阿布—巴克爾？」她說。另一位妻子哈芙莎（Hafsa）則轉而試圖暗示穆罕默德該見見她的父親。「難道你不是更想見伍瑪爾？」她問。不堪承受她們的堅持，穆罕默德只得揮手同意。於是阿布—巴克爾和伍瑪爾都得以被召見，唯獨阿里沒有。

左右一個生命走到盡頭的老人，遂行她們自己的目的，雖然並不得體，甚至可以說是無情，但誰又能責怪這些年輕的妻子有自己的盤算，想讓她們的父親的利益，超越像是阿里這些潛在的繼承者？她們心如明鏡，自己正面臨極為艱鉅的未來。

她們即將成為寡婦，永遠成為寡婦。她們命中註定要成為專職的寡婦。在啟示中這是合法的。《古蘭經》第三十三章提到「先知對信士們的權利，重於他們自身的權利，他的眾妻，是他們的母親」、「你們不宜使真主的使者為難，在他之後，永不宜娶他的妻子，因為在真主看來，那是一件大罪。」

如果先知的妻子確實是信士的母親，那麼在他死後嫁給他們其中任何一人，都無異於亂倫。這個對再婚的禁令，實際上與當地習俗格格不入。在七世紀的阿拉伯，寡婦幾乎必須在丈夫死後立即改嫁，常常是嫁給丈夫的親戚，如此家族才能得以存續且受到庇護。穆罕默德一再強調照顧矜寡孤獨的必要，但禁止再婚顯然與這個理念背道而馳。但重點在於：他的妻子們是例外，她們再婚禁令強化了伊斯蘭社會是個大家族的概念。

雖然這對年紀較長的妻子來說影響不大，但對於其中最年輕的一名，這無疑相當諷刺，甚至殘忍。按照這一份啟示的指示，一方面阿伊夏將成為眾人之母，但她也將失去懷孕生下自己孩子的機會。

當然，穆罕默德的妻子絕對不乏追求者。男人紛紛搶著要迎娶真主使者的遺孀，冀望如此一來就能與先知更為親近，以獲得政治資本。事實上，這可能正是他要阻止的。這層擔憂並非空穴來風。阿伊夏那位野心勃勃的堂兄塔勒哈（Talha），曾一度被聽到他大放厥詞，奢望在穆罕默德死後迎娶阿伊夏——這個痴心妄想以他迅速娶了她的另一個妹妹作結。但是啟示中的禁令阻斷了後續類似的野心，而且不容爭辯。穆罕默德身後留下九名遺孀，無一人再婚。

她們之中沒有誰會比阿伊夏更擔憂自身的未來。年方二十一，她將終其一生成為寡婦，而這個男人甚至沒有立下遺囑。她是否將不得不回到父親家，從此安分地銷聲匿跡？即使是對最清心寡欲的人來說，要這麼年輕就如此淡泊，實在不容易。更何況是對阿伊夏？這絕對令她不寒而慄。慣常成為眾人矚目的焦點，她絕不甘心隱身於眾人的視線之外。然而，如果阿里在穆罕默德的臨終宣言被指定為繼承者，她擔憂這必然會發生。她毫不期盼阿里會寬待她，或是寬待她的父親阿布—巴克爾，他因為阿里在項鍊事件中的發言，和她一樣深受其害。

阿里唐突草率的建議已經成為阿布—巴克爾名譽中的一大汙點，也是他整個家族的——實際上，這是對所有遷士的汙辱。伍瑪爾肯定是如此看待它，他和阿布—巴克爾是穆罕默德身旁兩名最資深的戰友，也是最親密的友人。兩人都是先知的岳父，儘管他們都比他還年輕——阿布—巴克爾小他兩歲，伍瑪爾小十二歲。但是，佝僂、白髮蒼蒼的阿布—巴克爾得到的是眾人的仰慕愛戴，而伍瑪爾，這名向來嚴酷的軍官，則令人畏懼。

在小小的病房中，沒有人能不注意到他的存在。他高大到阿伊夏會說，「他鶴立雞群，彷彿是騎在馬背上」，伍瑪爾手裡始終握著鞭子，隨時都準備好要向某人或野獸揮鞭。指揮軍隊多年的他，發言簡潔而有威嚴，使人不得不服從。每當他走進房間，阿伊夏記得，所有的歡笑嬉鬧都將打住。當他們感受到他的到來，眾人的聲音戛然而止。他們的臉都轉向他，等待著他發話。伍瑪爾的四周絕不容許竊竊私語，絲毫沒有輕薄調笑的容身之處。當他現身於垂危的先知身側，說明情勢已經到了最後關頭。

房裡的每個人都想要維護伊斯蘭教，但無論男女，每個人也都想捍衛自己的立場。在所有的政治事務當中，所有人都會相信群體的利益與自身的利益是密不可分的一體兩面。這一點完全體現在接下來發生的「紙筆插曲」當中。

紙筆插曲

穆罕默德在病榻上的第九天，他的病情似乎有所好轉——臨終前的迴光返照。他似乎格外清醒，他坐起身來，啜了幾口水，並說了一些大多數人都認為這是最後遺言的話。但即使是這一次，仍然充滿了不確定性。

「給我紙跟筆，我要在上頭給你們寫些東西，之後你們將不會誤入歧途，」他說。

這個要求聽來很單純，在這樣的情況下完全符合情理，但讓當時在房裡的每個人都陷入恐慌，包括妻子們、伍瑪爾和阿布—巴克爾。沒有人知道穆罕默德究竟想寫些什麼，或者更精確地說，按傳統的說法是由穆罕默德口述，交由書記人員寫下。因為根據伊斯蘭教一向的觀點，穆罕默德既不會讀、也不會寫，雖然對於一位經商多年的生意人來說這不太可能。商人的身分可能需要他經常記錄自己都做了些什麼買賣，雖然這不是什麼偉大的文學技巧，仍然需要讀寫能力的基本技能。但是，穆罕默德應該要是文盲，這樣才能確保《古蘭經》是神的啟示，而不是人為的發明。它是真正的真主話語，而不是人類著述的結果。

然而，無論臨終的先知意圖寫下或口述些什麼，每個人心中都閃過一樣的念頭：那會是什麼？僅僅是一般生活的規範？指導信仰的清規戒律？又或者說，大部分人似乎都需要的，但卻也是最害怕的：遺囑。大限已近的先知終於要白紙黑字地指定他的傳人？

獲得答案的唯一方法，就是把他要求的紙筆拿給他，但事態卻沒有這樣發展。他一說出此要求，身旁的所有人都意識到這可能意味著什麼。如果他真的立下遺囑，那便如何？如果這遺囑對己不利，那又當如何？如果他指名阿里作為他的繼承者，而不是阿布—巴克爾、伍瑪爾，或是另一位親密門徒？如果這些確實是他想寫的，他為什麼不直接說出來？為什麼要堅持用筆寫下？這是否意味著在他行將就木之際，他已經不指望他們會遵照他的旨意，所以才想將它寫下來，毫不含糊地昭告天下？

當然，這些念頭都只放在心底，沒人會大聲說出來。他們只提高聲調說自己多麼關心先知的病情，擔心在他身上積壓了太多壓力。他們都說病房應保持安靜。病房應該保持安靜，他們強調，但他們愈來愈吵。

這是最為弔詭的一幕。有種種跡象表明，在場所有人都敬愛無比的先知已經做好準備，想要立下遺囑，甚至是指派接班人，一勞永逸解決紛爭。這是每個人都急切想知道的，然而，另一方面，也是最沒人想知道的。如果阿里是指定的接班人，房裡沒有人想將它寫下來。

然而這也是最人性的一幕。大家是這麼的焦急，以致所有人將先知團團圍住，試圖防止穆罕默德受到別人干擾，好讓他安心養病。他們所有人都是如此，似乎竭盡全力。但是，他們仍然激烈地爭辯到底要不要拿紙跟筆來，聒噪喧囂吵得穆罕默德痛苦不堪。每個氣急敗壞的口氣，每個高亢的音節，如同鑽挖他大腦的酷刑，直到他再也無法忍受。「讓我靜一靜，」他最後屈服道，「別在我面前爭吵了。」

他是如此虛弱，喃喃囈語中只飄忽出幾個字詞。只有伍瑪爾設法湊上耳朵，這便已經足夠，他充分展現大將之風，讓惱人的爭論暫時休止。「真主使者被痛苦所擾，」他說，「我們有《古蘭經》，阿拉之書，這對我們已然足夠。」

然而，這並不足夠。或許它本來足夠，也應該足夠——伍瑪爾的話直到現在都仍用作是完美信念的典範——但事實並非如此。《古蘭經》有穆罕默德的行誼作為補充，那包含他在所有事件中的一言一行，從最重大的廟堂之事到日常生活中瑣碎的細節，由最接近他的人記錄傳承下來。它將會被稱為「先知傳統」（*Sunna*），這是個常見的阿拉伯字彙，用來指稱先祖留下的習俗或傳統。遜尼派最終以此為名，雖然什葉派也遵循了幾乎相同的所有傳統。

這個時候，伍瑪爾的說法說服了眾人。他的話達到了他們預期的效果，病房中突然靜了下來，彷彿大家都有點羞愧。如果穆罕默德的舉動確實是要指定繼承者，也為時已晚。他再也無力讓他最終的願望為人所知，更別說要平撫所有的爭論。也許他並不如表現出來的那樣清醒，又或許房中的每個人心中都真心誠意地為群體著想。但這也不妨礙個人有自己的盤算。每個人心裡都肯定擔憂著，穆罕默德究竟想寫些什麼，是否如同僅僅三個月前在他的最後一次到麥加朝聖時他所表明的？那次「最後的朝聖」（the Final Pilgrimage）。

所有信士的主人

他當時是否意識到，這將是他最後一次見到麥加？這是他僅剩不多的日子？這是否就是他用此種方式選出阿里的原因？

什葉派學者始終認為，他清楚意識到自己的死亡。他用這段聲明來為此拉開序幕：

> 阿拉召喚我離去的時候到了，我應當有所回應。我將會留下兩個寶貴的東西，如果你們堅持緊緊跟隨這兩者，將永遠不會誤入歧途。他們是《古蘭經》，真主之書，以及我的家族，先知的家族。兩者永遠不會分開，直到他們在仙池與我相會。

遜尼派學者對此提出質疑。他們認為，這段話是後人的穿鑿附會，而且，他們不認為穆罕默德早就知道他命不久矣。就像其他六十三歲的人，當他的身體以年輕人無法想像的方式日漸衰弱，他當然知道人無法長生不老，但這並不意味他能預料到他會在不久的將來死去。他只能為了這無可避免之事，未雨綢繆地先聚集穆斯林，不論那一天何時到來。

穆罕默德發表聲明的時間地點並沒有爭議，是六三二年的三月十日，他臨終前的三個月。[1]

到了晚間，歸返朝聖者的商隊停留在泉水源頭的水塘，這裡以嘎迪爾呼姆（*Ghadir Khumm*）之名為人所知，意思是「呼姆之池」。此處完全不像好萊塢慣於刻劃的那一幅風景如畫的綠洲形象，但這裡的確是綠洲：淺淺的水塘，只夠滋潤四周的沙子，勉強哺育著三三兩兩的棕櫚樹。在阿拉伯西部的荒山野嶺，即使是最小的泉水，都是彌足珍貴的地標，況且這處還是好幾條商路交會之處。在這裡，成千上萬要返家的朝聖者，會在這裡一小群、一小群地分道揚鑣，有些人要去麥地那，有些人轉往北方，其他人往東走。這是他們齊聚一堂的最後一晚，隨著完成使命的阿里從葉門歸返，這個人數又擴增。他成功了：葉門的反對派歸順穆罕默德，上繳了稅收和貢品。慶祝的呼聲震天。對穆罕默德而言，這個時刻堪稱完美。過去他的隨僕，如今已是三十五歲的壯年。他不辱使命，立下大功。是該好好犒賞慰勞他了。

那天晚上，他們餵完駱駝和馬匹喝水後，自己也吃飽喝足，在棕櫚樹下選好了睡覺的地方後，穆罕默德下令用棕櫚枝搭起一座高台，將駱駝鞍放於頂上，充作臨時的沙漠講壇。在公共禮拜結束後，他爬到頂上。用他廣為人知的、充滿戲劇性的手勢，叫喚阿里也爬上講壇，站到他的身邊，他伸出手拉了這個年輕人一把。接下來，他高舉阿里的手，用傳統上象徵忠貞的姿態，兩人前臂碰著前臂，當著下頭數千人之面，他用特殊的祝願給予這個年輕人榮耀。

「凡是以我為主的人，也以阿里為主，」他說，「阿拉以他的朋友為友，以他的敵人為敵。」

這似乎再清楚不過了。伍瑪爾肯定這麼認為。他走向阿里，向他祝賀道，「從今爾後，日日夜夜，你成為所有男女信士的主人。」

這當然意味伍瑪爾接受了穆罕默德的聲明，阿里如今正式成為他的繼承者，很難想像，伍瑪爾是唯一這樣理解穆罕默德話語的人。但是，再一次，此處也存在著致命的模稜兩可。如果穆罕默德確實打算將此作為正式的指派，他為什麼不能簡單說出口？為什麼要依靠象徵性的語言，而不是一個簡單明瞭的聲明？事實上，他為什麼不在麥加朝聖（hajj）、幾乎所有穆斯林齊聚一處的時候宣布？這僅僅只是一時的情感宣洩，讓他對他最親近的家屬表達愛惜，又或者有更深一層的意思？

在未來的三個月裡，一如未來的一千四百年裡，所有的問題都沒有最終的答案，甚至包括穆罕默德究竟說了些什麼。我們知道他的遣詞用字，但它們究竟代表怎麼意思？阿拉伯語是如此的錯綜複雜、極其微妙。通常英語「主人」（master）在阿拉伯語的對應語詞是*mawla*，這可能意味著領導人、贊助人，又或者是朋友和知己。這一切都取決於上下文，而上下文卻充滿無限的詮釋可能。伍瑪爾可能只是和所有的穆斯林一樣，不管是什葉還是遜尼派至今都同意，阿里是所有穆斯林的一個特殊友人。

此外，穆罕默德在嘎迪爾呼姆聲明的第二段，是當時中東承諾忠誠或友誼的標準公式——

「阿拉以他的朋友為友，以他的敵人為敵」——這個公式在今天的政治領域已經變質墮落成「敵人的敵人是我的朋友」這樣一句誤導人的話。但即使是在最原始的形式，這也不一定就意味著承繼。大家都接受的是，這句話彰顯的是對阿里的信任和信心。但是，這是否意味著宣告阿里為先知之後的接班人？

層出不窮的事件似乎讓事態益發明朗，但似乎又陷入更深的迷霧中。

最後的禮拜

如果拿到紙筆，穆罕默德會寫下什麼？阿里會成為他的哈里發、他的繼承者，什葉派如是說。誰知道呢？遜尼派認為，這起事件毫無重要之處，只不過是什葉派信士過度渲染誇大的結果。畢竟，如果書面紀錄都能有千百種的詮釋可能，還沒被寫下來的就有無限種詮釋可能。

這起爭論永遠不可能有解答。每個人都聲稱自己知道答案，每個人至今仍然如此。但早期的傳記和歷史記錄的是人們的一言一行，而非他們的所思所想。而爭論的癥結從來不在於究竟發生了什麼事，而是其精神、意義到底是什麼。

一直以來，人們不解的是穆罕默德心底的意念。以後，這個問題也發生在阿里，以及他的兒子胡笙身上。他們究竟怎麼打算？他們知道什麼、不知道什麼？這些全都未有定論，這就是為什麼折磨伊斯蘭教的分裂歷久不衰。無論誓言多麼慷慨、論辯多麼動人、信仰多麼堅定、殺戮多麼兇殘，歷史不變的教訓是，「絕對」的真理從來就不存在。即使在科學中都不存在，在歷史中就更少之又少。

我們唯一可以肯定的是，先知受高燒所苦，每一陣聲響都像穿腦魔音，劇烈的頭痛讓他根本無法思考，穆罕默德再也無法讓大家聽從他的意志。紙筆從未得手，到了隔天清晨，他就因太過虛弱而無法移動。

屆時他便明白時候到了，因為他說出了人生中的最後一個要求，而這一次終於得到答允。他要求用七桶打自不同井的井水沖洗，雖然他沒有加以解釋，每個妻子都當然知道這是清洗大體的儀式的一部分。她們為他沖洗，一旦完成了清洗的儀式，他要求他們帶他穿過院子，加入清真寺即將開始的晨禮。

這需要兩個人的幫忙，阿里和阿里的叔叔阿巴斯（Abbas），一人一側，將他的手架在脖子上。從阿伊夏的房間到清真寺的距離，此刻似乎變得特別漫長。被清真寺遮蔽的陽光，在地上刻畫出精緻的浮雕。當他們終於到達，穆罕默德示意要坐在講壇旁，從那裡他可以看著老友阿布─巴克爾在他的舊日位置上，率領眾人禮拜。

在場的所有人都記得，當他忠實友人的聲音響徹整座建築，先知微微一笑。他們說，先知容光煥發，只是沒人知道這究竟是信仰之光還是迴光返照。又或許，這是他們自己的心理作用，來自他們對先知油然而生的崇敬與感恩之情。他們看著先知端坐在那兒，靜靜聽著他第一次聽到天使加百利反覆吟誦的話語，並說服他們自己這絕對不會是最後一次。他們想不到的是，禮拜一結束，阿里和阿巴斯就將他帶回阿伊夏的房間，穆罕默德的塵世之途只剩下區區幾個小時。

有些人的眼光更加雪亮，「阿拉與我同在，我在先知的臉上看到死亡」，在安放好病人，離開阿伊夏的房間之後，阿巴斯告誡阿里。現在是澄清繼承問題的最後機會，「讓我們回去問問。如果權力與我們同在，我們應當知曉。如果它將授予別人，我們會請求先知教導他善待我們。」

但是阿里聽不進去。「阿拉知道我不會如此，」他說，「如果這要瞞住我們，先知歸真之後他們也不會讓給我們。」似乎連阿里也不認為這件事會如此單純。

不管如何，當時為時已晚。正當兩人談話的時候，穆罕默德已經陷入昏迷，這次他的雙眼將永遠緊閉。六三二年六月八日中午，他離開塵世。

根據阿伊夏的說法，他臨走之時把頭靠在她的心口。而阿拉伯語的原文說得更生動鮮活：「在我的肺與雙唇之間。」這是遜尼派的版本。但據什葉派的說法，穆罕默德的頭恰恰是靠在阿里的胸前，而非阿伊夏，是阿里的雙手托著先知度過最後的時刻。他們說，阿里聽到先知在嚥下最後一口氣前，重複了三次令人心寒的遺言：「阿拉啊，憐惜繼承我的人吧。」[2]

在先知垂死之際，是誰撫慰著他？誰的耳朵聽到他嚥下最後一口氣？在他由生到死的那一刻他碰觸了誰的皮膚？這些都茲事體大。彷彿他的最後一口氣承載著他的精神，在他死去的那一剎那，從他的身上傳遞到抱著他的那個人的靈魂之中。撫慰他的這個人，擁在懷中的不只是伊斯蘭的過去，更是伊斯蘭的未來。或者，可以這麼說，是阿伊夏的未來。

注釋

1　Jafri在*Origins and Early Development*中提到雖然伊本．易斯哈格、塔巴里和伊本—薩阿德並未記錄這起發生於嘎迪爾呼姆的事件，「即使這起事件的可信度仍待商榷，但就算是最保守的遜尼派當局都很難加以駁斥，他們自己也記錄了此事。」此為Jafri對這些紀錄的補充說明。

2　Madelung, *Succession to Muhammad*和Jafri, *Origins and Early Development*都討論了這項傳統，引用自伊本—薩阿德的《偉大世代》。

第五章

諮詢會議

第一任哈里發的誕生

先知撒手人寰，信眾破空的哭嚎響徹整座城市。眾人所懼怕的現實已然到來。「迷途的羔羊」正面臨著從自身中選出一名牧羊人的艱鉅任務。先知驟逝不到一個小時，麥地那當地的信士便召開諮詢會議。在此同時，阿里卻選擇守在先知的遺體旁哀悼，不願捲入這場註定帶來混亂的鬥爭……

迷途羔羊

沒有語言能承載這個消息。哭泣也無法。起先是阿伊夏，接著其他妻子一個個驚慌失措地闖了進來。刺耳的哀嚎響遍全世界，就像受傷的動物躲在叢林中悄悄死去。那是痛苦的極致，是天地同悲的痛楚和悲傷，很快就傳遍整個綠洲。

男女老幼皆嚎哭不已。或用雙手飛快拍打自己的臉，耳光打得啪啪作響；或緊握雙拳、捶胸頓足，軀幹彷彿是空心的樹木，捶打聲迴盪在空氣中；或用指甲挫著自己的前額，直到鮮血滴滴落在眼簾，將淚水染成紅色；或從地面鏟起塵土，一把把地撒在自己頭上，自暴自棄於絕望之中。這些都是亙古流傳的悲傷儀式，同樣的公眾儀式仍然每年在阿舒拉日舉辦，什葉派悼念阿里之子胡笙悲劇性的壯烈犧牲。這些舉動象徵的是遺棄，他們被遺棄了，也遺棄自己於無盡的傷痛之中——不僅為了一人之死，更為了從此無所歸依的自己。

「我們如同雨夜中的羔羊，」一名遷士這樣回想，他們惶惶不安，彷彿無頭蒼蠅，無所依循、無處避難。先知如何能死？他們不是還看到他在清真寺中，容光煥發地看著他們高呼禮拜？想起來是如此可怕，無人能解，即使勇猛如伍瑪爾，我們最勇敢的戰士，都難以承受。他曾經大力斷言真神之書《古蘭經》的權威性無庸置疑，如今卻拒絕承認死神的勝利。

絕不可能如此，伍瑪爾堅持。即使只是懷有這樣的想法，都該被稱為異端。穆罕默德只是暫時離開。他還會復活，就像世上另一位偉大的先知耶穌。神的使者會死而復活，領導他的子民走向末日審判。伍瑪爾因為悲傷而昏了頭，趕在有人阻止他之前，這名最為堅強的男人立於清真寺的前庭，斥責害怕的人群。

「以阿拉之名起誓，他沒有死，」他宣稱，縱然淚如雨下，浸濕了鬍子。「他只是走向他的主人，就像先知摩西，他躲避他的子民四十天，在有人說他死了之後才歸返。感謝真主，使者將跟摩西一樣，重新回來，並會砍斷胡謅他死訊的人的手腳。」

但是，如果這是為了安撫驚慌失措的群眾，卻只能適得其反。伍瑪爾歇斯底里地否認，只引起更大的恐慌。那佝僂的身影，阿布—巴克爾一把將伍瑪爾揣了回來，「放輕鬆，放輕鬆，」他說，「安靜下來」。我們幾乎可以想像那從容不迫的語氣，敦促其冷靜下來，他挽著鶴立雞群戰士的胳膊，慢慢把他拉到一旁，然後重新站到被嚇壞了的人群前。

他的聲音堅定如山，沒有人想過能從這樣一個虛弱的身體中聽到這樣的聲音，就算他傳遞的啟示如此可怕，仍奇蹟似地令人放下心來。「對於那些崇拜穆罕默德的人來說，穆罕默德死了，」他宣布，「但對於那些崇敬阿拉的人來說，阿拉是活的、永恆不朽。」使者雖然辭世，但伊斯蘭教卻會永生永世」。

阿布—巴克爾話聲一落，眾人忽然陷入沉默，伍瑪爾的膝蓋再也支撐不住，他癱軟在地，聲淚俱下。老人冷靜務實的言論，馴服了張牙舞爪的巨人，將他搖身一變為哭泣的孩童，阿布—巴克爾繼續侃侃而談，背誦《古蘭經》第三章中的啟示，所有人都和伍瑪爾一同啜泣著。

「穆罕默德只是一個使者，」阿布—巴克爾誦讀道，「在他之前，有許多使者，確已逝去了；倘若他病故或陣亡，難道你們就要叛道嗎？」

用這樣的方式確認先知之死，眼淚流淌，痛徹心肺的哭嚎仍然繼續，從白天直到深夜，即使畜欄內的家畜都躁動不安，圍繞在麥地那周圍山區中的豺狼和鬣狗，都能聽聞他們眾口一致的哭喊，現實如此殘酷。

對於某些人來說，然而，這只是到來得比預期的早。

諮詢會議

阿里和三個親屬封閉了阿伊夏的房間，開始做那些屬於最親近的男性親屬的工作，準備讓穆罕默德入土為安。這是個漫長、緩慢的儀式任務，要清洗他的身體，在他身上塗抹草藥，用裹屍布將他包覆。然而，即使在悲痛之餘，仍然有人思考著自身的將來。「迷途的羔羊」正面臨著從自身中選出一名牧羊人的艱鉅任務。

不出一個小時，麥地那本地人和麥加移民之間揮之不去的不信任感再度浮上檯面。伊本—歐巴達（Ibn Obada），麥地那兩大部族中的其中一位首領，決意發起「諮詢會議」（*shura*），這是傳統上部族之間公共集會的場所，在此協議得以達成，糾紛得以弭平。可說是七世紀的「密談室」，未獲邀請，嚴禁入內。這個要求很快就被付諸實行，但是只有麥地那本地人得以入場，他們一般被稱為「輔士」，那些被稱為「遷士」的麥加人，則沒有被邀請。

麥地那的輔士以往之所以信任穆罕默德，是因為他們視其為親族之人，他的父母皆出生在麥地那，所以他是他們的一分子。但從麥加跟著他遠道而來的七十二位門徒，再加上他們的家族，又是另一回事了。當然，他們也備受禮遇，但並非全然的接受。誠然，人人在伊斯蘭教裡都是平等的，人人為兄弟，四海同一家。但即使兄弟之間，或許特別是兄弟之間，怨恨和敵意反而滋長得格外繁盛。在麥地那輔士的眼中，遷士永遠都是麥加人，他們在麥地那受到應有的尊重，但並非全然接受。他們仍然是執掌古萊須部族的敵對城市的成員，如今，穆罕默德的驟逝，是一股分化力，部族和氏族間的政局將重新洗牌。

諮詢會議曠日廢時，成功與否依賴共識能否達成。這是個崇高的理想，但要付諸實踐就意味著，必須等到反對公眾意見的人能被成功勸服，威逼利誘也在所不惜，會議才能告一段落，這當然不能操之過急。每一位首領，每一位長輩，每位代表都必須有自己的發言權，一如既往。

只有少數人能讀書寫字，但他們個個都能口若懸河、滔滔不絕，這力量絕不容小覷，這通常是史前社會的運作方式。能言善辯的口才不僅珍貴無比，更在在決定了自身權益能否受到滿足。舌粲蓮花和言之有物缺一不可，這是衡量發言者身價和地位的標準，現在更被用來捍衛麥地那人的利益。如此舉足輕重的會議當然無法保密太久，消息不脛而走，只不過是諮詢會議開始的幾個小時後，那些未受邀的麥加遷士決意不請自來。

到了決定性的星期一傍晚，阿布—巴克爾將伍瑪爾從悲傷中喚醒。待穆罕默德的繼承者塵埃落定，會有足夠的時間來悼念他，他說。絕對不能允許麥地那人出走，若真如此，將會讓穆罕默德的畢生功業毀於一旦。伊斯蘭教的新領袖必須是能團結眾人之人，而不是帶領穆斯林社群走向分裂。

如同阿布—巴克爾的所思所想，伍瑪爾認為遷士是當然的領導者。他們是先知的最早的門徒，侍奉他左右的時間最久，而除了阿里之外，同樣深具影響力的人是資深戰友：伍瑪爾自己、阿布—巴克爾，還有那第三個人伍斯曼（Othman）。他是出身麥加古萊須部族中最富有的氏族，也就是伍麥亞家族（Umayyads）的英俊貴族。

僅僅兩年之前，多數的伍麥亞家族仍然矢志反抗穆罕默德，伍斯曼較早皈信伊斯蘭教。他同先知一起移居到麥地那，就算散盡家財，也始終堅定不移地支持穆罕默德，即使這意味著得對抗自己的親族。感激之餘，穆罕默德更將自己的二女兒許配給他，並在她過世之後，再和他的三女兒成婚，這絕對是無上的光榮。身為先知的兩任女婿，他人自然難望其項背。如果伍瑪爾和阿布—巴克爾皆不幸敗下陣來，伍斯曼的發言將至關重要。

在穆罕默德彌留之際，他並沒有在病房裡；依照貴族素來的行事作風，再加上萬貫家財，盛夏的那幾個月，他通常都在遠離麥地那的山區宅邸中度過，享受著更加清新涼爽的空氣。但如今他的出席生死攸關，先知歸真的訊息以最快的速度送達。不管是否受邀，遷士都打算擅闖諮詢會議，伍斯曼會盡快加入他們的行列。

在伍瑪爾和阿布—巴克爾的帶領下，他們全副武裝地出現在會議門口，更貼切的說法是，他們挾帶著人數優勢破門而入。事到如今，仍然有一個與此有直接利害關係的人不在現場，對大多數人來說，他的缺席將使此諮詢會議威權盡失。

阿里是唯一一個麥地那本地人有可能承認其領導的遷士，他們更常將他視為自己人，而不是麥加人。就像穆罕默德因為其祖母而是他們的親族，身為與穆罕默德血緣最為親近的男性親屬，阿里也是如此。而正因為他是與穆罕默德血緣最為親近的男性親屬，阿里只能繼續缺席。

他鐵定聽說了諮詢會議。他的叔叔阿巴斯——就是在那天早晨要他回去和穆罕默德確立繼承問題的叔叔——他也一定曾勸說阿里離開先知的遺體旁，並表示願意替他繼續為先知祈禱。畢竟與此相比，阿里能否樹立領導權，要來的更加重要。

任憑阿巴斯好說歹說，依舊是徒勞無功。他只能無奈看著阿里搖頭，傳達的究竟是悲傷，抑或厭惡？並不是阿里不贊同諮詢會議，純粹是這種不合儀制的倉促。在先知尚未入土之前？在未將他落葉歸根之前，就離開這個對他來說如父如師的人？只要想到這些情況有多令人心寒，他就絕對不會斷然離去。阿里的信念超越眾人；他會守著穆罕默德的遺體，相信麥地那人會支持他。

這並不是最後一次，他得承受太過信任他人的代價。

神聖的社群

對遜尼派而言，諮詢會議是輿論智慧和賦予社群權力的完美典範，能夠排解紛爭，找尋合適的解決之方。他們主張，先知相信他們能找到合適的領袖。事實上，這恰恰是他一以貫之的理念。之後，他們會引用這句傳說中穆罕默德所說過的話，「我的社群永遠不會做出錯誤的決定」。伊斯蘭社群是神聖的，而凡是神聖的就不會出錯。然而，隨著幾個世紀的更迭，這套自我膨脹的說詞被用來對付什葉派，意味所有和遜尼派意見相左的穆斯林都是錯誤的；因為什葉派的秉持異議，在遜尼派的定義裡，他們就不能算是真正伊斯蘭社群的一分子。

對什葉派而言，神聖的並非社群，而是領袖。他們主張遜尼派的訴諸公論，篡奪了真主任命繼承人的權柄，現在正如火如荼進行的恰恰是對真主的僭越，也就是這第一次的伊斯蘭社群諮詢會議。先知的旨意已經極其明確：阿里是唯一真正合法的先知繼承者。若是推舉其他人為哈里發，就不僅是對穆罕默德，也是對伊斯蘭教的背叛。

顯而易見的，諮詢會議的初衷極為良善，但是要找出一個合乎眾人意願的統一說法，無疑是難如登天。麥加遷士率眾破門而入的那一剎那，麥地那的輔士便明白，這個領導者絕對得是自己人。商討之後，雙方各自推出了人選。「讓我們輔士自己有一個領袖，你們遷士由另一個領袖領導。」他們說。但阿布─巴克爾和伍瑪爾堅持整個伊斯蘭世界須由一人領導，而這個領袖，他們認為，必須是出自遷士。他們是最早皈信伊斯蘭教的一批，和穆罕默德一樣出身於古萊須部族，也是他們讓麥加轉型成偉大的商業和朝聖中心。伊斯蘭的意義在於團結，他們說，只有古萊須族人能維繫麥加和麥地那親密一心，成為伊斯蘭社群的中心。

民主之爭

諮詢會議無可避免地一再延宕，通宵達旦之後又邁入第二天。冗長、巧言詭辯、慷慨激昂的演說一段接著一段。如同歷來的演講，每字每句都聲稱將人民福利置於心中。大眾關切的焦點無疑和在場的每一個人休戚相關，當然也牽涉到每個人的私利。而大眾關切的焦點有時會恰好等同於自身利益，特別是當這個自身利益就是自己的切身之痛之時。

遷士開始強迫輔士接受他們的安排。結果已經呼之欲出，繼承者將出自麥加的古萊須部族。這至少是現在就能確定的大原則，但是，該選誰呢？這些人所有的條件皆一應俱全，既出身於已確立的「系譜」（*nasb*）原則之上，血統高貴且位居高位。高貴的血統代代相傳，家系建立之後便能獲取社會地位，當內戰爆發，雙方正式開戰之前，戰士們會先抬頭挺胸，高聲宣布自己的家系，血統在此至關重要。而根據系譜原則，阿里就應該是繼承者。

但還有其他因素要考慮。儘管穆罕默德個人的權威無上，他的氏族，亦即阿里的氏族在偌大的古萊須部族內卻相對處於弱勢。他們是哈須彌氏族（Hashimis），而古萊須部族又受伍麥亞家族統治，他們多年來一直領導著反抗穆罕默德的勢力，他們的財富和權力恰恰威脅了穆罕默德的平等之說。

哈須彌氏族向來因先知出身於此而備受尊崇，但爭議逐漸浮現，如今，既然他已經辭世，領導者的榮譽就不得不擴及到古萊須部族中的其他氏族。穆罕默德向來主張讓權力更為普及，而不是由一個氏族先於其他各族。若要選擇阿里，另一個哈須彌族人，伊斯蘭教可能會有轉趨世襲君主制的風險，而這與穆罕默德的主張背道而馳。領導權不是財產，不是能被承繼的物品，必須由功績，而非血緣決定。這些都是穆罕默德一貫的主張。這便是他一直沒有正式宣布繼承者的原因，他深信世人有能力自己決定，這個社群的共同決議神聖不可侵犯。

忽然之間，這成了民主之爭，然而，依舊是有限的民主——這個主張確實顛覆短短五十年後的政治現實，當大馬士革伍麥亞家族的哈里發，傳位給自己的兒子，建立了遜尼派王朝，這便是阿里之子胡笙悲劇一生的初始。這個主張確實同樣不適用於幾世紀以來接連遞嬗的王朝，無論是哈里發國、伊朗王國、蘇丹國（sultanates）、公國（principalities）、王國（kingdoms）或總統制國家（presidencies）。但是，這個主張卻也能讓伍麥亞家族用來奪權。

無論古今中外，無論是七世紀還是二十一世紀，依習慣權力向來由某些家族和氏族把持。此概念假定出一個單一的權力來行使統治，來行使民主國家所謂的「公共服務的傳統」，即便沒有世襲王權的制度，依然會代代相傳。正是此一概念，將古萊須部族視作一個整體，而他們之中，尤以伍麥亞家族為首。所以，如果在諮詢會議中有哪個候選人帶有與生俱來的權力，那便會是伍麥亞家族的伍斯曼，而不會是身於這座城市的本地人。但是直到麥加歸順伊斯蘭教的兩年前，伍麥亞家族還率領麥加軍隊發動了兩場大戰來對抗穆罕默德和麥地那，更別說那數也數不清的小型衝突。這些戰役在他們的心中仍然汩汩流淌著鮮血，那些傷疤從來未曾痊癒，就算德高望重如伍斯曼，也沒有哪一位麥地那輔士，願意讓伍麥亞家族的人成為領袖。

當日光消逝在週二向晚，諮詢會議似乎陷入僵局。在場的人大多筋疲力盡。他們已經坐在一起承受了超過二十四小時的演講、提案和反提案，不過共識似乎呼之欲出。接下來，宛若西洋棋殘局中的精妙策略，這收官的一步棋將由阿布─巴克爾和伍瑪爾來下。

他們是否有事先謀劃？沒有人知曉，但它確實進行得十分順利，在這樣勢不可當的氛圍下，長此以往，阿里追隨者始終懷疑，這早就在計畫之中。

首先，阿布─巴克爾推舉伍瑪爾為伊斯蘭的新領袖，即使他一定知道在伍瑪爾那段拒絕相信穆罕默德之死的驚慌失措的談話之後，這名高大的戰士早就已經被看輕。接著，伍瑪爾提議以伍斯曼為領袖，雖然他也不可能不知道，伍斯曼是伍麥亞家族的人，這絕對不會有人響應。結果已經很明確了，兩項提議都引發了激烈的反對，情勢到達了最後的臨界點。

從容不迫的演講瞬間讓位給相互攻訐的叫囂。伊本─歐巴達，最先發起召開諮詢會議的麥地那輔士，站起身來，公開指責遷士早有預謀，試圖將領導權占為己有。未等這段指責說完，已經有許多遷士飛撲過去，拳腳相向，等有人把他們拉開，他已經不省人事。

暴力事件的突然爆發，宛如一記悶棍打在麥地那人的頭上。他們驚慌地看著頭破血流的伊本─歐巴達被抬了出去，驚異諮詢會議竟走到如此境地。他們已經無心繼續辯論，所以當最後的提案緩緩浮出檯面時，他們只能輕易地讓步。什葉派不斷宣稱，這群遷士早有預謀，遜尼派則讚揚此為輿論智慧的完美典範，伍瑪爾突然出聲，神情似乎在說自己提出了一個最為理想的折衷方案。

他的說辭帶有軍人一慣的簡潔有力：「爭吵益發激烈，叫囂此起彼落，當我們開始擔憂內部將出現裂痕，我會說：『伸出你的手吧，阿布—巴克爾。』。」

「他能維持一統，我能保證他的忠誠。」遷士爭相附議，然後輔士也只能如此。

一切皆已塵埃落定。穆罕默德的繼承者——哈里發——不是阿里，而是穆罕默德最大名鼎鼎的遺孀，也是最備受爭議的阿伊夏的父親。

* * * *

葬禮極為奇怪地祕而不宣，於倉促之間私下完成，出乎意料地低調，讓之後所有前來聖地的朝聖者都將對此投以驚異的目光。

當阿里和他的親屬聽聞會議最後的選擇是阿布—巴克爾，穆罕默德已經過世了整整一天半，礙於六月的炙熱天氣，葬禮事宜變得極為緊迫。按照習俗，遺體應當在二十四小時內下葬，但當時所有部族和氏族的領袖都身在諮詢會議，下葬別無選擇地只得延宕。如今雖然諮詢會議已經達成共識，但若是在先知葬禮這種重大場合中，確認阿布—巴克爾的繼任，可能會遭到阿里的阻撓。於是，沒有葬禮，有的只是夜深人靜時的悄然下葬。

星期三的凌晨時分，阿伊夏被迴盪在清真寺庭院的敲打聲驚醒。因為穆罕默德的遺體放置於她的房內，她只好移居到幾扇門外另一位妻子哈芙莎，伍瑪爾的女兒的房中。因為悲傷而身心俱疲，她無力探究噪音的來由。如果她起身探究，她會發現那是鐵器挖掘堅硬泥土的聲音，阿里和他的親屬正用鋤頭和鐵鍬替穆罕默德挖掘下葬之所，他們選在阿伊夏的房中。

他們後來如此解釋：穆罕默德曾經言道，先知應埋在其身死之處。由於他死在阿伊夏房內的睡榻上，那麼，埋葬之所就該是那兒，所以他們在睡榻之下挖掘墓地，等深度夠深之後，他們輕輕抬起放置先知遺體的床墊，將先知滑入泥土中，然後迅速覆以土壤，並將石板置於頂上。

沒有一位妻子在場，遷士不在，輔士也不在。這已經是既成事實，就像諮詢會議最終的決議。阿伊夏的房間，她向來起居吃住的地方，如今是先知的墳墓，並且，她的父親是伊斯蘭世界的新領袖，也是接下來二十五年相繼三任哈里發中的首位——當中沒有阿里。阿里所謂「塵土和荊棘的歲月」，就此展開。

第二部分

阿里

第六章

大地上的受苦者

被剝奪繼承權的先知家族

對先知忠誠不二的真主之獅，何以落得此種下場？對阿里來說，真理與正義之路是如此遙遠。但是，他對這場權力遊戲的不屑，卻也讓一家人飽受攻擊。在首任哈里發的打壓下，先知的親族遭受群眾抵制、排擠，直到他為了伊斯蘭信眾的統一，終於屈服……

大地上的失根者

如果我們是命運的信徒，可能會認為阿里永生永世都註定無法成為哈里發，而當他終於在穆罕默德歸真二十五年之後繼任哈里發，他堅忍不拔的命運，從此註定以悲劇收場。哈里發之位的更迭不只是一次、兩次，而是在二十五年內移轉了三次，而那段艱苦歲月，據阿里的說法，他是「塵土布滿我的雙眼，荊棘扎滿我的嘴」地活著。

塵土和荊棘是流亡生活中極其動人的形象——不是肉體上的流亡，而是精神性的放逐，那是從自身堅定的意志而來。但對阿里來說，這樣的形象也是殘酷的諷刺。「真主之獅」是先知賦予他眾多頭銜中的一個；如今縈繞在他身邊的是*Abu Turab*，意即「塵土之父」。聽在西方人的耳中，這個稱號似有貶義，但對阿拉伯人來說意義遠非如此。

有人說，「塵土之父」歸因於阿里在戰場上奮勇殺敵時，馬兒四蹄飛濺的陣陣煙塵。亦有人說，源自穆罕默德發現他那年輕的堂弟無懼風沙肆虐，依舊潛心禮拜，黃沙難掩其長袍之潔白。還有一些人認為，這是因為早年在麥地那，阿里還是個石頭和飲水的搬運工時，樹立了勞工典範的形象，他可說是一座由早期阿拉伯穆斯林過渡到全新穆斯林大眾形象間的橋梁。

三種皆有可能，而且在所有的說法之中，塵土都是榮譽的標誌，這點直到現在仍是如此。什葉派的忠實信士仍然會在伊拉克的納加夫（Najaf）的沙土中收集塵土，這座城市附近便是距離巴格達以南一百哩的阿里的黃金圓頂聖陵，接著他們將塵土壓成一塊塊小泥板，禮拜時放在自己跟前，這樣他們無論在世界的何處禮拜，什葉穆斯林額頭所碰觸的皆是神聖之土。

直至今日，全中東的什葉穆斯林在葬禮時仍要求使用同樣的土壤，和數百年前並無二致。裹著裹屍布的遺體，像捲起的地毯，由騾子和駱駝搬運至此，現在則靠汽車和卡車。他們列隊行進，繞著納加夫的阿里聖陵，或是在其子胡笙在卡爾巴拉的聖陵，接著會前往被稱為「和平之谷」（the Vales of Peace）的廣大雙子公墓，如此一來，到了末日審判的那天，他們便會和阿里和胡笙一同升天，他們的後裔「末日引導者」（the Mahdi）將會重返，並引領眾人走向真理和正義的新時代。

但在穆罕默德歸真的那幾天，對阿里來說，真理和正義的路途還遙不可及。「對先知的輔士和親人來說，這該有多悲慟，」一名來自麥地那的支持者如此寫道，「輔士的土地變得更為狹窄，他們在眼眶塗上墨。我們孕育了先知，而我們之間成為其墳。在那一天，他們在他身上和墳上覆蓋泥土，真主離開了我們每一個人，無論男女都無人能拯救他。我們遭到狠狠地羞辱。」

一名哈須彌氏族的詩人寫得更為簡單扼要：「我們被以最荒謬絕倫的方式給耍弄得團團轉。」

他們被剝奪了繼承權，喪失了他們認為其應有的地位，也就是伊斯蘭世界的領袖。而這樣被剝奪的感覺，深深刺痛著什葉穆斯林的內心深處，這道傷口直到二十世紀都仍潰爛流膿、難以痊癒，甚至演變為反對西方殖民主義的重要力量。首次的迸發點便是伊朗革命，接下來是黎巴嫩內戰，再接下來，迎接二十一世紀的，是伊拉克戰爭。繼承權遭剝奪如同團結的呼聲，一九六〇年代反殖民主義的經典之作，弗朗茲．法農（Frantz Fanon）的《大地上的受苦者》（*The Wretched of the Earth*），因為帶著這樣聳動的書名，成為伊朗最暢銷的作品，其書深深道出了什葉派所經歷的哀痛：他們是「大地上的失根者」（The Disinherited of the Earth）。等時候到了，終將歸於阿里，無論這場鬥爭如何艱難，什葉派終會得以平反，收復其應得的。但首先他所面臨的是「塵土和荊棘」。

法蒂瑪流產

荊棘的刺骨立即就能感受得到。當阿里還和家人待在家中時，權力就已經悄悄流失，其他人一一公開表示效忠阿布—巴克爾為哈里發。阿里宣稱自己仍在為先知哀悼，這是肯定的，但是他拒絕走出家門擁戴阿布—巴克爾，這也是對首任哈里發明確的蔑視，更是重大的挑戰。如果阿里堅持如此，麥地那的輔士很有可能會轉而追隨阿里，一舉推翻諮詢會議的結果。故而必須盡快讓阿里歸順，阿布—巴克爾委託伍瑪爾處理這個燙手山芋，然而，伍瑪爾卻不過讓事態更為惡化。選擇像伍瑪爾這樣一板一眼的軍人進行外交任務，絕對是最不明智的選擇。伍瑪爾的勇猛和戰技若是作為指揮官絕對毋庸置疑，但是對於一個以快速用鞭聞名的人來說，「不近人情」的形容詞或許還有點太過修飾。他絕對不是能言善道、能排解紛爭的人，從他那晚的表現就可以看出來。他帶著一批武裝分子，層層包圍阿里的家，自己則直挺挺地站在門前。阿里得出來對阿布—巴克爾的宣誓效忠，他朝屋內喊道。若不照做，他的人馬會一把火燒了房子。

「如果我身邊有四十個人，我絕對會以武力抗拒，」阿里之後說。但是這一晚，只有他的直系親屬和他一起，也就是「先知家族」。阿里選擇消極抵抗，但仍然拒絕讓步。

伍瑪爾看出他不可能真正執行他的威脅、殺掉穆罕默德最親近的家人，於是他只剩下一個選擇。他縱身飛躍，用盡全身的力量撞門，門閂和鉸鏈應聲而斷，大門隨之洞開，六呎高的伍瑪爾衝入屋內，力道大到無法穩住自己，他猛地撞上站在門另一邊的人。這人偏偏是法蒂瑪，身懷數月的身孕，先知的第三個外孫。

有人說她只是擦傷，也有人說她跌斷了手臂。但所有人都同意這一點：強悍如伍瑪爾，也被眼前先知挺著大肚子的女兒驚得呆了，她正痛苦不已地倒在他的腳下。阿里連忙彎腰扶起受傷的妻子，伍瑪爾一言不發地帶著眾人撤退。他做到了他該做的。

幾個星期後，脆弱的法蒂瑪產下了一名早已沒有生命跡象的男嬰。沒有人能確定，她的流產是否是因為伍瑪爾的衝撞，或是源於她本就纖弱的身體，和伍瑪爾毫無半點干係。無論如何，阿布—巴克爾至少可以聊表慰問，或至少伍瑪爾該如此，但是他們什麼也沒做。更確切地說，是比什麼也沒做更糟。

雪上加霜的是，法蒂瑪將會失去她認為自己所應得的財產。她流產後不久，傳話給阿布—巴克爾，要求繼承父親的部分遺產，也就是麥地那以北，亥巴爾和法達克廣大綠洲中的椰棗園。他的回答卻讓她震驚不已：先知的遺產屬於群體，不屬於任何一個個人。此為穆斯林慈善信託的一部分，必須由阿布—巴克爾以哈里發之名管理。他不能隨意將之送給個人。「我們沒有繼承人，」他表示穆罕默德曾這麼告訴他，「除非是當作救濟品。」

法蒂瑪別無選擇，只能默默接受。阿布—巴克爾的正直聲譽毋庸置疑，無論她是否對此存疑。之後，遜尼派對此極為讚揚，認為此舉確認了社群將高於個人的繼承權。「不是只有你是先知家族裡的人，」阿布—巴克爾似乎在暗示，「我們所有人都是先知家族裡的人。」但是，什葉派確信的是，穆罕默德最親密的家人一朝遭逢雙重侵害，或可說是遭到欺騙，有詩如此吟道：阿里讓出了他的領袖繼承權，而法蒂瑪讓出了財產繼承權。

阿布—巴克爾拒絕法蒂瑪的說法，明確地表達出平民化、群眾化的意涵：穆罕默德的家族即伊斯蘭教的家族，在這個家族內，人人皆平等。然而，和以往如出一轍，總有一些人獲得的比其他人更多。即便阿布—巴克爾一口回絕了法蒂瑪，他卻對穆罕默德的遺孀毫不吝嗇，這當然是為了自己的女兒阿伊夏，不只在麥地那，遠在阿拉伯半島另一邊的巴林，她都獲得了價格不菲的地產。

這是壓垮法蒂瑪的最後一根稻草。父親那位盛氣凌人的年輕妻子，有她應得的那一份，而她，由他最心愛髮妻所生的第一個孩子，難道就經該遭受斷然拒絕？她從來未能從流產，或是與阿布—巴克爾的激烈爭論中恢復過來。不過，或許在失去第三個孩子之後最大的痛苦，在於這幾個月來她遭受的排擠。阿布—巴克爾下令要求眾人逼迫阿里接受這一切。

在唇齒相依的社會中，聯合抵制是一項強而有力的武器。壓力一天接著一天、一週接著一週席捲而來，阿里一家逐漸消逝在眾人的視線之外。人們相繼轉過身子，背對著他們，朋友保持距離，曾經相熟的人們無聲無息地擦肩而過，眼神逕自穿過他們，彷彿他們並不存在。即使是在清真寺，阿里也是獨自禮拜。

諷刺的是，麥加人曾用同樣的武器來對抗穆罕默德和他的氏族，即使聯合抵制強大無比，仍然以失敗告終，才使得麥加菁英分子不得不使出謀殺的手段，並且最後也是徒勞無功。法蒂瑪拒絕向壓力低頭，當她明白自己命不久矣，她要求阿里隱密地將之埋葬，就和三個月前埋葬她的父親一樣。不要讓阿布—巴克爾知道她過世，她說。不要讓他有機會主持她的葬禮。她靜靜地下葬，身邊只有她的至親，真正的先知家族。

光輝者

就算阿伊夏在聽聞她的宿敵歸真後，心中曾經泛起絲絲勝利之感，她對此卻是異常的安靜。不過，她確實沒有必要特別歡欣鼓舞，她如今已經備受尊崇，既為先知的遺孀，又是繼承者的女兒。甚至可以說是三重的光榮，就連她在清真寺院落邊的房間，也成為穆罕默德的墳墓。

我們理當可以想像，年輕寡婦和葬在她床底下的丈夫共眠的形象有多珍貴，在在飄散出魔幻現實主義的韻味，如同馬奎斯小說中的場景。但現實是，這本小說是全然的子虛烏有，阿伊夏再也沒有睡在那裡。所有的先知遺孀都離開清真寺，遷移至私人的住所，每一位都獲得豐厚的養老金——阿伊夏的自然最為豐厚，即使她的餘生都不需要與亡夫同床共枕、同桌吃飯，但她肯定會如此裝模作樣。

她曾經那麼努力地想擁有活著的穆罕默德，如今她似乎成功擁有死去的他。她成為「聖訓」（*hadith*）的主要來源——向眾人報告先知的日常種種，即所謂的「先知傳統」（*sunna*），事無大小，從廟堂之計到最微小的細節，例如先知何時、如何洗澡，甚至是他用什麼樣的牙籤剔牙。遜尼派（Sunnis）最終以先知傳統為名。他們長此以往地擁有這個名字，即使什葉派也遵循同樣的傳統。

然而，無論有多少聖訓可以追溯至阿伊夏——事實上，有成千上萬條——未來也不會善待於她。只要她活著，她會被尊為「所有信士的母親」之首，但是在死後的名聲裡，她的品德備受質疑。在往後的幾個世紀，保守的神職人員將她作為公共場合裡女性得與男性隔離的先例，這發生在阿伊夏惡夢成真，即阿里終於成為哈里發的時候。一切都讓她在獵奇的世俗心態中變得如此有趣——她的野心、她的坦率、她的專斷——在在都讓她成為伊斯蘭文化中充滿爭議的人物，即使對遜尼派來說也是如此。

而無論法蒂瑪當日的形象有多相形見絀，無論她是否早逝，並且從未得到機會主導歷史發展的方向，時間始終對她更為仁慈。什葉派會叫她「光輝者」（*Al-Zahra*），即使在她的一生中，從未散發出多少鋒芒。她是向來黯淡、幾乎從未嶄露頭角的配角。但是這些都無關緊要，那是聖潔精神之光輝，只因為先知的血脈通過法蒂瑪，再汨汨流入她兩個兒子體內。

在什葉派的傳說中，法蒂瑪活在另一個向度中，親眼見證了其子的苦痛，並為他們殷殷哭泣。她是聖母，她的小兒子會犧牲自己以拯救蒼生，就像另一位偉大母親瑪利亞之子。就和她一樣，法蒂瑪通常因其精神上的潔淨而成為處女的符碼；就和她一樣，直到末日審判，她都會為其後代哀悼，傳說她將重新出現，一手拿著哈珊遭毒害的心臟，另一手提著胡笙遭砍下的頭顱。[1]

叛教者之戰

阿里完成了法蒂瑪的願望。在她死去的那個夜晚，他靜悄悄地將她下葬，如同他在不久前，才這樣埋葬了她的父親。在他將她交付黃土之後，他做了在他與哈里發之位失之交臂時，曾經拒絕做的事：他向阿布—巴克爾讓步，並宣誓效忠。許多人說，他是在悲痛之餘，甚至是在絕望之中做了這個決定，但讓他這麼做的，的的確確有更為迫切的理由。

穆罕默德歸真的消息已經傳遍了整個阿拉伯半島，叛亂隨之而起。廣袤半島上北部和中部的部族紛紛威脅要脫離伊斯蘭教，或至少要停止繳納稅收。這無關信仰，他們說，而是關係到部族的自主尊嚴。向先知納貢尚且說得過去，但要豐實古萊須部族的庫房卻完全是另一碼事。

阿里曾不負穆罕默德的盼望，永遠忠於法蒂瑪，但現在他說，相較於這等忠誠，他背負著更高的責任。此時已經無暇再管嫉恨與否，他宣誓效忠阿布—巴克爾，以團結一致來面對叛亂，為了大我群體的利益，成為反分裂勢力中最堅固的堡壘。如果這是在歷經傷痛後的理想主義聲明，那就這樣吧。他的追隨者之後自然而然稱讚這是最高貴的行為。然而，阿里除了光風霽月的品性之外其實一無所有。他的高貴美德，也將被證明為是他最大的弱點。

隨著終於得到阿里的支持，阿布—巴克爾對待反叛部族的方式極為強硬。「如果他們只願意繳納他們原先給先知的一小部分，我將嚴懲不貸。」他宣稱，而他所選擇的辭彙帶著有意為之的侮辱。在早已城市化的古萊須貴族的眼中，他們絕大多數不過是駱駝牧民，他稱他們為「粗野笨拙的貝都因人」。縱然仍有成千上萬的阿拉伯頌詩歌頌著沙漠生活的純淨，但只限於帶有濃濃鄉愁的牧歌，這樣的牧羊人形象之後也見於歐洲，或是體現於約翰．韋恩（John Wayne）飾演的西部牛仔中。實際上的牧羊人和駱駝牧民又是另一回事，那些少數未被吸納到城市生活的貝都因人，其實在阿拉伯世界中備受歧視。

阿布—巴克爾聲稱，由於稅收屬於伊斯蘭教，若是拒絕繳交就是叛教。而神的慈悲雖可擴及到無信仰者，卻未涵蓋到背信者（apostate），也就是那些先皈信神，接著卻背離信仰的人。這樣的人不再受到《古蘭經》中「禁止穆斯林讓穆斯林流血」的禁令保護。這是 *haram*，伊斯蘭教的「禁忌」。但由於叛教者被視為是伊斯蘭教現存的敵人，讓他流血就不再是禁忌，而是 *halal*——

是伊斯蘭教法所准允的。[2]

這套說辭後來被大量引用，一代代過去，遜尼派以此為據對抗什葉派，什葉派對抗遜尼派，極端分子對抗溫和派，法律至上的神職人員（legalist clerics）對抗蘇非密契主義者（Sufi mystics），最為惡名昭彰的，至少在西方普遍這麼認為，或許是何梅尼（Ayatollah Khomeini）對小說家魯西迪（Salman Rushdie）的追殺令。一旦聲稱敵人是叛教者，阿拉伯諺語如是說，「他的血是伊斯蘭教法所准允的」。

阿布─巴克爾所誓言的「叛教者之戰」（the *ridda* wars）在這一年風起雲湧，無情粉碎了所有的抵抗。另一方面，穆斯林軍隊開始向阿拉伯北方出擊。阿布─巴克爾是後來遜尼派稱呼的正統哈里發──「受正確指引者」（*rashidun*）──的第一位。在他領導下，伊斯蘭教眾正準備南征北討大顯身手。一年之後，正當大軍準備攻打北方被拜占庭控制的大馬士革時，阿布─巴克爾卻身染重病，高燒不止。他是接下來這五十年來，唯一一名自然死亡的伊斯蘭教領袖，而這一次，下一任繼承者早已確定。

一些遜尼穆斯林之後會說，幸好阿布─巴克爾自己揀選了繼承者，才避免了重蹈他繼任前分裂的危機。另一些人認為，隨著阿拉伯人開始向外擴張，阿布─巴克爾需要一位軍事將領來繼承。什葉派的看法迴異，他們辯駁道他受到自身對阿里的敵意所趨使，願意不惜一切代價讓這名年輕人遠離權力中心。不管阿布—巴克爾的考量究竟為何，他的臨終聲明確實明確至極，也就是說，不會再有什麼諮詢會議，更加避免了受到部族領袖和長老的祕密會議所掌控。即使阿布—巴克爾當時是由諮詢會議上的眾人一致選出，他也有充分的理由不再信任這個程序。

那麼，該如何進行下去？在伊斯蘭教尚未出現的日子，這本來十分簡單；阿布—巴克爾的其中一個兒子將繼承他的統治。世襲君主制之所以能在漫長歷史中宰制那麼長的時間，就是因為它確立了再清楚不過的繼承原則，能夠避免冗長的協商工作、政治操縱和種種疑難，而這段費時費力的過程所產生的恰恰就是我們今日所稱的民主，極為細膩脆弱。但伊斯蘭教的本質是人人平等。就像阿布—巴克爾當初在戰勝阿里的擁護者時所辯稱的，領導權如同預言能力，無法被繼承。因此，他面對的難題即使到了今天仍然困擾著中東地區的有志之士：要如何推動民主的落實？如果人們不是先接受了更基本的價值規範，讓民主制度成為可能，民主要如何運作？

我們大可以說，阿布—巴克爾採取了中庸之道。他自行任命繼承者，但根據的是其功勳，而非親族關係。他選擇了他認為最適合接掌大權的人，而這個人也是兩年前諮詢會議曾經提出過的候選人，這也證明了他所具備的正統性。這當然也絕對會被什葉穆斯林視為是兩人共謀的另一樁證據，垂死的阿布—巴克爾任命伍瑪爾為第二任哈里發。

跨越世代的盟約

又一次，阿里難敵謀算；再一次，他不在繼任人選中，而被選中的正是傷害他的妻子，並威脅要燒毀他家的人。然而，即使阿布—巴克爾安葬在先知身旁，這也是第二具長眠在阿伊夏舊日睡榻下的遺體，阿里仍堅稱他的支持者依然會維持和平。他沒有起而挑戰伍瑪爾，這是他第二次展現雍容大度。既然他曾宣誓效忠阿布—巴克爾，並且言而有信，那麼這些誓言當然也適用於阿布—巴克爾指定的繼承者，他再一次將他們之間的恩怨置之度外。如果還有人質疑他對於伊斯蘭一統的絕對忠誠，他用一個引人注目的舉動平息了這樣的疑慮：在伍瑪爾的統治開始時，阿里娶了阿布—巴克爾最年輕的遺孀，阿斯瑪（Asma）。

以現代的認知看來，迎娶昔日競爭對手的遺孀，似乎是報復性的行為。但在七世紀的阿拉伯半島，意義卻是截然相反，這是和解的重要宣示。阿里與阿斯瑪的婚姻是釋出善意的行為，弭平舊日恩怨，並將恩怨轉成聯盟，而且阿里弭平得極為徹底：他正式領養了阿斯瑪與阿布—巴克爾所生的三歲大兒子，並且通過這個方式，朝另一個方向伸出手——男孩那位同父異母的姊姊，極具影響力的阿伊夏。

又一次，阿伊夏出乎意料地沉默。沒有紀錄顯示，她是否認為阿里竊取了她的家庭的一部分，但斗轉星移，隨著她同父異母的弟弟在阿里的家中長大成人，她對於弟弟忠於阿里的不滿益發熾烈，這名年輕人原本應該讓兩個對頭握手言和，如今卻讓兩人的關係益發撕裂。在此同時，這樣的分裂仍得以被按捺下來，登上舞臺的是第二次令人更瞠目結舌的聯盟。阿里採取了最強而有力的結盟策略，將自己的女兒烏姆—庫勒蘇姆（Umm Kulthum），穆罕默德最年長的孫女，嫁予伍瑪爾，以表對哈里發的尊崇。

到了現在，婚姻聯盟的廣大藤蔓跨越了世代和政治分歧。伍瑪爾和穆罕默德算是同一代人，如今卻娶了他的孫女。阿里比伍瑪爾還年輕十三歲，現在卻是他的岳父。法蒂瑪若是知道那個曾經衝闖她家，將她撞倒在地的人，居然娶了她的女兒，恐怕在九泉下也不得安寧。然而，這便是統一的代價——並且，伍瑪爾將很大一部分的穆罕默德遺產授予給阿里，這正是法蒂瑪當日所盼望的。

伍瑪爾如今和先知有了兩層親族關係：既為岳父也是孫女婿。他的哈里發之位極為穩固。阿里雖然仍是潛在的強大對手，但是伍瑪爾遵循了傳統的政治格言，與友人保持親密，與敵人就要更親密。身為女婿和岳父，兩人合作無間，每當伍瑪爾因大大小小的征戰而離開麥地那，阿里便成為其代理人。這個徵兆再明顯不過，所有人都認為，時候一到，阿里就會繼承伍瑪爾成為哈里發。

伊斯蘭的擴張

阿拉伯征服如今才正式拉開序幕。伍瑪爾沿用了阿布—巴克爾身為先知代理人的稱號，但再加上了「信仰者的領導人」（Commander of the Faithful）及超然的領袖等頭銜。他在征戰中過得十分簡樸，隨時準備與他的部隊並肩作戰，睡覺時只裹上斗篷躺在沙漠上，身先士卒而非在後方紙上談兵，從而贏得了將士絕對的忠誠和尊重。就算他因此獲得了嚴苛和鐵腕的名聲，也能由其對正義的堅持加以平衡。基於他對伊斯蘭教的義務，即使是對自己的家族，賂賻也不會往裡彎。當他其中一個兒子在公開場合喝個爛醉，伍瑪爾下令鞭打這個年輕人八十下，並且在他因此死亡後，拒絕為他哀悼。

在伍瑪爾的十年治下，穆斯林掌握了整個敘利亞和伊拉克，擴張速度如此之快，常常被解讀為「部落式的征服衝動」。人類學家對這個說法極為陌生，但這確實構築了受原始欲望驅使的嗜血先民的形象，威脅到更理智的文明社會——這個形象不斷在現今中東衝突的報導中迴盪著。[3]

比起捲入的錢財來說，流的血確實要少得許多。穆斯林用極為懸殊的兵力，攻克了波斯和拜占庭，這絕對是空前的軍事勝利，但阿拉伯人的征服大多是運用說之以理，而非刀劍。儘管遭到武力脅迫，但新的伊斯蘭子民並不反對接受阿拉伯的統治。畢竟，阿拉伯人對他們來說已經是熟面孔。

遠在穆罕默德權力上升之前，麥加的貴族坐擁埃及的土地、大馬士革的宅邸、巴勒斯坦的農場，以及伊拉克的椰棗園。他們在其營生的國家和城市中扎根，因為在七世紀要想成為一方商賈，就得成為旅人，而要成為旅人也會成為旅居者。商隊每年兩次從麥加浩浩蕩蕩地走向大馬士革——同時有多達四千隻駱駝上路——在途經的綠洲大城走走停停。為了達成談判，他們往往得待上好幾個月，以隨時進行協商，並受到熱情款待。早在他們起而征服之前，阿拉伯商賈就已成為他們征服土地的社會、文化和經濟生活中，不可或缺的一部分。

這個時機堪稱完美。在伊斯蘭誕生之際，中東地區出現巨大的權力缺口。西方的拜占庭和東方的波斯，這一左一右宰制中東的兩大帝國正迅速衰落，因兩國持續不斷的征戰而筋疲力盡。波斯人甚至無法再負擔伊拉克境內，底格里斯河和幼發拉底河廣大灌溉系統的保養。拜占庭對大馬士革和耶路撒冷控制的命懸一線。兩個帝國皆從內部開始崩潰，他們的實力一旦減弱，一個穆斯林國家便應運而起，虎視眈眈地盯著兩大帝國如今敞開的大門，正邀請他們進入並接管。

伊斯蘭教並沒有什麼不合理的要求。伍瑪爾並不鼓勵他們改變信仰，因為他想維持伊斯蘭教內的純淨，即阿拉伯的純淨。但這讓他失去了波斯人的愛戴，因為他們覺得自己的身分遭到刻意貶低，並在他歸真之後，大量皈信伊斯蘭教。他甚至下令在伊拉克興建了兩個駐軍城鎮，分別在南方的巴斯拉（Basra）和中央的庫法（Kufa）——他親眼目睹了權傾一時的波斯帝國如何消亡，他要避免他的官員和軍隊重蹈覆轍。

但是他還有另一個強烈的動機，要讓皈信者的人數維持在最低限度。伍瑪爾設立了「官方財政部門」（*diwan*），這個系統讓所有穆斯林每年都能獲得撫恤金，和今日擁有豐富石油資源的波斯灣國家杜拜的人民極為相似。穆斯林的人數愈少，每人能分到的金額就愈高。再說，這些撫恤金的稅收來源，比這些異教徒從前繳納給拜占庭和波斯的賦稅還低，因此他們沒有遭到什麼反彈。如同今日政權一旦移轉，當舊日統治者的照片突然從牆上取下，新任統治者的照片掛上，大多數的人就此適應了阿拉伯人的統治。但，並不是每一個人。

進退維谷的第二次哈里發之爭

沒有人預見到暗殺，麥地那人如是說。這宛若晴天霹靂，誰會想到，波斯來的基督徒奴隸就這樣失去理智，幹出這樣殘忍的事來？又有誰能料到，會有人趁哈里發在清真寺彎下腰準備黎明前的禮拜時，用匕首足足刺了他六刀，並且刀刀深入胸膛？這完全無法理解。

有人主張這背後一定有重大陰謀，一定是邪惡勢力主導的詭計，意圖暗中顛覆新興的伊斯蘭帝國，不可能只是一個發瘋的狂人的獨自行動。但我們該想到的是，七世紀的人和二十一世紀的現代人一樣，會受到失去理性的絕望所趨使，又或者，以這件暗殺的背景來看，這也許是對理性的絕望。

這個故事始於這個奴隸的主人答應要釋放他，卻又違背承諾。奴隸找上了伍瑪爾，希望能討回公道，卻遭到拒絕，於是心生怨懟。這故事再合理不過，於是人們欣然接受這個說法。即使是當伍瑪爾身受重傷地倒在血泊之中，即使是人們在短短十二年裡第三次面對領袖逝去，他們仍然暗暗欣慰這名刺客並非出於他們之中——他是波斯人，不是阿拉伯人；是基督徒，並非穆斯林。暗殺縱然可怕，但它是瘋子所為，是一個局外人的行為。穆斯林沒有讓穆斯林流血，禁忌仍然沒有被破壞，終極的恐怖仍未發生。

又一次，垂死的哈里發帶來了繼承問題，並且，再一次，沒有在既定的過程中產生，解決方案帶來的爭議無限，引發了數百年來的論戰。在他死於刀傷的幾小時前，伍瑪爾在採取開放性的諮詢會議，以及哈里發獨斷任命繼承者之間，採取了折衷路線。一如預期，他提名了阿里，但是誰也沒有料到的是，他還提名了另外五個人——候選者不是一個人，而是六個人。他下令，這六個人既是候選人也是選民，他的繼承者在此六人之中，但是哪一位取決於他們自己。在他死後，他們得祕密集會，並且要在三天之內做出決定。

難道他想當然耳地認為選民會選擇阿里？當然，確實如此，但他提名的其中兩人都是阿伊夏姊妹的丈夫：她的堂兄祖拜爾（Zubayr），以及曾貿然宣布要在先知死後娶她為妻的塔勒哈。第三名是伍斯曼，阿布—巴克爾曾在諮詢會議上提議由這名伍麥亞貴族繼承穆罕默德——這三人都不太可能同意尊阿里為哈里發。

伍瑪爾是葬在阿伊夏床榻下的第三個、也是最後一人，在他下葬之時，六個選民聚集在清真寺主體的一個房間內，與外界隔絕。伍瑪爾讓他們陷入可怕的進退維谷，這絕對萬無一失，幾乎可以被形容成是一場殘忍又錯綜複雜的策略遊戲：六個男人被困在一個上鎖的房間，除非達成共識，否則誰也無法離開。然而，不到最後關頭，沒有人想和對方合作。六個人中的每一個人都希望自己成為領袖，而每個人也都認為自己能當上領袖。沒有人承認自己不過是癡心妄想，因此沒有人準備讓步。

到了第三天一早，他們縮小了選擇範圍，候選人只剩下先知的兩個女婿，也就是阿里和伍斯曼。對房外的大多數人來說，結局呼之欲出——哈里發一定在這兩人之中。一邊是阿里，他剛過不惑之年，是著名的哲學家戰士，是皈信伊斯蘭教的第一個人，並曾擔任穆罕默德和伍瑪爾的代理人。另一頭則是伍斯曼，虔誠且富裕，是最早皈信伊斯蘭教的伍麥亞貴族，但平生從未親臨過戰場。七十歲的高齡已經遠遠超出當時的平均壽命，無人能預料他還有多久可活，但這正是他的優勢。

如果他們選擇伍斯曼，而非阿里，落選的其他人將有機會爭奪下一任的領袖寶座。他們視伍斯曼為權充人選，一個替代品，等到他歸真之後，或許他們已經能匯集起足夠的支持。他們十分確定，這絕不會超過一年或兩年。即使是同樣困於局中的阿里，也看出了房中的其他人已然打定主意，而他卻無力阻止。當第三天的暮色降臨，他們在阿里同意之前，逕自於清真寺中公開宣布決定，在這個時候，阿里明白他許多年來的塵土和荊棘之年尚未走到盡頭。他別無選擇，只能再次誓言效忠另一個人為哈里發。

眼睜睜看著領導權又被奪走，這該有多苦澀？他還能忍讓多久？統一之名究竟能有多崇高？從後見之明來看，阿里其實應該比過去更加強勢，堅持自己的統治權。但如此一來，他將不再是過去的那個阿里。他向來以他的高貴、他的慈悲，和他的正直聞名。然而，政治就像汙濁的染缸，潔身自愛者不宜。

又或者，他同樣認為伍斯曼命不久矣。

注釋

1 這項傳統的紀錄可見Halm, *Shi'a Islam*.

2 雖然西方人一般認為這個詞只指稱伊斯蘭教的飲食法，但*halal*在所有阿拉伯語系國家中適用於伊斯蘭法所允許或認為合法的所有東西。

3 可見：例如在Patricia Crone富有爭議性的著作*Meccan Trade and the Rise of Islam* (Princeton: Princeton University Press, 1987)中的第二四三頁所提到的「部族國家必須靠征服才能生存」；而對於「部族衝動」更微妙的見解可以參見Berkey, *Formation of Islam*。

第七章

染血的古蘭經

第三任哈里發遭弒

隨著阿拉伯帝國的擴張，數量豐厚的戰利品一車車運至麥地那的伍瑪爾跟前，但他看出眼前這些閃耀光芒的金銀財寶，將會在伊斯蘭世界掀起一場腥風血雨。帝國持續壯大，掌權者的貪婪無法饜足，官僚腐敗一發不可收拾。種種違背伊斯蘭精神的亂象甚至讓阿伊夏都忍無可忍……

伍麥亞家族的花園

若非伍斯曼如此長壽，很多穆斯林的血就不會白流，當然也包括他自己的。因此他的長壽究竟是福是禍，實在難有定論。但事實就是，大出眾人意料，他活上另一個十二年，當他歸真的時候，享年八十二歲，這甚至還不是他生命自然能達到的最老歲數。和之前的伍瑪爾一樣，第三任哈里發同樣死於刺客刀下。然而，這一回，刺客是名穆斯林，而且許多人還為他鼓掌叫好。

伍斯曼從來就是天之驕子。他以俊俏的臉龐聞名，因為他總是帶著貴族氣息的不羈和自信，讓人們輕易忽略他帶有天花疤痕的臉頰，充滿敬佩地津津樂道他「金色的膚色」，以及光采照人的笑容，只是閃耀的並非刺眼的白光，而是裝飾他牙齒的細緻金絲。這在在加重了惑人的黃金或許可以視為山雨欲來的警告。

他的前任哈里發伍瑪爾肯定預料到了這點。當波斯皇宮滿坑滿谷的戰利品被送往麥地那，伍瑪爾沒有按眾人期望地露出滿意的笑容，他只是嚴肅地看著無數大大小小的皇室紋章，印在鑲滿珠寶的寶劍上，繡在華麗的綾羅綢緞上，眼淚滾滾落下臉頰。「我哭，」他說，「是因為財富總是招致敵意和仇怨。」

隨著阿拉伯帝國在伍斯曼治下擴張得更遠——西至埃及、東納波斯、北抵裏海——當然也包括這些地方的財富，滾滾而來的財富正是伍瑪爾所擔心的。穆罕默德曾經從伍斯曼的伍麥亞家族手中奪取對麥加的控制權，但他們當中的其中一人如今身為伊斯蘭世界的領袖。伍麥亞家族藉此良機重振自己的貴族地位，讓自己名利雙收，而伍斯曼似乎無法，或者說是不願意管束他們。

沒有人會懷疑他的虔誠，以及他對伊斯蘭教的種種奉獻，但他對家族的溺愛同樣無可忽視。最高的軍職、總督、高級官員……所有的高位都成了伍麥亞家族的囊中之物。三親六戚取代了聰明才智之士，任人唯親成為晉升之道，一朝當道的官員貪汙起來更肆無忌憚。這讓一名久經沙場的將軍怒火中燒，他多年來的努力征戰未獲報償，應得的權威更為他人的貪婪所壞。「我是否該牢牢抓住牛角，只因為另一個人想喝牛奶？」他忿忿不平地抗議。

在阿布—巴克爾和伍瑪爾的治下，穆罕默德崇尚的平等和簡樸等美德仍然被奉行，如今奢侈炫耀卻蔚為風尚，伍斯曼在麥地那新建造的奢華宮殿可資證明，裡頭還設有封閉的花園、大理石柱，甚至還有異國的食品和廚師。阿布—巴克爾和伍瑪爾兩人皆採取了「穆罕默德代理人」那相對謙遜的稱號，伍斯曼卻選用了更為宏大的頭銜；他堅持被稱為「真主的代理人」，即神在世間的代表。至此，為許許多多未來的領袖鋪平了道路，他們個個都急於聲稱自己握有對世俗權力的神聖仲裁權。

舊日的麥加貴族，搖身一變成為新興的穆斯林貴族。伍斯曼開始將大量的私人財產出讓給親戚，有的人獲得上千匹的良駒，也有人得到眾多的奴隸。在伊拉克，兩河之間為數眾多的富庶農地都給了伍麥亞的貴族，整個美索不達米亞平原獲得了一個全新、諷刺意味十足的稱號「伍麥亞家族的花園」。伍斯曼其餘的統治遺產——官方編纂的《古蘭經》，以及將帝國勢力向北深入至愛琴海，沿著北非海岸向西，東達印度邊界，一切政績皆因伍麥亞家族的專權而黯然失色。

麥加的統治階級重掌權力，且程度比人們預料的更甚。誰是喝牛奶的人，誰又是牢牢抓住牛角的人，早已毋庸置疑。他們的矛盾衝突在伍斯曼對裙帶關係和貪汙腐敗的放任中愈演愈烈：非法徵收、放逐、監禁，甚至是死刑。穆罕默德的早期最受人尊敬的門徒開始起身抗議，包括當初曾經選擇伍斯曼的其他五位候選人，且沒有人抗議地比阿里更大聲。

阿里警告，愈來愈多伊斯蘭世界的資產遭到侵奪。伍麥亞家族如同一群飢餓的野獸般巧取豪奪。「伍斯曼傲慢地不把這些當回事，他的兄弟們站在他的兩旁，吞噬神的資產，就像駱駝大口大口地席捲春日的青草。」然而，這些珍貴的蒼翠繁茂將稍縱即逝，徒留貧瘠無毛的沙漠。

但是，最備受關注的抗議當數阿伊夏，這是她空前絕後地和阿里站在同一陣線。「那個老糊塗！」她語氣中充滿了輕蔑和嘲諷，形容屈從於親戚淫威之下的老伍斯曼。

據說，她情緒沸騰的真正原因，是伍斯曼減少她和其他信士之母的年度撫恤金。對養尊處優的她來說，是可忍孰不可忍！也有人說，她因為希望內弟塔勒哈接替哈里發而採取行動。但有一點毫無疑問，阿伊夏真的十分不滿於貪汙腐敗，事情因為伍斯曼繼弟瓦立德（Walid）的可恥行為達到頂峰。

身為伊拉克中部駐軍城鎮庫法的總督，十足貴族派頭的瓦立德絲毫不掩飾他對治下人民的輕蔑，還帶著一種阿拉伯人的勢利眼，衝突屢屢浮上檯面，他不止一次輕蔑地稱呼伊拉克本地人為「沒見過世面的賤民」。判決不公的監禁？土地兼併？盜用公帑？都不過是家常便飯，面對這些針對他的投訴，瓦立德宣稱「不會多於艾多姆（Edom）沙漠上的山羊所放的屁」。

然而，其中一隻特殊山羊的屁，卻一路直達麥地那。當瓦立德醉醺醺地出現在庫法的清真寺，當著眾多參拜者的面，在講壇的一側嘔吐連連。庫法人派遣了一個代表團到麥地那，要求將他召回，並判處公開的鞭刑，但伍斯曼斷然拒絕了他們。更糟的是，他威脅要懲罰他們，居然膽敢提出這樣的需求。這群人轉而尋求信士之母的支持，但伍斯曼知道後不屑地冷笑，「這群叛亂分子和伊拉克無賴除了阿伊夏的家，找不到更好的避難所了嗎？」[1]

粗野賤民的反叛

戰事一觸即發，這個挑戰不僅僅是針對「叛亂分子和伊拉克無賴」，更深深冒犯了阿伊夏。

隨著伍斯曼的冷言冷語傳開，大多數人都認為這實在愚蠢至極。也許阿伊夏的確曾經稱伍斯曼是老糊塗。也許他真的無法掌控局面，至少顯然失去了應有的判斷力。當一名受人尊敬的麥地那長者在清真寺公然支持伊拉克人的要求時，伍斯曼居然忿而下令將他逐出清真寺，甚至還暴虐地打斷了他四根肋骨。

如果阿伊夏早已心生怨忿，她現在絕對更加怒火中燒。難道罪人理應遭到縱容，無辜者卻須受罰？圍繞她的帷幕或面紗都無法阻止她。就算遮住了她的臉，也不意味能掩蓋她的聲音，就算在莊嚴肅穆的清真寺中也絕無可能。在接下來的星期五，她凜然站在清晨禮拜的眾人之前，揮舞著穆罕默德的涼鞋。「看看這是什麼？先知的涼鞋！是不是就快要腐朽了？」她用高亢尖銳的聲音對著伍斯曼咆哮，「鞋子腐朽的速度，就和你們忘卻聖訓的速度一樣快！」

伍斯曼實在太低估她了。但誰又能想到，小小一只涼鞋能發揮如此效用？整個清真寺霎時瀰漫著對哈里發的不滿，大眾紛紛脫下並揮舞著自己的涼鞋，表達對阿伊夏的支持。這個全新的宣傳工具第一次的粉墨登場就如此強勢，絲毫不遜於幾個世紀以來的哈里發、國王（shah）和蘇丹（sultan），他們車載斗量地製造了先知的各種遺物，從腳下的鞋、穿戴的衣服、牙齒，甚至是指甲與頭髮，來鞏固他們的權勢。

伍斯曼別無選擇，只好同意召回瓦立德。他故意拖泥帶水地發出命令，對是否執行鞭刑猶豫不決。他聲稱，沒有人會願意來執行所需的八十鞭，這當然不是真的。雪上加霜的是，他與前任哈里發伍瑪爾的對比，在此時更加強烈。沒有人能忘記，伍瑪爾曾經下令判處自己親生兒子同樣嚴苛的懲罰，他甚至因此而死亡。在伍瑪爾治下，忠於伊斯蘭的原則遠勝過對家族的忠誠，現在這個原則卻遭伍斯曼破壞殆盡。

只召回他的繼弟還遠遠不夠。呼應阿伊夏的猛烈抨擊，源源不絕的信件在阿拉伯半島、埃及和伊拉克之間的沙漠路線上穿梭，號召更強硬的行動。以信士之母之名，阿伊夏呼籲真正的穆斯林該起而捍衛伊斯蘭教，對抗不公不義和貪汙腐敗。各地群起響應之熱烈卻也讓她大吃一驚，短短幾週之內，三隊全副武裝的戰士已經抵達麥地那，包括伊拉克在庫法和巴斯拉的駐軍，以及埃及夫斯塔特（Fustat）的駐軍，就在現今開羅的正南方。

這可不只是所謂「沒見過世面的賤民」，他們是穆斯林軍隊中最精銳的數百名，由血統最純正的將領統率，他們的要求也不容討價還價：要麼伍斯曼果斷地採取行動，安撫他們的抱怨，不然他就該退位。他們之中最受矚目的領袖是首任哈里發的兒子，即阿伊夏同父異母的弟弟穆罕默德．阿布—巴克爾。他守寡的母親後來嫁給了阿里，如今這個小男孩早已長大成人，然而他卻絲毫沒有繼承到父親的公正無私，更別說是高貴繼父的卓絕耐心。聽從他的命令，這三隊大軍在抵達後，沒有就地解散返回在麥地那的家，而是在綠洲外乾涸的河床上就地紮營，全軍戒備。

所有麥地那人皆嚴陣以待，看看究竟會發生什麼。會發生政變嗎？他們是否會對宮殿發動攻擊，甚至是衝撞哈里發本人？當然，這是他們想也不敢想的。歸根究柢，「穆斯林不可讓穆斯林流血」。儘管他們素來好戰，反叛者——他們肯定已經是了，卻暫緩了立即的行動。他們轉而將問題拋給阿里，這個曾經證明自己將統一看得高於一切的男人。

兩個星期以來，阿里因擔任中間人而疲於奔命。縱然其中一方是自己的繼子，他也完全認可他的要求和領導，但他也震驚於這個年輕人居然如此輕率地訴諸武力。而另一方則以哈里發馬首是瞻，其領導風格雖然徹底背離了阿里的信念，但他畢竟曾經宣誓效忠伍斯曼，並給予了全然的效忠。他是正直不阿的中間人，但他的終極忠誠不是偏向任何一邊，而是對伊斯蘭的整體利益。要不是伍斯曼的堂弟兼幕僚長瑪爾萬（Marwan），破壞了他步步謀略好的計畫，他極有可能會成功。

亂石

瑪爾萬以伊本．塔里德（Ibn Tarid），即「流亡者的兒子」之名為人所知，即使他無論如何都不願面對這個事實。有流亡疑慮的是他的父親，他曾經領導反抗穆罕默德的伍麥亞家族。當穆罕默德征服了麥加，他給予所有的古萊須部族最後的機會，讓他們選擇是否皈信伊斯蘭教，成為群體的一分子。唯一的例外是瑪爾萬的父親，他無法信任他在最後一刻做出的信仰聲明，他將他和家人放逐到山城塔伊夫（Taif）。阿布─巴克爾和伍瑪爾都維持著這樣的流放，但等到伍斯曼成了哈里發，他撤銷了這個處分，將堂弟召回麥地那當他的幕僚長。這可是一人之下、萬人之上的高位，瑪爾萬自然不會放過翻身的機會。

他為自己撈的最大一票就是征服埃及時的戰利品，例如操縱動物飼料市場以圖利。他是個極其精明的投機者，總是緊盯著最大的機會不放，四十年後，他甚至當上哈里發，不過只有短短一年。他迎娶了遭到他罷免的男人的遺孀，她和她的僕人卻在他自己的床榻上將其誘殺，用全身的重量加在他的頭上，直到他窒息為止──如此難堪的死亡總是讓好事者說得眉飛色舞、繪聲繪影。

在伍斯曼治下，瑪爾萬卻是扶搖直上。每個財政決策，每條隻字片語，都必須通過他才能接近年邁的哈里發。沒有人的話語能和他一樣在伍斯曼面前有那麼重的分量，而伍斯曼素來對他言聽計從。人們如今的印象是，日薄西山的老人因為帝國快速擴張而增添的繁重公務而喘不過氣來，只好埋首經文，聊以自娛。伍斯曼花費大部分時間編制《古蘭經》的官方版本，他們會說，因此他根本沒有意識到他的親屬正野心勃勃地篡奪他的權威。是否真的如此，又或者這只不過是政治上的明哲保身，以便將所有批評導向瑪爾萬，而不是伍斯曼自己，這又是另外一回事了。

在此同時，反抗軍持續駐紮城外，瑪爾萬強烈反對做出任何讓步。他堅持，這只會進一步鼓勵其他省分的兵變。奸佞突然生出風骨，他力勸伍斯曼堅持到底，無論曾犯下什麼錯也千萬不可低頭。「若是做錯了，你可以請求真主寬恕，」他托以宗教名義，「這遠比因恐懼而懺悔好。」挾著此種謬論，他前往叛軍營地，試圖滔滔不絕地說服對方，但只適得其反。

「你們為了什麼集結起來？這簡直是掠奪！」他尖聲喊道，「願你們的臉就此毀容！你們到來，想從我們手中奪走我們的財產。快滾吧！以真主之名，如果這是你們想要的，你們不會受到神的讚揚。你們從哪裡來，就回到哪裡去，屬於我們的東西絕對不會讓你們奪去。」

還好這時阿里出面斡旋，才成功地讓瑪爾萬只是遭到痛罵驅離，而不是萬箭穿心。但他心知肚明這樣的努力壓制難以長久。他設法警告伍斯曼，瑪爾萬絕對無法勝任中間人的角色。如果伍斯曼沒有堅守立場，止住瑪爾萬的擅動妄為，瑪爾萬絕對無法為接下來的事情負責任。即使是伍斯曼最疼愛的妻子娜伊拉（Naila）也附和阿里，試圖讓丈夫看到任命瑪爾萬所帶來的風險，但垂垂老矣的哈里發仍然聽不進去。這究竟是源自他對家族的忠誠，還是他只不過是年老昏聵了？無人得知，但事到如今，誰也管不了了。

三天後的星期五，伍斯曼再次出現在清真寺的講壇上，他遭到嘲笑，嘘聲四起。一名備受敬重的長者，甚至帶著道具前來，以吸引年老哈里發的目光。「看哪！」他衝著伍斯曼咆哮，「我們給你帶來了一隻衰老的母駱駝，帶著羊毛斗篷和鐵軛。快從講壇上下來，這樣我們才能用斗篷裹住你，為你上軛，把你放到駱駝上帶到煙山去，然後把你扔在那兒。」煙山是麥地那主要的垃圾場，用來焚燒腐爛的垃圾。

話一說完，群眾就鼓譟起來。人群開始朝講壇丟擲石頭，其中一顆精準地正中目標，將年老的哈里發砸得不省人事。

哈里發被石頭砸得不省人事，而且還是在清真寺裡！這豈不天下大亂了！一定要嚴懲暴徒，瑪爾萬頻頻慫恿。然而，即使他在亂石之中逐漸恢復意識，伍斯曼仍然堅決拒絕下令使用武力。他說無論他們犯了什麼罪，他們都是虔誠的穆斯林，正因如此，他必須確定沒有穆斯林因為他的命令而流下一滴血。另一方面，他拒絕退位之意也是同樣堅決。也許，他真的沒有體認到事態已經危如累卵，也許他真的堅信，他不是穆罕默德的代理人，而是真主的代理人。他沒有退位的權利，他堅持。「我不能脫下神為我披上的長袍。」這句話如同為自己下達了死刑執行令。

密函

問題在於，究竟是誰頒布了死刑命令，因為真的確有其事。後來的人稱之為「密函」。正當危機似乎已經平息、衝突已經扭轉時，它卻悄無聲息地躲藏起來，伺機等待重見天日。

在清真寺的亂石風波後，伍斯曼似乎真的被嚇到了，並心懷愧疚，對於讓局勢惡化至此深表遺憾。現在，他終於承認叛軍對正義的訴求，不僅表示願意將兩個最受爭議的總督解職——在庫法的同父異母弟弟瓦立德，以及在夫斯塔特的埃及駐地的妹夫，並任命阿里的繼子穆罕默德．阿布—巴克爾擔任埃及的新總督。此外，為避免有哪一方懷疑此承諾的誠意，阿里會擔任擔保人。

如果有人能聽到城市鬆了一口氣的嘆息，在此時絕對會是麥地那。這場危機已經避免，正義得以實現。有阿里的承諾作為擔保，叛軍拔營收兵，千里迢迢地返回他們的駐地。要是年輕的阿布—巴克爾和他的軍隊沒有在開拔回埃及的三天後，看到有個使者正全速跟在他們身後，明顯地意圖超越他們，一切都將雲淡風輕。

他們停下來盤查使者，當他們發現他正在執行哈里發的命令時，便搜查了他的鞍囊。在鞍囊裡，他們找到專業書記人員使用的那種重銅墨水瓶，在堅固的基座上還放有墨粉和混合瓶，另外的隔間裝有羊皮紙、羽毛筆、拆信刀和封印章。其中一個隱藏得很好的神祕夾層，裡頭是封蓋有伍斯曼私人印章的密函，寫給他的妹夫，也就是剛剛表示要予以解職的埃及總督。

這封信指示，立即逮捕撤退中的叛軍的重要領袖。首先要拔除他們的頭髮和鬍鬚——在一個把長髮與濃密鬍鬚視為男性雄風之象徵的社會裡，此舉能讓他們顏面掃地。然後每人施予一百鞭，還活著的關進監獄。

鐵證如山，還有什麼好說的？白字黑字，他們手中握有哈里發大玩兩面手法的證據。叛軍隨即調頭。三天後，他們回到了麥地那。這一次，他們可不僅僅是在城外紮營，更沒有談判的心思。他們兵臨城下，包圍了宮殿。

信上的封印章絕對為伍斯曼所有。當他看到它時，他也確實承認這一點。但是，那封信呢？他發誓自己毫不知情。如今已經沒有人能肯定他說的是實話，還是漫天撒謊。有些人堅稱他說謊，但也有些人認為這封信出自瑪爾萬之手，甚至聲稱上頭確實是他的筆跡。亦有人認為，不論是誰的筆跡都無關緊要，哈里發的封印章確確實實蓋在上頭，他們說，如果有人能在他不知情的情況下使用封印章，他就沒有資格繼續身處這個位置。到了最後，甚至有謠言指出，這封信是阿里暗中布下的陷阱，一旦被發現就能讓伍斯曼身敗名裂。當然也有人說這是由瑪爾萬暗中布下。這個故事有太多的想像空間，能讓數不清的陰謀論成立。我們唯一能確定的是：這封密函昭示了伍斯曼的盡頭。

阿伊夏出走

叛軍並沒有刺殺哈里發的意圖——至少，在一開始，因為他們只是選擇團團圍住宮殿，而不是強攻進去。雖然的確有極少數人呼籲要發動「奮戰」（*jihad*）討伐哈里發，但他們壓根兒不會想到要首開冤冤相報的暗殺輪迴，更想不到這將在伊斯蘭歷史中陰魂不散好幾個世紀，並持續肆虐至今。「穆斯林讓穆斯林流血」的想法仍令他們畏懼，更別說是要刺殺哈里發了。

他們想要的只是伍斯曼原先拒絕的：立即退位。此時已不再有任何轉圜的餘地。阿里曾竭盡所能，但由於身為之前承諾的擔保人，這封密函等於也背棄了他，他和叛軍一樣遭到徹徹底底的出賣。他已經能預見暗潮洶湧的殺機，他甚至派出了如今已二十來歲的兒子哈珊和胡笙，站在宮殿前守衛。但他肯定知道，既然伍斯曼如此冥頑不靈，他能做的也有限。接下來幾天，他只能在清真寺中祈禱。

阿伊夏鐵定希望她可以做到同樣的事，但是是以她的方式，她也的確做到了。她自然不可能公然挑起對「老糊塗」的反抗，但她也沒想到事情會如此一發不可收拾。她曾經利用穆罕默德的涼鞋來讓伍斯曼恢復理智，但現在他似乎已經完全喪失理智。她怎麼能預料到密函事件的發生？她又怎麼能跟阿里站到同一陣線，甚至是跟所有人站在同一邊？是因為如今包圍宮殿的是她自己的繼弟？她如何能心安理得地既不捍衛他，也不捍衛哈里發？衝突和忠誠交織成的漩渦淹沒了她，隨著形勢不斷惡化，她正苦尋出路。她最後宣布她會前往麥加朝聖——雖然不是「朝聖」，僅僅是個人的「小朝聖」（umra），可以在一年當中的任何時候成行。

一聽到這個消息，瑪爾萬立刻驚覺大事不妙。阿伊夏在此節骨眼離開，將被視為明確的信號——她不會阻擋叛軍，這對叛軍來說是無聲但強而有力的祝福。瑪爾萬在夜幕的掩護下溜出王宮，來到她家。她不能離開，他力勸。當初若非她的煽風點火，不會走到今日這步田地，現在她有義務留下來收拾僵局。如果伍斯曼曾嘲笑她為「叛亂分子和伊拉克無賴」提供避風港，那麼是他錯了。他需要她的影響力站在他們這一邊，否則場面將完全失控。

但太遲了。僅僅在幾個星期前，阿伊夏可能還有興致與這位哈里發的寵臣周旋。她也許會譏笑他，他居然如今才發現必須尊重信士之母，並且肯定會設法使局面變得對她有利。但是，事到如今，她已經撈不到任何好處。

「妳是在置國家於水火之中後一走了之。」瑪爾萬最後斬釘截鐵地控訴，但阿伊夏絲毫不作如此想。

「真主會在你和把事情託付予你的堂兄腳上綁上石塊，」她反駁道，「然後我會把你們倆投進大海深處。」[2]語畢，她便動身前往麥加。

宮殿之日

一樁謠言將為故事劃下句點。謠言傳遍了整個叛軍，敘利亞總督將會派軍支援被圍困的哈里發。但是，援軍從來沒有來過，沒有人知道敘利亞總督是否曾經接到這樣的要求，又或者，他收到了，但卻置之不顧。不管怎麼樣，都已經無關緊要。敘利亞援軍之說是火上澆油。謠言一如既往，起了作用。

第一個致命一擊是穆罕默德早期令人尊敬的門徒。他一瘸一拐地走到圍城前線，拄著拐杖以防跌倒，呼籲伍斯曼走出陽臺，宣布退位。然而，出來的是一名瑪爾萬的助手。他朝白髮蒼蒼的老人扔了一塊大石頭，正中他的頭部，使他橫屍當場。「感謝真主，是我點燃了戰鬥！」他在日後吹噓。沒有人知道，他是出於自願，還是按照瑪爾萬的命令行事。

他們稱此事件為「宮殿之日」，雖然混戰僅僅持續了一個多小時。守衛者寡不敵眾，瑪爾萬和阿里的兒子哈珊都受了傷，其他人則成功逃離。一小群由穆罕默德．阿布—巴克爾率領的叛軍爬上樓，進入哈里發的私人寢室。在那裡，他們只找到兩個人：伍斯曼和敘利亞籍的娜伊拉，他最疼愛的妻子。

垂垂老矣的哈里發，毫無戒備地坐在地板上，讀著寫在羊皮紙上的《古蘭經》，這是他投身多年編纂的官方版本。即使叛軍小隊步步進逼，他仍從容地讀著，彷彿神聖之書能保護他不受凡人侵擾。也許正是這一點激怒了年輕的阿布—巴克爾：伍斯曼即使已經危在旦夕，但還擺出一副誰都不能奈他何的模樣。又或者，怒火延燒太久，如今已是箭在弦上、不得不發。

阿布—巴克爾率先發動攻擊，首位哈里發之子成為第三位刺客。他的匕首穿過老人的前額，這第一滴血是激勵眾人的訊號。當伍斯曼後仰倒下，他們群起擠向前，刺了一刀又一刀。鮮血四濺，牆壁上、地毯上，甚至沾染了《古蘭經》的書頁——這個遭到玷汙的畫面難以磨滅，始終刺痛著所有穆斯林的心靈，無論是遜尼或什葉派。然而，即使伍斯曼早已沒了氣息，殺紅了眼的刺客仍然不停手。

娜伊拉飛撲到逝去丈夫的身上，懇求刺客不要褻瀆他的遺體，卻只是徒添上她的鮮血。另一刀朝她砍來，切斷了她的右手掌。她痛徹心肺的哀嚎和忿慨隨著鮮血濺滿牆壁，穿透了刺客的良心。這時他們終於歇手。

穆罕默德．阿布—巴克爾或許一馬當先，但刺下的卻不是最致命的那一刀。永遠不會有明確的答案，告訴我們究竟是誰的手犯下了最後一擊。但是，千年來困擾伊斯蘭世界的問題不是誰拿著刀子，而是誰引導它，誰才是背後的主謀？或者說，有誰是無辜的嗎？一位伍麥亞族人後來表示，伍斯曼是死於「阿伊夏鑄造的刀，塔勒哈將其磨光，最後由阿里痛下毒手」。其他人則說，鑄刀的和下毒手的人都是瑪爾萬。還有人說，這全是由身在遠方的穆阿維亞（Muawiya）所策劃，大權在握的敘利亞總督，傳言中他麾下的援軍從未到來。

我們可以肯定的是，各個已知和未明的人共同殺害了第三任哈里發，兩者都同時帶有最好和最壞的意圖。

第一位伊瑪目

伍斯曼遭害時，身上穿的撕裂和血跡斑斑的長袍，卻比他的壽命更長。在遇刺後，某神祕人物——沒有人知道究竟是誰——十分具有先見之明地把它和娜伊拉的斷指一起拿走，並為了接下來的旅程，小心翼翼地將遺體包裹起來。隔天早晨，整個麥地那盛傳，叛軍將推舉阿里為新任的哈里發，一行簡樸的小車隊穿過七百哩前往大馬士革，並在其中一個鞍囊中，放置了伍斯曼的長袍和娜伊拉斷下的指頭。

是不是敘利亞籍的娜伊拉派他們去的？抑或是瑪爾萬？又或者是烏姆─哈碧芭，穆罕默德的遺孀中唯一一名伍麥亞家族的成員，並且還是敘利亞總督穆阿維亞的姊姊？無論是誰，其目的昭然若揭：這個可怕的遺物將成為最強而有力號召報復的呼告。當他們抵達，穆阿維亞下令將其放於大馬士革的主清真寺，並在那裡放置了整整一年。

「長袍每一天都被放在講壇，」一位敘利亞史家寫道，「有時任它垂下，有時則攤開來，娜伊拉的手指則被放置在袖口處——兩根帶著指節的手指和部分的手掌、兩隻被從根部削斷的手指，另外還有被削掉一半的拇指。人們不斷湧入，並在遺物映入眼簾時痛哭流涕。敘利亞的士兵宣誓，除非他們將殺害伍斯曼的兇手繩之以法，並清除了所有可能阻擋他們的人，否則他們不會和婦女發生關係，甚至不會躺在床上睡覺。」

在麥地那，伍斯曼被迅速且安靜下葬——和他的前任們不同，他沒有被埋在阿伊夏房中的穆罕默德身畔，而是在主墓地。就算有人為之悼念，也都是在私下完成。在公開場合中，麥地那一片歡騰。在叛軍的帶領下，他們轉而視阿里為他們的新領袖，別無他選。這個男人堅持了這麼久，終於成為穆罕默德的繼承人，終於得到了他的繼承權。經過漫長的蟄伏，權勢對他來說更加甜美。

西元六五六年六月十六日，群眾或聚集在清真寺，或散落於庭院之中，對阿里表達歸順。那些布滿塵土和荊棘的歲月似乎宣告結束——不只是對他來說，更是對他們所有人。

但他們又怎麼知道，塵土和荊棘並沒有那麼容易擺脫？他們毫不知情，阿里的統治將僅僅五年。當阿里拒絕接受哈里發的稱號時，他們歡欣鼓舞，為新領袖鼓掌叫好。這個稱號已經由阿布

—巴克爾和伍瑪爾賦予榮耀，阿里說，但卻因為伍麥亞家族而蒙羞。相反的，他會被稱為「伊瑪目」（Imam），即「站在前面的人」。一方面這是個平凡無奇的稱號，任何每天帶領大家做禮拜的人都可以這麼稱呼。但從另一個角度來看，這個伊瑪目之英文名稱以大寫的「I」開頭，是所有穆斯林獨一無二的精神與政治領袖。並且，在哈里發和伊瑪目之間，政治和神學的世界將糾纏在一起。

阿里命中註定是除了穆罕默德本人以外，唯一一位受到遜尼派和什葉派共同承認的伊斯蘭世界合法領袖。但是，儘管遜尼派最終承認並尊重他為第四任、也是最後一任「正統」的哈里發，什葉派永遠都不承認哈里發的地位，即使是前三任的哈里發。對他們而言，阿里向來都是穆罕默德的首任合法繼承人，由他親自指定的真正的精神領袖，他將會傳承他的知識與智慧給他的兒子，所以他們又可以繼續傳給自己的下一代。也就是說，阿里是十二伊瑪目中，首任穆罕默德和他的女兒法蒂瑪的家族成員，也就是真正的先知家族。

在六月的那一天，當所有的麥地那人列隊宣誓效忠阿里，尚未有人想過有朝一日，會有遜尼派和什葉派的相互對立。當他們用前臂挨著他，向真主發誓，他的朋友就是他們的朋友，他的敵人則是他們的敵人，他們認為分歧已然結束。阿里重新一統了伊斯蘭。貪婪、傲慢、腐敗將從人間絕跡。伍麥亞家族的壓制將被打破，新時代正露出曙光。在阿里的治下，他們一步一步回歸先知真正的道路上。

好景不常，就在他們慶祝的當下，正當群眾擊著鼓、孩子手舞足蹈、婦女喜悅的呼聲直達天際的當下，那件沾了血的長袍和斷指正快馬加鞭地送往大馬士革的講壇上，而遠在麥加的阿伊夏，正暗自謀劃著自己的下一步。

注釋

1 Madelung, *Succession to Muhammad*，引用自Ibn Asakir十二世紀時的著作*Tarikh Madinat Dimashq* (History of the State of Damascus)。

2 Madelung, Succession to Muhammad，引用自巴拉祖里的《貴族世系》。

第八章

第一次內戰

信徒之母與首任伊瑪目的對決

阿里被推舉為哈里發後，麥地那和麥加之間的分歧達到高峰。曾經煽動人民反對上一任哈里發的阿伊夏，在麥加再度鼓動人民對刺殺哈里發的激忿情緒，挑起麥加人討伐阿里的衝動。內戰，是伊斯蘭世界中最不道德的戰爭形式。即使磨亮了刀，所有人還是不斷自問：他們真要犯下如此滔天大罪—讓穆斯林同胞的血流淌？

哈瓦巴之泉

狗群的哭嚎方落，阿伊夏便明白此為不祥之兆。這聲音對她來說再熟悉不過。當狼群、土狼和狐狸在黑暗中逡巡徘徊，嚎叫總是這般劃破沙漠的夜晚。可怕的不是聲音，而是聽見這哭嚎的地點：這裡便是當初穆罕默德警告她的地方。

當她的軍隊途經麥加和伊拉克偏遠低地間的小綠洲時，這裡似乎是個適合紮營過夜的好地方。但是，當哭嚎此起彼落，她問道：「這裡是哪裡？」甫聽到答案，她渾身毛骨悚然。「這裡是哈瓦巴之泉（water of Hawab）。」

「我們來自真主，也必將回歸於祂，」她驚聲尖叫——這是面對死亡之時，穆斯林經常會複誦的。人們團團圍住驚魂未定的她。「你們不懂嗎？」她懇求道，「牠們是在對著我嚎叫。我聽過先知暗暗和他的妻子們說，『但願我知道哈瓦巴的狗會對著妳們中的哪一個哭嚎不已。』那就是我！讓我回去！讓我回去！」

她究竟做了什麼？幾個月來的頭一次，懷疑悄悄溜進她的腦海，就此落地生根，使她慌了手腳。

麥加的怒吼

伍斯曼遇害的消息傳來時，她仍然待在麥加。不但她的繼弟身陷其中，雪上加霜的是麥地那的人擁護阿里即位。不管是她曾嘲笑伍斯曼是「那個老糊塗」，或是她曾當著他的面，高舉著穆罕默德的涼鞋，公然指責他背棄了先知傳統。又或者是，她的信件讓叛亂愈演愈烈，甚或是她心中最熱切的願望，便是用他腳上的石頭把他拋向大海。無論她的如意算盤為何，這樣的結果都不是她想要的。殺害伍斯曼非她所願，遑論是阿里成為新任哈里發。

驚駭交集之餘，她長驅直入主清真寺中心——也就是聖壇，所謂的「卡巴」——她站在設於一隅的黑色聖石旁，讓她的聲音可以被眾人聽見，以正義之名慷慨陳詞。

「麥加的子民啊，」她哭喊，「成群的暴民、軍隊的叛變，聯合下等的貝都因人和外國奴隸，一起耍弄陰謀。他們打破禁忌，讓穆斯林的血液流瀉，讓麥地那聖城的聖壇充滿暴戾之氣。這是多麼可怕的罪行！天理難容！」此話點燃了麥加人附議的怒吼，她更大膽了。「以神之名，」她指出，「伍斯曼的一個小指尖，都比世上這種人全部加起來要強。為伍斯曼流淌的血報仇雪恨，你將讓伊斯蘭世界更為強大！」

群眾回以震耳欲聾的怒吼「為伍斯曼報仇！」，只要信士之母能夠讓自己的繼弟就地正法，那麼以真主之名起誓，他們絕對會支持她！只要她能和真主一樣廓然大公、不偏不黨，他們絕對會支持她！以穆罕默德之名起誓，以伊斯蘭之名起誓，他們會為遭麥地那叛軍殺害的麥加之子復仇。

阿伊夏從來不曾捫心自問，反省自己的動機是否純良。在她舌粲蓮花之際，她從不曾懷疑，她是否該心懷內疚——正是她離開了麥地那，將伍斯曼拋向命運的深淵；或是她對他人的羞辱，特別是阿里，她最厭惡的男人，正被擁立為第四任哈里發。這些問題只有當她來到哈瓦巴才終於浮現，而這時已然太遲。此時此刻，群眾的歡呼令人目眩神迷，她被興奮沖昏了頭，讓她覺得自己絕對師出有名。

伍斯曼在喪命之後反而得到了在他生前未曾享有的崇敬和讚譽。他被謀殺在阿里的門前，麥加人如是說。阿里知道誰該為此負責——人盡皆知——但卻不願將罪犯交出來就地正法，包庇刺客讓他和刺客一樣難辭其咎。有人認為這就如同是他自己的手揮舞著刀劍，特別是那位向來不懷好意的瑪爾萬。他逃離麥地那來到麥加。當他展示他在伍斯曼宮殿打鬥造成的傷口時，被當成英雄般歡呼。「就算阿里你沒有公開殺害他，」他宣稱，「你肯定暗中捅了他一刀。」

詩人，一如既往地抓緊了群眾的情緒，跟著大做文章。「你的親人，阿里，殺了伍斯曼，他的血並非伊斯蘭教法所准允的。」有人說——這絲毫不合乎伊斯蘭教的教義。「這讓阿里你，他們的領袖，必須付出代價，」他繼續吟唱，「你鐵定會為此付出代價。」

當阿里要求麥加效忠的信函到達，並在清真寺中被大聲念出時，反抗他的聲音直衝天際，噓聲四起。一名伍麥亞家族的年輕人抓住了這封信，把它塞進嘴裡，嚼成一塊紙漿，然後嫌惡地將紙漿吐出來，群眾的怒吼在此時此刻達到頂峰。

阿伊夏的個人宿怨現在轉化成所有麥加人的仇恨，但是復仇的激情只有待她姊妹的夫婿塔勒哈和祖拜爾逃離麥地那加入她時，才會化為行動。兩人同為伍瑪爾去世後，閉門推舉新任哈里發的六人之一，並且都投票反對阿里。他們和阿里一樣，都為伍斯曼的統治背書，但這當然不意味他們願意讓阿里接替哈里發之位。塔勒哈和祖拜爾同樣覬覦大位。無一不希望自己有朝一日成為哈里發，正因如此，兩人才走到了一起。

那麼，他們在逃離麥加之前的幾個星期，還曾經公開宣誓效忠阿里，這又算什麼？他們聲稱，這不過是存亡關頭的權宜之計。他們是用「一隻孱弱的手」來宣誓效忠——並沒有手掌抵著手掌、前臂抵著前臂的堅定緊握，而只是虛應故事地將手微微靠攏，以此來迴避已出口的誓言。所有人都看得很清楚，「這不是有什麼好結果，」大家咕噥著，有人聽到塔勒哈說：「我們只看到一隻狗使勁扒糞。」

但是無論是塔勒哈，還是祖拜爾，都不敢直言該由自己繼任哈里發。他們都還需要阿伊夏的支持，特別是如今整個麥加都是她的靠山。他們的目標是先以她之力來打倒阿里，接著他們其中之一便會聲稱這是個開放性問題，最好從長計議。在這之前，他們將攜手合作。阿伊夏信士之母之首的身分讓她有巨大的威望，足以召集軍隊討伐阿里——但不是在麥地那，在那裡阿里太過強大，而是在八百哩外的伊拉克，祖拜爾擁有其南部駐軍城鎮巴斯拉的支持。只要有阿伊夏的支持，他們便穩操勝算。他們告訴她，「妳當初可以煽動麥加人揭竿起義，一定也可以說服巴斯拉人。」

要說服阿伊夏自然不難。她對阿里已無可指望了，但若是她的姊姊的丈夫能成為哈里發，她便能重新回到權力中心。她再一次趕到卡巴聖壇，賣力地鼓動群眾。「動員你們在巴斯拉的弟兄們起而譴責阿里，」她大喊，「前進巴斯拉！」

然而如今，在半路上，她卻忽然被狗的嚎叫所驚擾，她難道不是那位激起牠們的人嗎？項鍊事件之前，她在滾滾黃沙之中經歷的浪漫故事，早已成為過去。她當時正處於十幾來歲的花樣年華，一心只知追求刺激。如今卻已四十好幾，帶領著千軍萬馬。但這是第一次，她裹足不前。

她真的要帶領這些人衝鋒陷陣嗎？當然不會。她的計畫是動員群眾的力量，不費一兵一卒將巴斯拉收為己用，然後沿幼發拉底河往上走，一齊拿下巴林和庫法。一旦整個伊拉克都成為他們的囊中物，他們會和敘利亞總督穆阿維亞合作，他的人馬將伍斯曼的血衣和娜伊拉的斷指放在大馬士革的聖壇上伺機報復。面對如此強大的聯盟，阿里只能像前三次一樣別無選擇地放棄寶座。

一切都在計畫之中，但為什麼狗群卻不停哭嚎？

阿伊夏在哈瓦巴之泉旁呆坐了整整一天，因為不祥的預感而心神不寧。塔勒哈和祖拜爾試圖向她解釋，但都無濟於事。狗群不是在哭嚎，他們說，那只是吠叫，但她嗤之以鼻。她這不過是迷信，他們說，這是伊斯蘭教所禁止的。但她仍不為所動。他們試圖想欺騙她，說這裡不是哈瓦巴，他們說她誤會了，這其實是另一個地方。然而狗群仍然哭嚎不止，她心中雪亮這究竟是哪裡，也知道眼前這兩個人完全沒有資格否定先知的言論。即便他們是她姊妹的丈夫，卻也不是可信之人。他們不都對阿里宣誓效忠了嗎？但卻又都不敢有所擔當？

那麼，她為何沒有聽從哈瓦巴狗群的示警？為什麼不堅持折返，拒絕前往巴斯拉？或許狗群的哭嚎聲不夠強大，又或者這不過是事後諸葛，當時他們並未將其視為凶兆。但之後，阿伊夏確實十分善於後見之明。這要感謝阿里讓她活得夠長，才能善於此道。

襲擊巴斯拉

阿里確實拒絕聽從呼聲，懲罰殺害伍斯曼的刺客。畢竟，他們是率先承認他為哈里發的人。再者，他們的領袖正是他的繼子，所以雖然他不贊成暗殺，但他也無法加以苛責。「我無法評斷殺害伍斯曼之舉是否公正，」他說，「因為伍斯曼本人就不公正。」然而，這說法已經顯示了他的默許。如果伍斯曼是不公正的，如果他有違先知傳統，那就是阿里維護了先知傳統，如果伍斯曼違反了律法和伊斯蘭精神，那麼刺客便師出有名。雖然阿里沒有武斷地稱伍斯曼為叛教者，但他的邏輯再清楚不過：刺殺伍斯曼與殺戮叛教者等同，不須懲罰刺殺者。

阿里呼籲用和解取代報復，復仇絕非眾人前進的道路，他說。伊斯蘭需要展望未來，而非沉湎過去。這就是為什麼他接受了塔勒哈和祖拜爾的宣誓效忠，無論他們的手是否孱弱。這就是為什麼他送去麥加和大馬士革的是書信而非軍隊。他懇求，而非脅迫，他們效忠。但若有人誤以為這只是居於弱勢者靠卑躬屈膝來避免衝突，那就錯得離譜。

但如果阿里試圖避免流血，那就為時已晚了。當消息傳來，在阿伊夏和其姊妹的夫婿的指揮下，麥加人動身前往巴斯拉。他別無選擇，只能帶著自己的人馬從麥地那出發阻止他們。然而，正當他們還在去巴斯拉的半途上，烽火已經熊熊燃起。

阿伊夏和她的姊妹的丈夫計算有誤，巴斯拉人民正為了該支持哪一方而內訌起來。鎮上的人對他們的強迫手腕心懷不滿。他們尊重阿伊夏信士之母之首的身分，並同意她呼籲為伍斯曼報仇的要求，但他們更尊敬阿里。他換掉了伍斯曼派駐在這裡的腐敗總督，新任總督是個奉公守法的老實人，受到眾人的擁戴。因此，他們並沒有如阿伊夏等人所期望的，熱烈歡迎麥加的軍隊，事實上，他們完全不願讓大軍入城。新任總督堅持他們應在城外紮營。「我們先等阿里到達，」他說。阿伊夏和她姊妹的夫婿大失所望。

當天晚上，根據紀錄是個「寒風刺骨、風雨交加的黑夜」，塔勒哈和祖拜爾帶領軍隊偷襲鎮上。他們強行闖入清真寺，並與鎮民發生衝突，殺死了幾十個人。到了黎明，他們接管了金庫和糧倉。在這裡，阿里指派的總督攔下他們。「以真主之名起誓，如果我的人馬足夠，我非殺光你們為你們殺掉的人復仇不可，」他說。「因為你殺了我們的巴斯拉弟兄，我們得到律法許可取你的血。你怎麼能認為讓穆斯林流血是伊斯蘭法所准允的？你昨晚殺害的人難道是那些殺了伍斯曼的人嗎？你不懼怕遭真主厭棄嗎？」但是面對如此大規模的軍隊，總督終歸無能為力，他遭到鞭打，整頭頭髮和鬍子都被連根拔去，並被關入監獄。所有的巴斯拉人都隱忍著不出聲，靜靜等著阿里到來。

騎兵快速地告訴阿里這個消息：巴斯拉遭奪、總督受辱，無辜鎮民被殺。阿里心冷了：如果塔勒哈和祖拜爾絲毫無懼真主的懲罰，那他會來執法。「神啊，挽救他們的惡行，向他們展示他們的邪惡，」他哭喊出聲。「饒恕我將殺死這些穆斯林，因為他們的所作所為，並許可我們像他們進攻我們一樣進攻。」阿里既是理想主義者，也是現實主義者，即使他為和平祈禱，同時也為戰爭做好準備。

阿里派他的兒子哈珊和胡笙北走庫法，集結一支援軍。一週之內，他們在巴斯拉碰頭時，兵力已達好幾千人。現在兩邊各有一萬雄兵，在接下來的三天裡，一邊由阿里領導，另一邊則由阿伊夏和她姊妹的夫婿領導，兩方陣營就在城外一個寬闊、低矮的平原上紮寨。

如此展示武力是否足以嚇阻麥加人？阿里當然如此希望。但他對新組成的大軍的喊話，事後看來卻是悲劇性的預言，準確無比：「我的目的只是要撥亂反正，」他告訴他們，「如此一來，我們大家就能攜手言和，避免手足相殘。只要麥加人效忠我們，我們就能擁有和平。但要是他們堅持戰鬥，將會帶來永遠無法修復的分裂。所以，弟兄們，約束你們自己。切記這些人是你的弟兄。要有耐性，莫要不聽指揮貿然行事，因為，即便你贏了今天，卻可能輸掉整個未來。」

大難山雨欲來——那是他們最害怕的事，但也是無可避免的事：伊斯蘭內戰（*fitna*）。

老人的勸說

阿拉伯語是一種細膩且幽微的語言。如同所有的閃族語充滿複雜的文字遊戲，以三個子音為基礎的單字，有時可以創造出似乎無數個意義。即使完全相同的語詞，都可能會有截然不同的涵義，端視上下文為何。也許最著名的例子就是「奮戰」（*jihad*，或譯吉哈德），其有奮鬥之意，可能是指個人試圖遵守伊斯蘭誡命、以求達到更高內在寧靜的努力，或者可以指外部的武裝對抗，對抗那些被視為伊斯蘭敵人的人。

極具敏感性的伊斯蘭語詞「內戰」（*fitna*）就更加複雜。其字根容易令人誤解，可以指試煉或引誘、陰謀或煽動、不和或紛爭。但不管如何，它總是意味著騷動不安，甚至是大混亂。但最常見的意義是「內戰」——完全罪不可赦的戰爭形式。部族、氏族，甚至家族內部的分裂；表親和姻親分屬不同陣營；兄弟可能鬩牆，甚至對抗自己的父親兒子。「內戰」是社會肌理極度扭曲的撕裂，緊密纏繞的親屬關係的崩潰。不管是在七世紀還是今天，內戰被穆斯林認為是對伊斯蘭最大的威脅，遠勝那些愚昧無知的異教徒。

阿里與阿伊夏雙方要想正面交鋒，需要穿過黃沙、礫石層層覆蓋的土壤，但即使在他們磨利了刀劍、將士用命準備決戰時，他們仍然輾轉掙扎，自己是否真的就要犯下最可怕的罪惡：殺害其他穆斯林。對分裂及其後果，也就是對伊斯蘭內戰的恐懼，盤據所有人的心頭。

「塔勒哈和祖拜爾曾經發誓效忠阿里，」一名巴斯拉老兵說，「現在他們的到來說是為伍斯曼報仇雪恨，但根本形同叛亂。我們卻因此分裂。」

戰爭無可避免、一觸即發。除非幼發拉底河逆流，否則不可能休兵。「人們是否覺得只要說出『我們相信』，然後就可以不受考驗呢？」

但是，這樣的考驗也太巨大了！麥加軍中也傳出另一種聲音。「我們身處一片荒蕪、死寂的土地上，」有人這麼說。這景象似乎是一種預兆。對來自漢志山區的士兵來說，伊拉克南部看似無窮無盡的河流平原，上有溝渠、沼澤和蚊蟲，瀰漫著黏膩濕溽的空氣，而不是令人神清氣爽的乾燥。天空的藍色因濕氣而如魚眼般慘白。他們相信阿伊夏，卻只讓自己身陷危地。

就連塔勒哈都心懷疑竇。他一個人坐著，「將鬍子抱在胸前」，這個姿勢顯示出他的困惑。「我們向來都是團結起來對抗他人，」他說，「但現在我們如同兩座鐵打的山，每一座都試圖推倒另一座。」

其他人則拒絕被迫選邊站。穆罕默德的一個老門徒抱怨道：「我從來沒有像這樣不清楚下一步該怎麼走，現在我甚至不知道我到底該留下還是該離開。」另一位部族領袖逕自離開了，前往波斯山區，揚言如果兩支軍隊都想要殺死對方，他和他的人馬在或不在都無關緊要。他的臨別之言表達了他的想法：「我寧願淪為被閹割的奴隸，照顧乳房歪斜的母山羊，也比加入這兩邊任何一邊要好。」

大多數的巴斯拉人則舉棋不定，不確定到底該支持哪一邊。「沒有人支持這場內戰，卻也無人能夠置身事外。」有人警告。

「這是惡夢中的惡夢，」還有人說，「這是無法癒合的撕裂，永遠無法修復的骨折。」

也有人只是頻頻哀悼，「伊斯蘭的石磨失去平衡，看看它轉動得多不穩定。」

但是，最強烈的警告會在人心中不斷迴盪，並讓他們事後懊悔當初未能銘記在心。這個人是先知的老門徒阿布—穆薩（Abu Musa），曾在伍瑪爾治下擔任總督。「內戰就像潰瘍一樣撕裂大夥，」他諄諄教誨，「狂風不停休地從四面八方呼嘯而來。它既盲且聾，只管摧殘眾人。它從你意想不到的安全之處侵襲你，讓智者也慌了手腳、不知所措。此時此刻，沉睡的人比清醒的人更好，清醒的人比身在其中的人更好，身在其中的人比深入核心的好。所以，聰明點！把劍收回鞘裡，調轉你的矛頭，鬆開你的弓吧！」

內戰爆發

眾人最後的希望取決三位指揮官。隨著兩萬人屏氣凝神、拭目以待，阿里騎著深紅色的戰馬跨越兩軍之間，塔勒哈和祖拜爾騎馬出去迎接他。他們停了下來，正如一名戰士所說：「他們是如此靠近，馬脖子都相互交疊了。」他們在馬背上談話，阿里傳令要部屬搭起帳篷，讓他們可以在陰涼處繼續談判。雙方士兵見此都歡呼起來。他們談了整整三天。當他們談話時，底下的人馬也是如此，「有些人站在敵方陣營前，有一些則直接走進敵營，」一個麥加人還記得，「我們所有人說的都是我們渴望和平。」

然而，有一個人卻出乎意料地在那頂帳篷裡缺席。阿伊夏不參加談判，儘管她的同意當然舉足輕重。就是這個女人，激勵了麥加軍隊步行八百哩到這個荒涼、濕溽的平原，呼籲他們要替伍斯曼報仇，並以伍斯曼之名聚集他們。她是否也希望能和平解決？穆罕默德的聲音是否仍迴盪在她的耳際，警告著反對分裂，或者，她早已遺忘了哈瓦巴之泉？

如果戰鬥難以避免，她絕不會作壁上觀，最起碼不是這次。她會在戰鬥的中心，她的人馬的聚集之處。她是否其實很期待看到大戰爆發，以致失去了理智，盼望談判破裂呢？在三天後，阿里、塔勒哈和祖拜爾走出營帳，並命令大軍解除武裝時，她究竟是鬆了口氣還是暗暗失望？她永遠不會說明。

就算三個人達成的共識還稱不上和平，至少也不會是戰爭。事實也是如此，他們接受彼此可以有不同的立場。每個人都宣誓，就算事情一定得解決，也不會訴諸武力。他們都不會下令發動第一次攻擊。所以有名戰士講了這段話，「當他們夜晚就寢時，和平終於降臨。他們終於能好好睡上一覺，因為他們已經放棄了所謀之事，放棄了戰鬥。」

但是當眾人安睡之時，只有一個人和其他人不同，他仍有所籌謀。「與此同時，那些拋出伍斯曼問題的人，度過他們生命中最糟糕的一夜，因為他們將會面臨咎責的聲浪。他們徹夜忙著討論，直到他們決定出其不意地發動偷襲。他們神不知鬼不覺，在黎明之前潛出營帳，並在第一縷曙光照亮天空之際發動攻擊。」

我們永遠不會知道究竟是誰發動了這波攻擊。是否是瑪爾萬的人馬先動手，如同他們在伍斯曼被暗殺那天的作為？又或者，他們是奉阿伊夏之命行事，並在塔勒哈和祖拜爾迴避兩軍相爭時感到沮喪？還是他們只是被熱血沖昏頭的年輕人？就像大多數人更願意相信的，年輕人總是血氣方剛、無懼死亡？紀錄模糊不清，或許大多數的戰爭紀錄都是如此。那只是區區一個小隊。但當然了，即使最小的隊伍也可以驚擾大軍。甚至只要三、四個人就可以輕鬆做到。刀劍鏗鏘之聲從一個營區發出，咒罵和戰鬥聲穿過拂曉寧靜的空氣，霎時之間，上千人都捲入了這場爭鬥。在戰鬥的恐怖和絕望中，沒有人有空暇問清楚究竟發生了什麼事。還來不及追查誰發出了第一擊，鮮血已經四濺，無辜的人命喪刀斧。

事後來看，兩支大軍兵戎相見，個個枕戈待旦，大戰一場或許是唯一可能的結果。我們所能確定的是，沒有人承認掀起了這場戰鬥，沒有人能為西元六五六年十月的這一天死去的上萬冤魂負責。

戰爭的第一役就這樣揭開序幕，雖然無人期待，卻也無法避免。穆斯林內戰在二十世紀仍然持續，而且恰恰發生在同一個地方：伊拉克。

第九章

哭泣的駱駝

信徒之母的潰敗

戰局逐漸縮小成混雜的一團，幾百名阿伊夏的士兵圍繞著她的駱駝。一個接一個，他們毫無防禦地站著，一手牽著韁繩，另一隻手舉著旌旗，然後一個接一個地被砍倒在地。每當一個人死去，就有另一個來接替他的位置。每次他們遞補上來的時候，阿伊夏都會問他是誰，他會高聲報上自己的名字、自己的部族……

紅駱駝之戰

當阿伊夏的駝轎在戰場上現身，她率領的大軍鑼鼓喧天、響徹雲霄。駝轎之下是隻赭紅色的駱駝，自然是最好的品種，既迅捷又健壯，駝轎四周垂掛的不是棉布，而是覆蓋著紅色絲綢的鏈甲。

駝轎遙遙聳立在數以萬計的騎兵和步兵之間，比其他的旌旗都還更清晰可見，這是阿伊夏人馬的一個臨時集會點。在先知歸真之際，她將他的頭擁在自己心口。這位名滿天下、集萬千寵愛於一身的先知遺孀，如今就在這裡。不是作壁上觀，而是身處千軍萬馬之中，在戰場的正中央。在信士之母的指揮下，將士們士氣大振。

穿過鏈甲之間的縫隙，阿伊夏對整個戰局有絕佳的視野，可以清楚看到她的戰線在哪裡占得先機，又在哪裡遭對手壓制，這讓她可以精確地指揮某些戰區增強兵力，某些戰區再向前推進。她的命令由傳令兵傳給負責指揮騎兵的塔勒哈，以及指揮步兵的祖拜爾。

紅色絲綢在她的武裝駝轎上隨風飄揚，她高亢的聲音劃破清晨的空氣。聲音的源頭被阻擋在士卒視線之外，因此更令人聞之生畏。「以真主之名起誓，你們個個都是強壯如山的英雄！」她鼓舞著她的戰士，「讓我看看你們的勇氣，我的兒子們！讓這些殺人兇手見識你們的厲害！讓他們後悔曾經出生！讓他們的母親嚐嚐喪子之痛！」

一次又一次，她高聲怒吼：「殺害伍斯曼的兇手去死！所有支持他們的人去死！為伍斯曼復仇！」

這便是傳統上，婦女在戰鬥中的作用，雖然過去都不是在戰鬥中心。她們通常留在後方，鼓舞自己的陣營，挫敗敵人的銳氣，激勵我方戰士奮勇向前。她們淒厲的哀鳴如同從幽冥之地飄蕩而來的魔音，可以誘發敵人的恐懼。她們的聲音能穿透層層包覆的恐懼，壓倒相互肉搏的嘶吼，壓倒兵刃碰撞的鏗鏘，壓倒男人抓著彼此喘著氣的哀嚎，壓倒刀劍插入肉體的尖叫，壓倒受傷和垂死掙扎時的呻吟。

是婦女在鼓動著鮮血，如果有人質疑她們的能力，不妨聽聽人們如何心存敬畏地談論到貴族欣德（Hind）。她的丈夫曾經帶領麥加人對抗穆罕默德和他的追隨者，她的父親死於麥加和麥地那之間第一次重大戰役之中。她清楚知道父親死於誰的刀下，也就是穆罕默德的叔叔漢姆札（Hamza）。所以當麥加人再次兵臨麥地那時，欣德就是那個帶頭歌唱，嘲笑穆罕默德人馬的人，鼓舞她的人馬勇敢前進。欣德成功撩起了復仇的渴望，並且懸賞要取下漢姆札的項上人頭。在兩方平局收場後，她前往戰場上巡視，找過一具一具的冰冷遺體，只為抓出那個她念茲在茲的人。

她找著了。當她終於找著了的時後，她發出了勝利的哭嚎，即使在多年以後，仍然能讓當時聽聞的人鮮血凍結。她站在漢姆札的身邊，用雙手舉起刀，把刀深深插入他的屍體，讓他肚破腸流。她撕開的不是他的心臟，而是一個更大、更深層的器官——他的肝臟。她在勝利中嚎叫，將肝臟高高舉過頭頂，然後，在所有人的目光下，她把它塞進嘴裡，用牙齒狠狠地將它撕成碎片，再狠狠地踐踏它們，最後埋在塵土裡。

誰能忘記那雙燃燒著復仇火焰的眼睛，以及那從她嘴裡流出的血漬，滴滴流過她的下巴和手臂？這個舉動是如此地駭人，以致人們在提到她的兒子時，仍然會半戲謔、半敬佩地稱他為「食肝者之子」。這當然不會當著他的面說，因為他不是別人，正是雄霸一方的敘利亞總督穆阿維亞。和其母一樣，他不是一個甘於受人嘲笑的人。

即使欣德在戰鬥中仍然留在後方，即使她已經搖身一變成為城市中的貴族，乘坐駝轎前往喧囂的戰場。她仍有著游牧民族的婦女的典型形象，如同傳說中的烏姆—西姆勒（Umm Siml），她曾經率領她的部族在叛教戰爭期間堅決反抗阿布—巴克爾的大軍。詩人至今仍用長詩傳頌她在滾滾黃沙之中的傳奇故事。他們讚揚她所騎乘的神聖白色駱駝，一直到她和駱駝死於劍下，她都不斷鼓舞她的人馬誓死奮勇堅定。但是烏姆—西姆勒不是穆斯林，而是叛教者。所以當阿伊夏騎著她的紅駱駝深入戰場時，她是第一個在戰爭中領導大軍的穆斯林婦女，也是最後一個。

沒有人懷疑她是否該在戰場上有一席之地，至少不是在那個時候。事後才有人提出這項質疑。「我們本來是為了信仰而戰，她自稱是信徒的領導者，」一名倖存者懊悔地說，「她不在家裡穿著裙子做家務，卻在大漠上馳騁戰場，讓自己成為目標，讓她的兒子們不得不為她擋下弓矢和刀劍。」不難想像，若是她拿下勝利，又或是像烏姆—西姆勒壯烈犧牲於戰爭之中，同樣的詞語會如何被用來稱讚她的勇氣和領導。可惜她沒打贏，也沒死。

血戰

從駱轎的高度俯視，阿伊夏看到的是一場令人膽顫心驚的血腥戰鬥。早已麻木的戰士用他們的餘生發誓，自己從來沒有見過這麼多的斷肢殘骸。戰事從清晨持續到中午，結束之時，當場喪命或奄奄一息者高達三千多人，絕大多數屬於阿伊夏陣營。

倖存者一向熱愛繪聲繪影地述說惡鬥的慘狀。有些人選擇用戲劇性的神奇故事來面對死亡陰影，像是有戰士的腿遭利劍砍斷，自己的劍也丟了，雖然知道自己必死無疑，卻仍抓住了斷腿，用盡所有力氣朝砍傷自己的敵人身上揮舞，最終因失血過多倒下，而他的頭就靠在敵人的胸膛上。這是同袍在他臨死前找到他時，所見到的景象。

「是誰幹的？」同袍問。

「他正被我壓著呢。」他笑著。

這些寧死不屈的故事數也數不清。戰士即使失去手腳，仍然奮勇殺敵，靠意志苦撐，直到流盡最後一滴鮮血。必要的時後，就用牙齒咬住劍來戰到最後一刻，如同二十五年後的卡爾巴拉，胡笙的同父異母的弟弟阿巴斯（Abbas）的壯烈赴死，這讓他成為什葉穆斯林崇敬的偉大英雄。誰都知道這些故事是在吹噓，但大家都知道為什麼需要吹噓：鼓舞精神、對抗恐懼。正因如此，駱駝之戰中大多數的故事沒有盛大的場面、華麗的辭藻，取而代之的是可笑的誇耀，既荒謬，又可悲。每一則傳說、每一位口述者，皆宛如希臘悲劇中的大合唱，見證著內戰的慘絕人寰。

這是短兵相接、四目相交的戰鬥，也就是說，對手通常都是自己認識的人。分為阿里和阿伊夏兩方陣營的兵力，代表的正是在阿拉伯社會深層深刻的分裂。部族從此無寧日，無數的部族、氏族和家族就此反目成仇，親人骨肉自相殘殺，別說是手足，就連父子之間都水火不容。

這場面不同於現代戰爭。如今科技主導了一切，兩軍之間隔著一段距離，幾乎沒有人會直視敵人的眼睛，或是聽到敵人的尖叫聲。肉搏戰讓人徹底地喪失心智，若是雙方纏鬥得太過難分難捨，劍或匕首都無用武之地，他們會用兩指狠狠地戳對方的眼睛、用膝蓋衝撞生殖器、拿石塊敲砸腦袋、肘擊腎臟……或是用任何自己可以抓到的東西來攻擊對方。

一代代的戰士述說著他們的刀劍如何深深砍進敵人的血肉，斷裂的動脈如何噴出刺鼻的腥味，恐懼蝕心刺骨，那些駭人聽聞、人神厭之的混亂搏鬥，夾雜著被撕裂腸子的惡臭、惶惶不安的馬匹、盲目瘋狂的人類，人人都使盡渾身解數來結束這場殺紅了眼的惡夢。

駱駝的呼號

塔勒哈和祖拜爾都死於正午之時。塔勒哈負責指揮騎兵隊，要是那隻箭沒有射向他的背，他很可能會贏得勝利——事實上，這支箭來自他的陣營中的某個人。這個人不是別人，正是瑪爾萬，事後他也毫不避諱地承認了，用最偽善的花言巧語來合理化自己的所作所為。他謊稱自己是以為伍斯曼復仇而戰，而塔勒哈正是批評伍斯曼的幾個主事者之一，最後掀起了導致刺殺的叛亂。因此，根據瑪爾萬的說法，自己只不過是伸張正義的工具。

只要事關瑪爾萬，總會有人懷疑另有隱情。有人說，他抓緊機會剷除可能與他爭奪哈里發之位的對手，因為要是阿伊夏的陣營在那一天凱旋而歸，塔勒哈將被宣布成為下一任哈里發，瑪爾萬可不樂見這一幕。也有人說，他故意畏縮不前，這樣他才能看清楚整場戰局，然後作勢殺害塔勒哈，企圖討好阿里。然而，也有另一些人堅稱，他是奉了另一個爭奪哈里發的更強大對手之命，只要阿伊夏一方一顯露敗跡，就立刻穿過沙漠直奔大馬士革，擔任敘利亞總督穆阿維亞的高級顧問。我們的心智得狡詐如瑪爾萬，才能抽絲剝繭，知道哪一種說法確實為真。

祖拜爾也是死於一樁背叛，雖然至今仍不清楚究竟是誰的背叛。有傳言指出，打從戰事一爆發，祖拜爾就離開了戰場，準備返回麥加。這根本是懦夫的行為，有人說。然而，祖拜爾的相關紀錄都證明他是英勇的戰士，故這個說法令人難以採信。也有人說，祖拜爾其實是為了捍衛榮譽，因為他努力許久的休戰協議就這樣破滅，讓他挫折不已。他曾向阿里發誓，他這方不會率先開戰，但現在他的誓言已經遭到打破。承受這一切對他來說難上加難，因為在他向阿里宣誓效忠後，他就曾反悔。如果他從前不能堅守信約，他現在就只得為捍衛榮譽而死。

麥加人將之怪罪於貝都因人，他們在麥加人的眼中總是不牢靠的，他們說貝都因人追蹤到了祖拜爾，把他當成逃兵一刀殺了。如果真是如此，那又是奉了誰的命令？有傳言說，這次同樣出自瑪爾萬之手，他要確保塔勒哈和祖拜爾都已經安全地遠離他的野心之路。但這種說法沒有絲毫證據。直到多年後，祖拜爾的兒子才還他清白。

塔勒哈和祖拜爾相繼戰死，阿伊夏可說一敗塗地。她所能做的只有下令撤退。然而她仍嘶吼著督促著她的士兵，用盡各種尖聲的詛咒和嘲弄的咆哮，將她的戰士聚攏到她的紅駱駝周圍。即使敗軍之勢已經無可挽回，她似乎仍然無法承認失敗，又或者她自身的花哨辭令讓她無視於周遭的血跡斑斑。抑或是她認為自己得表現出和戰士們一樣勇猛，她毫不懼怕、永不投降，會和他們一起戰鬥到最後。

戰局逐漸縮小成亂作一團的肉搏戰，幾百名她的士兵圍繞著她的駱駝。一個接一個的戰士兵走上前來，抓住駱駝鼻子上的韁繩，以保持牠的穩定，防止牠因為驚慌而逃跑。一個接一個，他們毫無防禦地站著，一手牽著韁繩，另一隻手舉著旌旗，然後一一被砍倒在地。

每當一個人死去，就有另一個來遞補。每次他們來的時候，阿伊夏都會問他是誰，他會高聲報上自己的名字、自己的家人、自己的家族，與自己的部族。而每一次當她承認其高貴血統、讚美他的勇氣時，通過轎上鏈甲的縫隙，她也眼睜睜地看著他遭到屠殺。

阿里的士兵要她的士兵投降，甚至可以說是懇求他們投降。此時此刻，已經沒有什麼好戀戰的了。他們大喊，此時還不投降只會平白犧牲，毫無意義可言。但是他們的請求遭到忽視，那些充耳不聞的士兵已經聽不進任何理由。阿伊夏對她駱駝周圍前仆後繼的死亡難辭其咎，她自詡是所有信士的母親，人們會說，但什麼樣的母親會要求她的兒子以這種方式犧牲自己？

「我們的母親，我們所知最冷漠無情的母親，」一位詩人後來如此吟唱，「您難道看不見有多少勇敢的戰士被打倒在地？他們伸出求救之手，但無人回應。」

「在死亡之池邊，我們的母親讓我們飽飲鮮血，」另一個詩人寫道，「不喝飽還不能離開。當我們服從她，我們失去了我們的判斷力。當我們支持她，我們卻徒增痛苦。」

為了要牽著阿伊夏駱駝的韁繩，共有七十人被砍倒在地，他們的屍體散落在她的腳邊。但是，也許當她目睹這一切時也會感到害怕。雖然她從來沒有如此表示，因為就算她這一輩子曾經感到恐懼，她也從來不讓人知曉。她鐵定聽到了箭頭擊中了她的駝轎，許多支箭纏繞在鏈甲之中。有戰士還記得，她的駝轎「插滿了箭，像隻豪豬」。武裝的駝轎是否阻擋了外界的鮮血？是否遮掩了死亡的聲音？她是否對苦痛視而不見、充耳不聞，或是她勇敢地願意為信仰一死？然而，一如既往，我們所知道的阿伊夏從來不是基於史實，而是基於政治。

如果阿里沒有上前阻止，還不知道會有多少人命喪於拉住駱駝韁繩的時候。阿里明白，他們是不可能主動投降的。阿伊夏的士兵也被壯烈犧牲是一種英雄行為的言論給迷惑，聽不進其他勸告。然而，顯而易見的，要是再持續下去，阿伊夏自己也難逃一死，而阿里絕不能允許她就這樣死去。無論他對她作何感想，她仍然是最重要的信士之母。

「砍駱駝的腳！」阿里大喊，「只要砍傷駱駝的腳，駝轎就會跌下來，他們就會分散！」突然的靈光乍現，馬上就有人衝進了阿伊夏人馬的防線，砍傷駱駝後腿的肌腱。

駱駝痛得大叫起來。這嚇到了所有人，彷彿所有馬匹的嘶吼、所有戰士的哭嚎、所有刀劍的撞擊，以及駝轎中傳來一陣陣的詛咒和嘲諷，都比不上單單一隻駱駝的悲鳴。「我從來沒有聽到比那隻駱駝的嘶鳴更響亮的聲音，」一個戰士說道，他至今仍受這段回憶所困，或許是因為一旦這嘶鳴聲停止，一切都將走到盡頭。

阿里的人馬站在那裡，直勾勾地盯著駱駝搖搖欲墜了好一段時間，然後慢慢倒下，當牠終於四隻跪地，他們似乎才恢復意識，衝上前去砍斷固定駱駝和轎子的繩索。他們將轎子解開，阿伊夏還在裡面。她不發一語，轎中的沉默如方才的喧囂同樣令人惶恐。

信士之母如今已在他們的手中，但他們躊躇不前，不知道接下來該如何是好。沒有人敢接近她，直到阿里下令穆罕默德．阿布─巴克爾，他的義子和阿伊夏的繼弟。他推推擠擠地從人群中鑽過，上前掀起鏈甲問道：「妳還好嗎？」

「我中了一箭，」她低聲說，一支箭射進她的上臂，是數百支箭中唯一穿透鏈甲的。她的繼弟將手伸進去，把箭拉出來，這必定痛徹心肺，但阿伊夏絕不允許自己發出呻吟。即使敗局已定，她的驕傲也不允許她軟弱。

「阿里，阿布─塔里布之子，」她平靜、清晰的聲音從駝轎中傳出，她終於勉強承認了自身的失敗，「你贏得勝利。今天，你讓你的人馬通過試煉，所以現在，請展現你的寬宏大量。」

「喔母親，真主會饒恕妳，」他說。

「還有你。」她含糊不清地回答，但阿里就這麼算了。

寬恕

阿里是如此仁慈，他命令他的繼子護送阿伊夏回巴斯拉。她的傷口需要治療，她也理應獲得充分的尊重。僅此一次，當她被安置在一匹馬上、準備被送離戰場之時，她似乎卸下心防，說了真話。「喔真主，」她止不住地說著，「在這一天之前，我彷彿已經死了二十年了！」然而，我們永遠不會清楚知道，她說這話的時候，是羞愧於自身的戰敗，或是懊悔這場行動，抑或是因為有上千名戰士死於她的命令之下而心痛。

阿里留在後方。隨著陽光褪去，他走在屍橫遍野的戰場，邊走邊喃喃重複著阿伊夏說過的話，「在這一天之前，我彷彿已經死了二十年了！」他陷入深深的沮喪和哀傷，徘徊到深夜仍不忍離去。手下看著他停在每具屍體前，為他們祈禱，對自己和阿伊夏的陣營都一視同仁。他認識當中的許多人，他讚揚他們的勇敢，為他們的生命嘆息。但最重要的是，他提及了他的恐懼，親眼目睹穆斯林與穆斯林相殘。「今天我雖然治好了我的傷口，」他哀悼，「但我殺害了我的子民。」

他在那裡待了整整三天，盡其所能為自己贖罪。他禁止他的人馬殺害敵方的傷兵和俘虜。他說他們不是叛教者，而是善良的穆斯林，應給予他們最大的尊重。逃兵不會遭到追捕，所有囚犯都在承諾效忠之後旋即釋放，歸還所有的武器、錢幣和珠寶等戰利品。為了補償自己人的損失，他會直接打開巴斯拉的財庫來犒賞他們。

逝去的敵人和那些為阿里戰鬥的人一樣被隆重下葬。數百具遺體被聚集在一起，在儀式聲中，一起埋葬在一座大墳墓裡。等到所有事物都已打理妥當，也就是每一位死者都已經按照伊斯蘭教法入土為安時，阿里才會進入巴斯拉，接受全城子民再次宣示效忠。

在他盡其可能安頓好所有那些曾與他為敵的人，盡量撫平他們的傷痛之後，面對那位率領他們造反的女人，他做得又更多了。他堅持，若是因戰敗而貶低阿伊夏，只會貶低自己和伊斯蘭教。再一次，他放棄了復仇，選擇了一統的道路。等阿伊夏手臂的傷口癒合，阿里指派穆罕默德·阿布—巴克爾率領一群士兵護衛她回麥地那，全程都有巴斯拉女人隨行侍奉。當她的車隊準備離開時，阿伊夏似乎承認了他的恩德，至少在那個當下。

「我的兒子，」她告訴巴斯拉人，「我們當中有一些人批評他人是事實，但不要用你聽到的話來反對他們。以真主之名起誓，我和阿里之間除了總是會發生在女人和姻親之間的事之外，從來就沒有發生過別的事。無論我過去說過什麼，他始終證明自己的完美無瑕。」

這是她一生所能說出的最謙讓、最和善的一番話。但不論其表面多麼溫和，它都掩蓋了真相。她把爭奪對一個大帝國的控制權，簡化成家族內部的糾紛了。且在她如此做的時候，還貶低了上千名為之付出生命的追隨者。除此之外，如果她似乎要暗示自己接受阿里為哈里發，她卻不願明言。但阿里知道任憑再怎麼逼她，也不可能得到更多。「以真主之名起誓，我的子民啊，」他說，「她說的都是實情，只有真理。現在和永遠，她都是你們先知的妻子。」在她返回麥地那之途的前幾哩，他和哈珊、胡笙一起騎在她的身旁來榮耀她。

阿伊夏對這一切處之泰然，如同這都是她應得的。但是在回到漢志山區和家中避難所時的那段漫長旅程，她鐵定明白她在這場戰事中所遭受的，遠非一場失利而已。即使阿里在她戰敗時，仍然充分給予她尊重，但他的跟隨者卻未必願意如此寬待。之後，年復一年，她都不斷用言語來攻擊阿里的其中一位堂兄弟，因為他曾經闖入她在巴斯拉養傷的房內，對她連珠炮地謾罵不止。

正是她煽動人民反對伍斯曼，他提醒她，那個揮動先知涼鞋的人豈不是就是她麼？這一切都代表了對穆罕默德的侮辱，「就算妳只有區區一根先知的頭髮，」他說，「妳也會大肆吹噓，為自己博取利益。」最糟的還是在於，她煽動了穆斯林相互殘殺，她犯了違逆《古蘭經》的罪行，她背棄了真主所說的話。但更重要的是，她竟然膽敢挑戰先知家族！

「我們都是先知的血肉，」他說，「而妳只是他遺棄的九張床榻中的其中一張。而且還不是根基最穩固的那一張，或是枝繁葉茂、寬廣成蔭的那一張。」[1]

對戰敗的阿伊夏而言，聽聞自己被描述為只是先知的其中一位妻子，而且還用如此露骨的話語，會有多麼氣忿。尤其她向來堅稱穆罕默德對她特別疼愛，這絕對是奇恥大辱。更糟糕透頂的，是他暗示了她膝下無子——無根、無枝、無葉，這無疑狠狠地打了她一記耳光。她永遠不會忘記這個羞辱。

注釋

1 Madelung, *Succession to Muhammad*，引用自什葉派聖訓，出自al-Majlisi的《光之海》（*Bihar al-Anwar*）。

第十章

戰慄之夜

敘利亞強人的分庭抗禮

阿里終於掌握了權力，代價卻是同胞的血。儘管他堅持正義仁慈的原則，現實卻毫不寬容。敘利亞的強大對手，早已蓄勢待發，等著篡奪伊斯蘭教最神聖的位子。他厭惡戰爭的天性、秉持公正無私的精神，讓他只能被敘利亞總督的詭計擺布地……

分裂的哈里發之位

現在的阿里總算否極泰來了，他和他的支持者引頸期盼的時刻終於到來。在駱駝之戰大勝後，他的地位似乎牢不可破。然而，他肯定也意識到，他所認為的他理所應當獲得的報償，從他第一次握在手中的那一刻起，就已經化為塵土。如今，他當上哈里發已經過了四個月，也就是說，只剩下四年半。

根據早期伊斯蘭史家記載的他的短暫統治，其悲劇性只有古典史詩可以相提並論。一位高貴的領袖，因他自身的高潔品性而殞落；他有志難伸，因為他從不願意輕言背棄原則；寬厚的統治者，卻被他反覆無常的子民背叛，如同被仇敵背叛。所有的一切似乎都是註定的，因為悲劇性的分裂打從一開始就根深柢固。

所以，阿里繼任的合法性一開始就被陰影籠罩。他根本改變不了什麼。可以確信的是，他已經盡力避免伍斯曼遭弒，但是悲劇仍然發生。無論是他曾為了伊斯蘭世界的團結而犧牲了二十五年，或是他的睿智，還是他的正義使命，都難起作用。然而，即使他斬釘截鐵地要避免的內戰，這場惡夢還是追上並吞噬了他。

對阿里來說，歷史何其諷刺！當心你所想要的，有人這樣說。當他在勝利後徘徊於戰場之中，為每位戰士的遺體祈禱，並希望他沒有活著親眼目睹到這一天時，這樣的想法肯定一直縈繞不去。他仁慈地寬恕了阿伊夏——即使她沒有開口要求，他也鐵定會這樣做——但是他仁慈的天性卻沒有拯救他的厄運。更糟糕的是，這場惡夢如今才開始醞釀。阿里仍毫不知情，真正的戰爭才剛拉起序幕。

自始至終，另一個更強大的對手都只是在隔岸觀火。在大馬士革，當阿里被捲入內戰，穆阿維亞只是冷笑。在他的一聲令下，伍斯曼遭暗殺時留下的可怕遺物，仍然高掛在主清真寺的講壇上，充當對阿里統治之原罪的鐵證。在阿伊夏與阿里互鬥時，穆阿維亞沒有採取行動的理由。但如今既然她已經戰敗，他決定出手。他看得一清二楚：阿里在與阿伊夏談判時展露出的慷慨，只會加速他自己的毀滅。

食肝者之子

穆、阿、維、亞——這四個拖長著發音所組合起來的古怪名字，幾乎可說是為什葉穆斯林的心頭之恨量身打造，在未來幾個世紀裡被他們咬牙切齒地詛咒著。然而，即便他會成為什葉派心中邪惡的象徵，手腕高超、權傾一方的穆阿維亞，卻極有可能是在阿里歸真後，唯一可以確保伊斯蘭教不會分崩離析的人。他不單單只是反派角色，雖然他確實挺像那麼回事。他有突出的大肚子、突出的雙眼，以及因為痛風而腫脹的腳。他非凡的敏銳心智，似乎是為了補償他的身體缺陷。既然他缺乏阿里的高貴品性，取而代之的就是無與倫比的權謀與機智。

他將敘利亞治理得妥妥當當，「安詳大地上潺潺流動的泉水，人間之至樂也。」[1] 他喜歡這樣說，但若非他的天賦異秉，才能讓這幅美景看起來如此一蹴而就。根據他自己的說法，穆阿維亞是「一個富有耐心和謹慎的人」，或者該說是個老練的偽君子，也就是說，他天生就具備良好的政治嗅覺，讓他能不著痕跡地把事態轉化成有利之勢。

「你的狡詐有多厲害？」他曾經問過跟隨他很久的老將，而老將自豪地回答，「我從來不曾陷入我不知道該如何脫身的困境。」穆阿維亞輕易就抓到這句話的漏洞，於是說「我從來不曾陷入我需要脫身的困境。」

早在馬基維利寫下《君王論》的八個世紀前，穆阿維亞就是一個無人能出其右的權謀家，善於縱橫捭闔，在政壇上屹立不搖。他也是機關算盡的功利主義者，無論是行賄、諂媚、偵察等等各種陰謀詭計都無一不精。他的父親阿布—蘇斐揚，是麥加貿易商中最富有且最具權勢的人，遠在穆罕默德第一次親歷啟示之前，他就在大馬士革豐饒的貿易中心擁有價值連城的地產和宅邸。而且雖然阿布—蘇斐揚率領麥加人反對穆罕默德，他兒子的親屬網絡卻拓展到先知本人。在被穆罕默德征服之後，麥加人開始皈信伊斯蘭教，穆罕默德為了展現不分彼此，特別親近穆阿維亞。哈蒂嘉過世後，他的第八任妻子是穆阿維亞的姊姊烏姆—哈碧芭，並指派她的弟弟擔任他的書記，這絕對是令人稱羨的職位，所以在穆罕默德彌留之際，穆阿維亞得以記錄當時發生在阿伊夏房內的所有事情。如果沒有其他人記得他曾在那裡，那麼肯定是因為這樣說不符合他們的利益。

最初，他是被第二任哈里發伍瑪爾任命為敘利亞總督，並由伍斯曼再次任命，這不僅僅是因為他是伍麥亞族人，他還是他的二堂弟，再說他也確實十分能幹。在阿里被推舉為哈里發時，穆阿維亞已經統治了敘利亞近二十年。現今的土耳其、黎巴嫩、敘利亞、約旦，再加上以色列和巴勒斯坦的土地，幾乎都已經成為他私人的封地，牢牢地受其掌握。

直到現在，他都躲藏在幕後遙遙操控哈里發繼位之爭。當然有傳聞他參與了伍斯曼的暗殺。難道不是瑪爾萬奉了穆阿維亞的命令，偷偷安放了導致伍斯曼被殺的密函？又或者正是穆阿維亞故意擋下了遭圍哈里發所要求的援軍？這些謠言中究竟蘊含了幾分真相，人們終究難以知曉。但這正是穆阿維亞所好之道。如果它們被證明是真的，將會為他帶來權勢。如果是假的，他們將讚揚他的正直和對堂兄的忠誠。那麼，何必要承認或否認呢？無論如何，謠言都對他有利。如果人們喜於看他隱居幕後的翻雲覆雨手，扮演偶戲大師的角色，那就這樣吧。然而，若是就此忽略了他，那就要倒大楣了。

但到目前為止，他都滿足於好整以暇地鞏固他的地位，然後耐心等待。他在大馬士革以綠色大理石裝飾的宮殿，所謂的「綠宮」，要比伍斯曼在麥地那的還要富麗堂皇。人們憎恨伍斯曼的聚斂，卻不憎恨穆阿維亞，可能是因為他雖然冷血無情，卻也十分大方。事實上，他最得意的就是自己的慷慨與冷血都不慍不火，拿捏地恰到好處。

「就算有人跟我的聯繫只憑一根頭髮，我也不會把它扯斷，」他曾說，「如果他使勁拉，我就放鬆。如果他放鬆了，我就使勁拉。」對於任何異議的跡象，他如是說，「如果用上鞭子就足夠，我就不會使劍，如果用上舌頭就足夠，我就不會用鞭子。」

當他的怒氣被激起，這不單單是獨裁者的忿怒，而是某種更難以言喻的東西，更加令人求生不得、求死不能。正如他的一位高級將領所說，「每當我看到他蹺著腳斜躺在椅子上，眨著眼命令某人『說！』的時候，我都對這個人寄予無限同情。」

然而，穆阿維亞卻平靜接受了可能是讓他最為不滿的事，那就是他的綽號「食肝者之子」。他肯定察覺得出來其中蘊含的嘲笑之意，因為對全天下的男人來說，只用母親的名字，而非父親的名字來稱呼他，都是莫大的侮辱，宛若他是私生子。但他卻故意讓這個綽號持續纏著他不放。「我不是生在人們和他們的舌頭之間，」他說，「只要他們不會干預我們和我們的統治。」畢竟，為什麼要禁止這個綽號？欣德張口咬碎漢姆札肝臟的恐怖畫面，成為他的優勢。由此種母親生下來的兒子，就足以讓大家又敬又怕。穆阿維亞確實獲得了眾人的敬畏。當然，除了阿里。

公然挑戰

從他被推舉為哈里發的那一刻起，阿里就打算與伍斯曼的政權徹底切割。為此，他要求伍斯曼任命的總督返回麥地那。除了穆阿維亞，大家都聽命返回了。大馬士革給予的唯一回應是沉默。穆阿維亞絲毫不怕被阿里罷免。怕的是阿里。

阿里的謀臣警告道，除非穆阿維亞被重申為總督，否則他絕對不會加入阿里的行列。他們不應該威脅他，而得耍些手段。先確認穆阿維亞的地位，甜言蜜語地安撫他，剩下的就讓謀臣們想辦法。「只要你能說服他效忠你，我就有辦法拉他下台，」一位高級將領拍胸脯保證。「我發誓，在你灌了迷湯之後，我就會帶他去沙漠，讓他如墜雲霧，怎麼死的都不知道。那麼，你既不會有損失，也不會有罪過。」

阿里堅決不肯接受。「我絕不懷疑你的建議是世上最好的，」他反駁，「但我也絕對不會耍弄這樣不光彩的詭計。不論是對你還是對穆阿維亞，我不會讓欺瞞玷汙我的信仰，也不會任命這種卑鄙小人。我永遠不會重申穆阿維亞是敘利亞的總督，就連兩天都不行。」

然而，直到駱駝之戰大捷之日，已經轉眼過了四個月。穆阿維亞仍然是敘利亞總督，也還沒有承諾效忠。當他終於回應阿里提出的效忠要求時，他的敵意毫不掩飾。「阿里，你要麼堅忍不拔的像座堡壘，」他寫道，「要麼你會遭遇到我賞給你的一場戰爭，像洪水一樣吞噬你，像野火一樣焚燒你。刺殺伍斯曼可是天理難容。懲奸除惡，捨我其誰。」

正如穆阿維亞所預料，阿里聽了之後暴怒不已。「以真主之名起誓，如果穆阿維亞不宜誓效忠，我給他的只會是劍！」他發誓，就連他的幕僚都勸誡他最好謹慎一點。

「你是個勇敢的人，」有人說，「但你不是會打仗的人。」

「你想讓我像隻被困在巢穴裡的鬣狗，每當石頭鬆動就驚懼不已嗎？」阿里反駁，「這讓我怎麼統治呢？我不能坐視不理。以真主之名起誓，我告訴你，只會是劍！」

然而，他的幕僚熟知他的性格。阿里是所有戰士中最好的一種，也就是厭惡戰爭的那一種。尤其是內戰。他雖為駱駝之戰揮劍，無論付出多高的代價，也要證明他的決心，但是他從未親自選擇戰爭，並竭盡所能地避免戰爭。如今，即使他怒不可抑，他也會盡一切所能避免流更多血，並且相信穆阿維亞也會和他一樣對內戰戒慎恐懼。

有時會有人說，阿里的這一點實在太過天真，甚至可以說是愚蠢之至。其他人會說，他太愛惜羽毛，為自己的名譽所累。他對發兵攻打穆阿維亞的猶豫，正是剛正之士碰上奸佞的寫照。但是，事後諸葛沒什麼了不起。我們唯一可以確定的是，阿里和穆阿維亞僵持不下，一邊大義凜然擇善固執，一邊老奸巨猾詭計多端。明眼人都看得出誰將勝出。

為了向穆阿維亞施壓，阿里率領他剛打過勝仗的大軍北上經巴斯拉到庫法，直到距離大馬士革只有一百五十哩，並準備駐守在此長期抗戰。他想傳達的訊息很清楚：如果穆阿維亞造反，全伊拉克都會反對他。

前軍事據點庫法如今已經發展成幼發拉底河畔的一座繁榮城市，河邊建有伍斯曼任命的行政官員的別墅。但是阿里拒絕住在前總督的宅邸，他說那是「腐敗的城堡」（*Qasr el-Khabal*）。他轉而把總部設在清真寺旁一間樸實無華的泥磚小屋裡。他向子民承諾，絕不會再有碧綠大理石打造的宮殿，絕不會再有親小人、遠賢良的現象，更不會再有人從國庫中飽私囊。他會樹立公正的典範，庫法人因此對他稱頌不已。

隨著哈里發在城中居住，庫法成為穆斯林帝國實際上的首都。它的居民不再是「粗野的賤民」和「愚笨的貝都因人」。他們身處伊斯蘭世界的心臟，阿里為他們而奮鬥。新興的城市吸納了充足的奴隸、自耕農、貿易商和工匠。就像今日的人們仍然受快速擴張的城市吸引，庫法也是如此：欣欣向榮、充滿希望，不論是真實的抑或虛幻的。波斯人、阿富汗人、伊拉克人和庫德人，他們大多數都皈信了伊斯蘭，但直到現在，他們都被認為是次等的穆斯林。在阿里的治下，他們被一視同仁地受到歡迎。伍瑪爾的阿拉伯主義，以及伍斯曼的伍麥亞主義都已成過去。阿里，這個與先知最親近的人，將領導大家重建那個所有穆斯林不分彼此的理想世界。

阿拉伯的沒落

阿里從來沒有打算在庫法定居。他的計畫是一旦他與穆阿維亞和敘利亞之間的問題解決了，就回到麥地那。但他不知道，他將永遠無法回來。從他做出有利於庫法的決定的那一刻起，穆斯林的權力就開始遠離阿拉伯，這完完全全在穆阿維亞的意料之中。藉由拒絕承認阿里是哈里發，他迫使這個問題產生，正是因為他的反抗把阿里帶來庫法，至此導致伊拉克成為什葉派的搖籃。

然而，或許這也是無可避免之事，伊斯蘭政權中心遲早會移出阿拉伯，畢竟沒有什麼地方比伊拉克更得天獨厚。底格里斯河和幼發拉底河之間的肥沃低地，再加上延伸到北方半島的富庶牧場，傳統上一直是中東真正的心臟地帶。古代著名的偉大城市，像是蘇美的烏爾（Ur），就位於距離庫法百哩外的河流下游。亞述帝國的首都尼尼微，靠近北方的摩蘇爾（Mosul）。巴比倫在庫法以北約四十哩處。波斯寶石泰西封（Ctesiphon），靠近現代的巴格達——它們都在伊拉克。如今，這片土地再度成為廣大地區的地理和農業中心。誰控制了這個樞紐，阿里和穆阿維亞都非常清楚，就等於控制整個帝國。

然而，對麥加的伍麥亞貴族來說，沒有比這更糟糕的命運了。他們在伍斯曼治下牢牢緊握的權力付諸流水，而這些伊拉克新來的穆斯林卻將獲得權柄。伊斯蘭的中心向來隨掌權者移動，還在阿拉伯嗎？這是莫大的侮辱，明顯是要酬謝那些「熱烈支持阿里」的「粗野賤民」。麥加和麥地那是否都被邊緣化了？雖然還是朝聖目的地，實際上卻距離權力中心數百哩之遙？他們有種被喧賓奪主的不滿。

麥加人的擔心絕非空穴來風。他們的後裔會是未來伊斯蘭世界的統治者，但他們永遠不會住在阿拉伯。數個世紀的物換星移，穆斯林的權力將集中在伊拉克、敘利亞、波斯、埃及、印度、西班牙、土耳其，就是不在阿拉伯。阿拉伯日漸孤立，要想解救這種與伊斯蘭世界的疏離，只能透過每年一度的朝聖了。在未來的一千年裡，阿拉伯都無法發揮政治影響力，直到基本教義派的瓦哈比教派（Wahhabi），於十八世紀時出現在中部的高原，暴力襲擊伊拉克的什葉派聖地，甚至反抗麥加和麥地那的聖城。藉由與邵德家族（Saud family）聯盟，瓦哈比教派的影響將在二十世紀擴展到全世界，並一路進入二十一世紀。阿拉伯，即今日的沙烏地阿拉伯，以豐富的石油作為資產，重新奪回它曾經在伊斯蘭世界的優勢。在西方國家對石油的渴望加以推波助瀾之下，最終造就出遜尼派的極端主義，猛烈地反咬了西方一口。

致命的詩句

穆阿維亞萬事俱備，只欠東風，就是激起民眾對阿里的憤怒。如果他能讓民眾不只是同意戰爭，更渴望戰爭，他就更穩操勝券了。把伍斯曼的長袍和娜伊拉的手指放在大馬士革的講壇，他的這鍋湯已經細火慢燉了許久，如今只需大火煮沸。他的技巧熟練度遠勝於現代的名嘴或政客。他的下一步將瓦解阿里正直的名望，以為己用。

他精心籌劃好每一步棋，藉以表示自己彷彿不願與阿里撕破臉。他必須先破壞人民對阿里的信任，挑撥人民對阿里的憤怒，這樣如果他對阿里宣戰，就只不過是順從民意，彷彿一個卑下僕人試著滿足人民對正義的渴望。

在他的謀劃中，第一道攻擊是詩歌。對於現代西方來說，這個主意當然相當怪異，今日的詩人或許很容易遭到忽視，但在七世紀的中東，詩人是熠熠巨星、目光焦點。特別是諷刺詩人，他們的作品會被無休止地複誦傳唱。這些詩歌之所以被寫成，並不是為了閱讀，而是要被人們記住和傳誦，不是在文學沙龍，而是街頭巷尾、市集和清真寺。愈是極盡尖酸刻薄，愈是能流行。一旦紅遍大街小巷，創作者的聲望也就愈高。

這些詩歌有時可以殺人不見血。曾經有位很有人氣的詩人反對穆罕默德躍升為麥地那的領導者，「麥地那的子民啊，當你的妻子對你不忠，你會允許這個陌生人鳩占鵲巢嗎？」她尖酸地撩撥民眾的情緒。結果，在一個寂靜的夜晚，她被一劍穿心而過。[2]話語的傳播速度和她的詩歌一樣快，其他曾經大肆批評穆罕默德的麥地那作家一看苗頭不對，迅速開始寫出讚美他的詩句。

在二十一世紀，穆斯林對丹麥《日德蘭郵報》諷刺穆罕默德之漫畫的反應，讓西方人大吃一驚。這會讓西方人誤以為在伊斯蘭世界中沒有諷刺的傳統。恰恰相反，有個極為明確的傳統，而且經常與戰爭脫不了關係。在七世紀，諷刺文學是強而有力的武器，直到如今仍然如此。魯西迪的小說《魔鬼詩篇》（*The Satanic Verses*）就在伊斯蘭世界掀起這樣的狂熱，因為他寫得特別詳實。利用《古蘭經》詩句和穆罕默德生前的聖訓，魯西迪的諷刺刀刀見骨。諷刺文學在西方世界中可能被認為無傷大雅，就算尖銳，也只是象徵性的。而在伊斯蘭世界中，諷刺往往更貼近事實，且總是成為戰爭首要的武器，字字見血。

諷刺文學通常是針對敵人而作，然而，狡詐如穆阿維亞，他極為巧妙地讓這些詩歌也似乎同時侮辱了他自己，誘導大眾質疑穆阿維亞的德行，並指責他太過膽小才不敢向阿里宣戰。

其中一些詩歌被記錄下來，或甚至標出了作者，例如他的堂兄弟瓦立德，他同時也是伍斯曼的繼弟——也是因為他身為庫法總督，醉酒後在清真寺講壇所做的荒謬之舉，催化了大眾對第三任哈里發的忿恨。「穆阿維亞啊，你像一隻公駱駝在欲望中虛耗光陰，甘願屈居於大馬士革，動也不敢動一步，」瓦立德寫道，「以真主之名起誓，如果你還不為伍斯曼復仇，但願你的母親沒把你生下來。不要讓卑劣小人纏住你。不要因為不振的軍備而軟弱。向阿里宣戰，讓他嚇破膽子，一夜白頭！」

其他人則頻頻催促穆阿維亞，要他「躍身上馬」、「掌握先機」。但在大馬士革最廣為流傳的詩歌，是一首明顯攻擊阿里的詩歌。「我看到敘利亞不喜歡伊拉克的統治，」、「伊拉克的子民們也不喜歡敘利亞。彼此互相厭惡。他們說阿里是我們的領袖，但我們更加喜歡欣德之子。」[3]

穆阿維亞不可能對這些詩歌全然無知，這也鐵定經過他的批准。這些詩歌是他謀略中的重要一環，旨在激發群眾對戰爭的渴望——這種情緒往往特別容易受到政客的操縱。事實上，即使是最成熟的民主國家，公眾的意志仍然能以同樣的方式被擺布，最明顯的例子是小布希政府在二〇〇三年以入侵伊拉克的方式來回應二〇〇一年的九一一事件。

一封信送達了穆阿維亞的戰爭宣言，「阿里，對於每一任哈里發，你都是被迫宣誓效忠，就像駱駝被穿過鼻子的棍子所左右，」他寫道，好像阿里不是哈里發，頂多是個僭越者。他指控阿里「暗地裡與公開時」都在煽動反對伍斯曼的叛亂，那些刺殺伍斯曼的人就是「你的支柱、你的助手、你的手下、你的隨從。除非你能揪出這些兇手，否則敘利亞的子民只能向你宣戰。如果你這樣做，哈里發將由所有穆斯林中的諮詢會議選出。阿拉伯的子民曾經持有這種權利，但他們已經放棄了它，如今權利掌握在敘利亞子民的手中。」[4]

或者該說，權利掌握在穆阿維亞的手中。敘利亞總督已經準備好要為自己黃袍加身。

戰慄之夜

西元六五七年的夏天，敘利亞和伊拉克的兩支軍隊在幼發拉底河西部、今日的敘利亞北部平原上的錫芬（Siffin），短兵相接。阿里的軍隊氣勢高昂地從庫法出發，沿著幼發拉底河向北走五百哩。他們騎得愈遠，空氣就愈清澈，不再有幼發拉底河下游的氤氳濕氣。茂盛的沖積山谷逐漸縮小。沙漠峭壁讓位給半島上的高地牧場，北方是由皚皚白雪覆蓋的山脈，隨著融雪的季節結束，泥沙淤積的河流在庫法變得更加混濁且看似棕色。

如果他們得勝，整個敘利亞都將任他們長驅直入，當然還有它的皇冠大馬士革。他們早就聽說大馬士革的富庶──運河、樹木、異國水果，以及有著大理石前庭、鑲滿寶石的寶座、潺潺流動噴泉的翠綠宮殿。沙漠裡居然能有噴泉！清澈、鮮甜的泉水無窮無盡地傾瀉，這只是用於觀賞娛樂之用？光是這點就值得一戰。

上千名全副鎧甲的戰士不會行軍百哩只為了和平，但一旦他們到達錫芬，關鍵在於是否師出有名，兩方都自認是受害者，而不是侵略者。幾個星期下來，他們試著按捺不動，只參與決鬥和小型衝突。即使只是儀式性的碰頭都被嚴格限制，因為當禮拜的時間來臨，當時是一天三次，戰士會走到半哩之外各自禮拜。「當夜幕降臨，」有人回憶道，「我們可以騎到對方的營地，坐下來說說話。」

他們的指揮官之間也能對話。兩軍之間架設了華美的營帳，雙方的旗幟飄蕩在每個角落。在這裡，阿里和穆阿維亞的使者測試著對方的決心。但是穆阿維亞在這樣的談判中，占據明顯的優勢：他充分意識到阿里對內戰的恐懼，因此自己已經立於不敗之地。畢竟，除了全面開戰以外，還有其他更輕鬆的手段能夠達成他的目標。

穆阿維亞一方面公開要求阿里辭去哈里發之位，另一方面他也指示使者悄悄提出一個替代的解決方案。他宣稱，只要同意分裂他倆的帝國，他和阿里就能避免戰爭。他會帶走敘利亞、巴勒斯坦和埃及，以及這些地區的所有收入，阿里將繼續控制伊拉克、波斯和阿拉伯半島。實際上這樣的分裂，也不過就是沿著阿拉伯大幅擴張之前，分隔拜占庭帝國和波斯帝國的界線，再者，這意味著將會有兩個哈里發，而不是一個。

阿里聽了當然勃然大怒，絲毫不令人意外，但即使這項建議一定會失敗，卻成功地激怒了阿里。最好這樣能逼著阿里率先進攻，讓穆阿維亞看起來像是受害者，阿里則成為侵略者。然而，出乎穆阿維亞的意料之外，阿里真的很能忍，他仍然想要避免全面開戰。他騎到平原中心的營帳，呼喚著穆阿維亞的名字，聲音迴盪在兩方的前線。他希望與敘利亞總督用一對一的決鬥決定勝負，好避免大規模的流血傷亡。

穆阿維亞的幕僚長阿姆爾（Amr），是位遠征埃及的著名將領，督促他接受決鬥。「你要是拒絕這樣的挑戰，是說不過去的。」他以軍人的榮譽說，「阿里給你的是公平的提議。」

但穆阿維亞並不在乎讓阿里博得榮譽和勇氣的美名，他的關注更加現實。「這不是公平的提議，」他反駁，「阿里殺了他曾經挑戰過的每個人。」由於他的拒絕，他們只剩下唯一的選擇，也就是戰爭。

阿里轉身對他的軍隊喊話，「敘利亞人只是為了世俗利益而戰。他們根本不在乎推翻的是暴君還是明主，」他說。「要是他們得勝，他們會腐壞你的生活和信仰。現在就起身對抗他們，否則真主會把伊斯蘭的統治從你身上帶走，永遠不會再回來！」當他的人為他打氣，他呼告他們那些曾遭殘暴傷害的人的激忿。「對抗我們的敵人，」他說，「直到他們的額頭被箭射穿，直到他們的眉毛散落在他們的下巴和胸膛。」

這一回，沒有禮拜時的暫時休戰，也沒有使節前往敵方營地和談。錫芬戰役持續了整整三天三夜，戰況十分激烈，一直持續到最後一天的夜晚。瀕死之人的痛苦哭嚎劃破夜空，彷彿今天我們在路邊看到被車子撞傷的動物，被拖在一旁低聲哀鳴，只能靜靜等死。他們稱這個夜晚是「戰慄之夜」。

阿里差點死於非命，亂箭在他周圍如雨落下，「他的兩個孩子哈珊和胡笙，用盾牌擋住了亂箭。」一個目擊者說，他們左閃右藏，以避免成為目標。他那名垂千古的答覆，這名英雄在面臨苦戰時所說的話，將預知了未來。

「我的兒子，」他冷靜沉著地說，「大限之日總有一天會降臨在你們父親的身上。汲汲奔波無法讓這天晚點來，徐徐慢行也無法讓它早來。不管快慢對你的父親都不會有什麼影響，不管是他將遭逢死神，還是死神先遇見了他。」

但是，死神與阿里的相遇並沒有發生。當星期五早晨的太陽緩緩升起，勝利就在他們眼前，敘利亞人的戰線已經失守，伊拉克人儘管損失慘重，但正緩緩地向前推進。此時只是時間早晚的問題，最多再幾個小時，阿里一方就能宣布自己戰勝。至少目前看來如此。

阿姆爾說服穆阿維亞，那些無法戰勝的，或許可以用狡詐來贏得。像穆阿維亞這種人，從來也沒志向做什麼精神領袖，自然可以肆無忌憚地利用宗教因素，儘管他要的只是勝利。所以他下了這樣的命令：不退兵，絕不投降，但是準備好幾份《古蘭經》的羊皮紙文稿。穆阿維亞的頂尖騎兵部隊，都拿到了這些羊皮紙，穆阿維亞命令他們每個人在長矛上刺著一張羊皮紙，然後騎往敵方陣營。穆阿維亞絕對不會舉白旗投降，他揮舞的是《古蘭經》。

沒有白旗可以比看見在敵人長矛上飄動的羊皮紙更為有效。以真主之名起誓，此為停戰的訊息。千萬不要把鮮血灑在《古蘭經》的書頁上。身為穆斯林，放下你的武器。為防有誰錯漏了這段訊息，敘利亞騎兵高呼著穆阿維亞指示他們叫喊的話，「讓《古蘭經》為我們仲裁！」

阿里對這樣的厚顏無恥驚異不已，更別提將《古蘭經》放在長矛上有多褻瀆。當然，他的士兵可以簡單看出，這是個詭計。「他們舉起《古蘭經》只是為了欺騙你，」他向他的人馬喊道，「這是騙局，別上當了。」

但是，另有一半的士兵無法分辨真假。「當我們被《古蘭經》召喚，」他們說，「我們必須回應，我們不能對抗《古蘭經》。」儘管他們的指揮官做出了相反的命令，他們仍然放下了武器。勝利已經幾乎唾手可得，阿里卻只能再次眼睜睜地看著它從手中溜走。

「以真主之名起誓，」他怒氣沖沖地對他們吼道，「我告訴你，你們被騙了！」然而，理性從來都不是能和信仰對抗的武器。伍斯曼血染《古蘭經》的形象，仍然鮮活地存在人們的記憶裡。褻瀆之罪，他們絕不再犯。

穆阿維亞迅速派了名使者站在兩軍之間，大聲朗讀出他的提議，解決眼下的紛爭。他說，不應該由人決定誰是哈里發，這應該由神裁決，不是由征戰，而應由《古蘭經》仲裁。兩方都應選出最值得信賴的代表來參與仲裁，並以《古蘭經》作為唯一的指導。因此，最後的裁決將由真主做出。

阿里的人馬聽到這個建議後歡聲雷動，因為穆阿維亞蓄意地用最虔誠謙卑的語言，說得感人肺腑。除此之外，他們幾乎能確定，只要是在《古蘭經》指導下達成的仲裁，絕對會偏向阿里。但阿里並未受騙，這個仲裁決定誰是哈里發的想法，不僅從一開始就形同否定他哈里發之位的合法性，也讓《古蘭經》淪為談判的籌碼。有史以來第一次，《古蘭經》被當作政治工具。

阿里徹底地被這個老狐狸擊敗了，不管他是否已經清楚看出穆阿維亞究竟是如何耍弄他們的，也不論這位毫無良知之人是如何利用信仰為武器欺負最善良的人。由於他的軍隊紛紛拋下武器，拒絕再戰鬥，阿里別無選擇，只能同意仲裁。「不要忘了我曾經阻止你們，」他向他的人馬喊話，「你們這是自毀長城，徒然親痛仇快。這是你們的恥辱！你們就像懦弱的駱駝生根在糞土之中。榮耀將與你們永別！」

這時距離他在麥地那被推舉為哈里發，還不到一年。但在這裡，在錫芬平原，他肯定感覺到他的統治將不會太長。勝利曾經指日可待，但如今正一步一步地離他而去。

注釋

1 此說詞和穆阿維亞對執行權力的其他相關說法，可參見Humphreys, *Muawiya*，引用自巴拉祖里的《貴族世系》。

2 Rogerson, *Heirs of the Prophet*，引用自瓦基迪（al-Waqidi）八世紀的*Kitab al-Tarikh wa al-Maghazi*（歷史和戰役之書）。

3 Madelung, *Succession to Muhammad*，引用自al-Minqari的*Waqiat Siffin*（錫芬之役）。

4 Madelung, *Succession to Muhammad*，引用自巴拉祖里的《貴族世系》。

第十一章

離棄派的出走

極端主義的興起

他們致力於《古蘭經》經文的字面解讀，而不求其精神意涵。我們比你更潔淨，他們說，比潔淨還更潔淨。以這種方式追尋所謂的正道，他們對正統真理的追求矯枉過正，成為失去理智的狂熱分子。

瓦哈比派的興起

戰敗的伊拉克軍隊隨著阿里踏上回庫法的漫漫長路。許多人事後回想起他們在錫芬接受仲裁的決定，也開始起了疑竇。他們如今知道自己真的被耍了。他們的信仰被利用，沒有什麼比這個更為難堪，當他們看到《古蘭經》在穆阿維亞騎兵的長矛上飄蕩，他們是如此堅決地放下武器。然而，既然穆阿維亞回了大馬士革，他們只好把他們的怨恨發洩在最初帶領他們的那個人身上。

他們為了他們逼阿里做出的那個決定而怪罪他。他們搖身一變，成為阿里的新敵人。不在麥加或敘利亞，而在自身家門裡——這樣的敵人往往更加危險，因為他們不是為了權力慾，而是因為盲目，以及自以為是的正義感。

他們的領頭者是阿布杜拉．伊本—瓦哈比（Abdullah ibn Wahb），這個名字至今仍如幽靈般在伊斯蘭世界揮之不去，因為它在在提醒著人們記住基本教義派瓦哈比教派的創始人阿布杜—瓦哈卜（Abd al-Wahhab），這樣的意識型態統治了今日的沙烏地阿拉伯，是遜尼派極端主義的支柱。在他的追隨者之間，七世紀的瓦哈比以「有疤的人」（*Dhu'l Thafinat*）之名為人所知。有人說這源自他額頭上的深色繭皮，因為他不斷低頭祈禱，是他極度虔誠的標誌。也有人說，這是因為他的左臂因為戰場上的傷而畸形。總之這些理由都足以讓他受人敬畏。

在阿里回到庫法之後的第一次講道時，瓦哈比就當眾發難。「你和敘利亞人像兩匹賽馬，爭相比較誰背離信仰更多。真主對穆阿維亞和其追隨者的處置是他們應該懺悔或被處死，但你卻與他們妥協，改由人來仲裁。你是將人置於《古蘭經》的權威之上，所以你的行為絲毫不得稱許。你一敗塗地！」

他的追隨者也加入譴責的行列。他們大喊，哈里發之位不該由人來仲裁，得由神來決定。那個權利曾經歸於阿里，但他現在已經失去了。他與穆阿維亞一樣觸犯了違逆神聖法律的罪。兩者之間已無區別，在神的眼中同樣令人憎惡。一次又一次地，他們號召群眾大聲喊出「唯有真主能仲裁！」他們哭喊，「唯有真主！」

「話是不錯，」阿里反駁，「但是你扭曲了它們，還亂加引伸。」在錫芬的時候，是他們這些人逼迫他不得不接受仲裁，正是他們充耳不聞他的警告，現在怎麼能拿當初他們堅持的事來攻擊他呢？

但是，無論阿里如何辯解，那些盲目的悔過者卻振振有詞，不容挑戰。「當我們想要仲裁時，」瓦哈比回答，「我們有罪，成了不信神的人。但我們如今已經悔過了。如果你現在也這樣做，我們將與你同在。但是如果你不這樣做，那麼就如《古蘭經》所說：『我們會毫不猶豫地拒絕你，因為神不愛叛教者。』」

此時清真寺中的其他人也開始相信瓦哈比的話，以為阿里是叛教者。瓦哈比更進一步宣布整個庫法陷入了「黑暗」（*jahiliyah*）的狀態，也就是伊斯蘭教興起之前，阿拉伯人受到異教統治的蒙昧時代。「我的弟兄們，讓我們離開這個充斥罪惡的地方，」他說。他們真的走了，居然高達三千多人。他們在庫法以北五十哩外的底格里斯河上的納拉萬（Nahrawan）建立了新的定居點。這裡是純淨的天堂，瓦哈比宣布，是豎立在腐敗世界中的正義燈塔。

他和他的人馬成為第一批伊斯蘭基本教義派。他們自稱是「出走派」（*khariji*），意指「出走的人」。這是根據《古蘭經》第九章中「為主道而奮鬥者」而來，此章標題恰好是〈懺悔〉。他們已經看見光亮並悔過了，因此絕無可能再犯錯。他們致力於《古蘭經》經文的字面解讀，而不求其精神意涵。我們比你更潔淨，他們說，比潔淨還更潔淨。以這種方式追尋所謂的正道，他們對正統真理的追求矯枉過正，成為失去理智的狂熱分子。

凡是不符合他們的信仰標準的，不僅僅是叛教，更應該遭到無情地剷除，免得使正道蒙汙。他們開始恐嚇納拉萬周圍的村莊，把抓到的每個人提交至他們私設的「宗教裁判所」。如果遭捕的人的回答不能滿足其嚴格的標準，懲罰唯有死亡一途。

當某位穆罕默德早期門徒的兒子被他們迫害時，問題就愈來愈嚴重了。他們當中有些人前往這位務農的兒子的村莊購買日用品，並決定懲罰他以儆效尤。因為他的父親曾在駱駝之戰之前警告他們不要選邊站，他們提出了個帶有陷阱的問題，「你的父親沒有告訴你，先知告訴他說：『有一場內戰，人的心會和他的身體一樣死去。如果你接下來還活著，那麼你要不是殺人者，就是被殺者嗎？』他沒有這樣說過嗎？」

這確實是先知告訴他父親的話，農夫回答。他害怕得要死，因為眼前的局勢很清楚，這些人把拒絕與他們站在同一邊的人視為罪大惡極。他肯定不做殺人者，只能做被殺者。然而，當他們將他愈圍愈緊的時候，他決定勇敢地放手一搏，「阿里比你們更瞭解真主。」他斬釘截鐵地說。

他的命運就此已註定，阿里在這群出走派眼中是叛教者，而所有遵從叛教者統治的人皆犯了叛教之罪。他沒有活下來的理由。他們一擁而上，把農夫綑綁起來，把他和他懷孕的妻子一起拖到河邊的果園。

接下來發生的故事交代得異常精確。這時，恰好有顆椰棗落在地上，一個出走派把它撿起來放入農夫的嘴裡。「你未經所有者的許可就吃了椰棗，而且沒有付錢嗎？」這群人的領頭者說。「吐出來！」緊接著，另一個人開始揮舞他的劍作勢威脅，正好一劍砍倒一頭在他身後徘徊的牛。牛死了。

其他人堅持要他去找到所有者，賠償這頭牛的全部價值。當他這樣做的時候，他們等待著，認為不論是對於一顆椰棗還是一頭牛，都需按照最正義的方式行事，他們應該得到應有的懲罰。

他們讓農夫雙膝跪地，眼睜睜目睹他們挖出了妻子的內臟與尚未出生的嬰兒，接著一劍刺穿孩子，最後將他斬首。「他的鮮血湧出如同鞋帶。」一名目擊者說。正義得到彰顯——椰棗吐出來了、牛的賠償金付了、農夫和他的妻子也殺了。最後他們買齊了日用品，返回納拉萬。

他們聲稱如此的作為完全出於一片赤誠。即使是殺害了他的妻子和未出世的孩子，他們堅持，這也是神所召喚的，因為敵人的婦女和孩子也需分擔男性親屬所犯的罪。他們的刀下絕對沒有無辜亡魂。在這一點上，七世紀的出走派為他們的後代樹立了典範。

十一個世紀之後，阿布杜—瓦哈卜與其追隨者效法他們的前輩，七世紀時的「有疤的人」，「出走」至阿拉伯中部的沙漠高地。在今日的利雅德市（Riyadh）附近，他建立了一個斯巴達式的、純粹主義的社會，他聲稱此處沒有受到充斥在麥加和麥地那的異教徒的黑暗和腐敗所玷汙。與出走派一樣，瓦哈比很快就四處傳布至沙漠上的各個據點。十九世紀時，他們接連毀壞了法蒂瑪聖陵上的圓頂，以及其他在麥地那的聖陵，甚至還破壞了先知的墳墓。他們聲稱，這些華麗的聖陵都是偶像崇拜，並繼續往北進入伊拉克，將阿里和胡笙在納加夫和卡爾巴拉的聖陵洗劫一空。

瓦哈比教派慷慨激昂地要求回復到早期伊斯蘭世界的純粹。到了二十和二十一世紀，他們不僅聚集在沙烏地阿拉伯，更參與了一些活動，諸如阿富汗的塔利班政權、埃及的「薩拉菲基本教義派」（Salafis），以及蓋達組織。對他們來說，即使是潛伏在伊斯蘭內部的敵人，都和外界的敵人同樣危險。如同一九八一年遭暗殺的埃及總統沙達特（Anwar Sadat），只要是敢於與敵人談判的領袖，更別說是維護和平的領袖，都被他們當作是邪魔歪道，列於追殺名單之上。

在今日伊拉克的什葉派中，「瓦哈比」一詞仍然是各種形式的遜尼派極端主義的代表，無論其源自哪個國家。底格里斯河畔被殺的農夫與其懷孕的妻子，以及一群先是糊塗地要求阿里放下武器、隨後卻又堅持他背叛《古蘭經》的極端主義分子，一千五百年前的這些殘忍、野蠻的畫面在什葉穆斯林心中留下深深的烙印，並一直延燒到今天伊拉克內戰的權力衝突之中。

對阿里而言，椰棗樹下的屠殺實在天理難容。他向瓦哈比發去了訊息，要求他交出兇手。「如《古蘭經》所言，『的確，這是不容質疑的墮落。』」他字字沉痛，「以真主之名起誓，這樣的殺戮，即使只是殺了一隻雞，對神來說都事關重大，何況是人類的靈魂呢？」

瓦哈比回應道：「我們所有人都是殺害他們的兇手。我們所有人都這樣認為：你的鮮血，阿里，現在對我們而言，是伊斯蘭教法所准允的。」

這是公然的宣戰，狂妄的言辭讓所有穆斯林聽了無不心驚。這些話是絕不寬貸的正義，他們以真主的名義殺人，絲毫不覺得有所不妥。第三次，阿里別無選擇，只能選擇他最憎惡之事：帶領穆斯林軍隊討伐其他穆斯林。

他們旋風似地抵達了納拉萬，出走派的穆斯林奮力抵擋阿里優勢的兵力，絲毫不顧及自己的性命。「真理為我們照亮了前路！」他們彼此哭喊，「準備去見神吧！」

這不祥的哭喊如同預示了現代自殺炸彈客的到來，「趕緊上天堂！上天堂！」

只有四百名出走派活了下來，但如果完全沒有倖存者，對阿里來說恐怕更好。短短一天就出現兩千多名殉道者，而作為一種殉道，這些記憶將會激起更多的狂熱者跟隨他們的腳步。

兩個哈里發

為了避免內戰盡量忍讓的阿里，如今已經打了三場內戰。阿里在這三場內戰中都獲得勝利——或者該說，如果他的人馬在錫芬戰到最後一刻，他就會贏——但他卻愈來愈討厭自己。苦等了二十五年，難道就是為了這樣的結果？不是把伊斯蘭教帶入一統的新紀元，而是愈來愈多的互相殘殺！

「自從我成為哈里發，」他告訴他的堂兄弟，「各種因素都在反對我、阻撓我，」若不是為了反抗腐敗和壓迫之需，「我會拋下領袖的韁繩，這個世界令我作嘔，就跟從山羊鼻子裡頭滴下來的東西一樣。」

然而，隨著穆阿維亞持續的陰謀顛覆，阿里的聲望只會繼續下滑。這就是他的作風，敘利亞總督會抓牢每個打擊阿里的機會。「錫芬之戰後，」他志得意滿地說，「我不需一兵一卒，就能讓阿里低頭。」

雙方在錫芬協定的仲裁花了差不多一年的時間才正式確立。其中包含了所有常規下的外交預備會議：首先需要商定議程，確定雙方代表團的人數和組成，商定會議的時間、形式和地點，最後決定在庫法和大馬士革之間的一個小鎮舉辦。然而，當所有的細節都到位，雙方終於坐下來談判，結局卻是不忍卒睹。

穆阿維亞以他的幕僚長阿姆爾為代表，他曾為伊斯蘭教攻克埃及。為了獎勵他的功勳，穆阿維亞迅速提拔他登上總督之位。阿里本要選擇自己的幕僚長，那位曾經講得口沫橫飛，自願將穆阿維亞帶往沙漠、要「讓他如墜雲霧，怎麼死的都不知道」的將軍，但他的人馬卻堅持由老邁的阿布—穆薩（Abu Musa）代替。他就是當初強烈爭辯道，他們應該在駱駝之戰之前拔去矛頭、鬆開弓弦的人。「內戰就像潰瘍一樣撕裂大夥」他曾這樣說過，現在這個潰瘍正在折磨著他們，他們仍然記得他說過的話。儘管阿里的幕僚曾經警告阿布—穆薩這個人「魯鈍且目光短淺」，很容易就被高手愚弄，但那些人反駁說，「他曾經提醒我們別掉下陷阱。」除了阿布—穆薩，他們不會接受別人。

會議持續了兩個星期，最後，阿布—穆薩和阿姆爾一同上前發表聯合聲明。阿布—穆薩的理解是對方已經完全同意妥協，將舉行諮詢會議重申阿里為哈里發、穆阿維亞為敘利亞總督。在閉會儀式上數百人的面前，他如此宣布。而接下來登場的卻叫大家糊塗了。

當阿姆爾登上講臺，出乎老人的意料，他一改阿布—穆薩所言，他聲稱他和他的好友阿布—穆薩確實同意了開了一場諮詢會議，但不是為了重申阿里，而是重申他的對手為哈里發。「我在此確認穆阿維亞是真正的哈里發，」阿姆爾總結道，「伍斯曼的繼承人，以及他鮮血的復仇者。」詛咒聲不絕於耳，雙方開始拳腳相向，會場一片大亂。阿布—穆薩匆匆逃往麥加，在公眾面前銷聲匿跡，在隱居和禮拜中度過餘生。阿姆爾則回到大馬士革，宣布穆阿維亞繼位為哈里發。

這事發生在西元六五八年。如今天下有兩個哈里發，一個真哈里發和一個假哈里發，但孰真孰假沒有共識。反對阿里的聲浪愈演愈烈，再加上他堅守平分伊斯蘭教收益的原則，抗議者更是如虎添翼。

家財萬貫的地主與部族首領習於享受他們認為其地位應有的撫恤金，少了這筆錢，他們也紛紛採取穆阿維亞所說的「使用蜂蜜」，也就是想用甜頭疏通關節。當阿里剛正不阿地拒絕了這種檯面下的私相授受，便付出了極為昂貴的代價。即使是他自己的一個同父異母兄弟，都因為少了特殊的撫恤金而發怒，忿而投靠穆阿維亞的陣營。

但蜂蜜的用途絕對不止一種。穆阿維亞將腦筋動到了埃及，也就是阿里的繼子穆罕默德・阿布—巴克爾，也是阿伊夏的繼弟，如今已經被證明是個軟弱無能的總督。阿里自己就曾痛苦覺悟他是個「沒有經驗的年輕人」。當消息傳來，穆阿維亞計劃派遣阿姆爾接管埃及時，阿里派了他其中一名最經驗老到的將領前往支援該省北方的防禦。這名將領從阿拉伯出發，刻意走海路，而不是需穿越巴勒斯坦的陸路，這讓他可以避開穆阿維亞的政府官員。但這當然只是他的一廂情願。他的船一靠岸，就受到了海關長官的熱烈款待，這個人自然已經嚐過了穆阿維亞的甜頭，如今也用阿拉伯傳統的蜜飲來歡迎他。

不過幾個小時的光景，毒藥就讓他斃命。正如阿姆爾後來所說的，「穆阿維亞的蜂蜜裡也藏有數萬甲兵。」

《論毒物》

毒藥向來是英雄不屑的手段。但它悄無聲息又能正中目標，對穆阿維亞而言，是完美的武器。他的私人醫生，伊本—伍剎勒（Ibn Uthal），是基督徒也是知名的煉金術士，更是當代首屈一指的用毒專家，他的繼承人阿布—哈卡姆（Abu al-Hakam）也是如此，同樣也是一名基督徒。如今已經找不著他們的相關紀錄，但是伊本—伍剎勒寫給兒子的指南《論毒物》（*Book on Poisons*），從九世紀的巴格達一直流傳至今。[1]

兼採生物學、煉金術與迷信，伊本—伍剎勒的著作構成了幾世紀以來用毒的藝術典範，其中甚至提到毒物可由聲音操控。一般認為，在某些特殊情況下，某些特定的聲音可以致命，例如在哈瓦巴時的阿伊夏，狗群的嚎叫加劇了她的恐懼。《論毒物》還詳細介紹了蛇、蠍、蜘蛛之不同部位的用法，但即使是看似無害的生物也可以被有效運用。別的不說，書中的第二十三號複合毒藥，就以臘腸桿菌為毒。有種毒藥稱為「老駱駝之血」，先在駱駝膽汁中混入海蔥和鹵砂，然後埋在驢糞中一個月，「直到它開始發霉，被一層類似蜘蛛網的東西覆蓋。」只要在飲食中加入兩克，三天內必死無疑。

如果想要更快速的死法，也可以用從杏核中提取的氰化物來催化，再用淡淡的杏仁味，或是用椰棗汁、羊奶調蜂蜜來掩飾。或者也有像是天仙子和顛茄之類的草本毒藥。其中最具奇效的是附子之類的毒草，特別能用於刀劍或匕首的鋒刃，可以神不知鬼不覺地進入受害者的血液中。時至七世紀末，大馬士革的煉金術士更發明了所謂的「繼承毒粉」——透明無色、無臭、無味的砒霜，只要有誰想早一點拿到遺產，就可以將之放入目標的飲料之中。

有了這樣的武器，我們可以看到穆阿維亞為什麼膽敢吹噓他不費一兵一卒就能打敗阿里。蜂蜜會為他效勞，且無往不利，無論是用於收買人心，抑或是加入沁涼、致命的飲料中。

最後的哈里發

敘利亞軍隊輕輕鬆鬆就拿下了埃及。穆罕默德・阿布—巴克爾派出一支小隊前往邊境，但寡不敵眾，立刻就潰不成軍。面對這樣無能的領導，剩餘的殘兵無不氣餒，要麼逃走，不然就是臨陣倒戈，加入敘利亞人的陣營。阿布—巴克爾渴得半死地獨自在沙漠中逃竄，最終還是被逮住了。敘利亞士兵不管活捉阿布—巴克爾的命令，對這位導致伍斯曼被害的兇手展開了殘酷的復仇。他們將他縫入腐敗的驢子屍體中，然後一把火燒了。有記錄顯示，他當時已經早死了。也有人說，他是被活活燒死的。

阿里在聽到噩耗時悲痛欲絕，阿伊夏更是如此。彷彿她從未疏離這個年輕的繼弟，她的哀痛驚人的長久，甚至激怒了另一位信士之母，也就是穆阿維亞的姊姊烏姆—哈碧芭。她給阿伊夏寄來了一份「慰問禮」——新鮮烘焙、滲著血的羊腿。隨附的信裡寫道：「妳的弟弟就是這樣被烤熟的。」阿伊夏看了之後就大病了一場，並且，至少根據她自己的說辭，在她的餘生中都拒絕再碰觸到肉。[2]

即使阿里已經痛失埃及，來自四面八方的攻擊還是不斷。出走派已經重振旗鼓，吸引了數千名的新血，不僅僅在伊拉克，甚至遍布整個波斯，這裡的城市已經將阿里指派的總督驅逐出境，並拒絕向庫法納稅。敘利亞部隊在伊拉克境內發動了一連串的襲擊，恐嚇當地的人民，讓人民認為阿里連最基本的安全保障都無法提供。連阿拉伯本地也籠罩在戰火之下。即使在穆阿維亞派遣了一支懲罰性的軍隊到麥加和麥地那，甚至深入葉門，處決了當地數千名的阿里支持者，阿里仍舊無法喚醒他那支曾經所向無敵的軍隊。無止境的內戰消耗了士氣，他的人馬拒絕繼續前進。「我們的箭所剩無幾，」他們說，「我們的刀劍已鈍，矛頭也已用罄。」

那個以辯才無礙聞名的人，現在只能對自己的戰士發牢騷，痛斥他們為懦夫。「你們這些庫法人只有在承平時期時是雄獅，當被要求要勇猛殺敵時，你們就成了狡猾的狐狸，」他在講壇上抱怨，「願你們的母親嚐嚐喪子之痛！我請求你們幫助在麥加和麥地那的兄弟，你們只會咯咯地叫，如同闔不攏嘴的駱駝只會嘖嘖飲水。只要聽到敘利亞騎兵前來攻打的謠言，你們個個躲在房裡，鎖上大門，像蜥蜴般龜縮在洞穴中。相信你們的都是笨蛋。請你們幫助的註定徒勞無功，你們用膿汁填滿了我的心，用忿怒填滿我的胸膛。以真主之名起誓，我已認清你們帶來的唯有失敗和悲傷。若不是我已決心為真主而死，我一天都不想再和你們待在一起。」

確實，如今的他已時日無多。

西元六六一年一月二十六日，一個星期五的黎明之際，正值長達一個月的齋戒月（Ramadan）中途。阿里一個人前往庫法的清真寺，準備成為當天第一個禮拜者。他絲毫沒有看見那個全副武裝的人正潛伏在大門的陰影下，直到高舉的劍在晨光下微微閃爍，接著他聽到刺客的嘴唇中吐出了出走派的哭嚎，「阿里，仲裁只屬於真主！唯有真主！」劍刺向他，將他打倒在地，在他頭上劃了一道口子。「別讓那個人跑了！」他邊倒下邊嘶喊。參拜者從清真寺中蜂擁而上，一把抓住刺客。

雖然滿臉鮮血，阿里仍然十分清醒。他看著恐慌的人們，「我不要你們報復。如果我活下去，我會思考該拿這個攻擊我的人怎麼辦。如果我死了，以牙還牙、以眼還眼。但是，除了他以外，不要殺害其他人。不要讓更多的穆斯林流血，說：『信士的領袖被殺了！』不要因為此人造成殺戮，因為我聽聞神的使者說過：『不要相互殘殺，即使是對待一隻惡犬。』」

刺客在隔天被處死。阿里的傷口雖不致命，劍上的毒卻實實在在地達到目的。

聖陵的建立

哈珊和胡笙洗淨了父親的遺體，用香草和沒藥細細擦過，再用三件長袍裹上。接著，按照阿里所吩咐的，將他的遺體放在他最喜愛的駱駝上，任其自由馳騁。四十年前，穆罕默德同樣鬆開了駱駝的韁繩，以此來決定要在麥地那的何處興建清真寺，牠停在哪兒，清真寺就建在哪兒。如今，另一隻成為聖徒的動物，將決定阿里的安葬之所。不管牠在哪兒停下腳步，那兒就是真主希望阿里長眠的地方。

駱駝走了半天，牠走得很慢，彷彿明白自己所背負的責任之重，壓得牠喘不過氣來。牠在庫法以東六哩處跪下，在荒蕪沙漠的一個高處——阿拉伯語稱作「納加夫」（*najaf*）——他的兒子在此處埋下的人，將永遠受到全體穆斯林的推崇，卻冠以兩個大相逕庭的頭銜：什葉派奉其為首位伊瑪目，遜尼派則尊其為四任正統哈里發的最後一任。

「他們在最神聖之日殺害了一個人，多年前的今日，《古蘭經》首次為世人所見，」阿里的大兒子哈珊，在墓地哀戚地說道，「如果是先知派遣他去出征，守護在右側的是天使加百利，守護在左側的是天使米迦勒（Michael）。以真主之名起誓，在他之前的人無法超過他，在他之後的人無法趕上他。」

時光荏苒，在那處高起的沙地上，將會有一座聖陵建在阿里的墳上，附近的納加夫城也因而興起。聖陵每重建一次，就變得更壯麗非常，金箔的圓頂和尖塔遙遙聳立在城市之巔，能一直照耀到二十哩外的朝聖者。到了二十世紀末，納加夫城日益繁華，附近的庫法則淪落為河畔的一處郊區。今日的「救贖軍」（Mahdi Army）的首領穆克塔達・薩德爾（Muqtada al-Sadr）在仔細盤算後，沒有選擇納加夫聖陵，而是選了庫法的主要清真寺作為他的家族講壇。之所以如此，在於他認為他繼承的不是阿里遭到暗殺的靈魂，而是流傳千古的伊瑪目精神。在阿里講道之處講道，薩德爾承繼的是新一代受壓迫的反抗鬥士。

然而，納加夫不過是伊拉克雙子聖城的其中一座，在哈里發穆阿維亞的權力如日中天之際，另一座城市仍然只是北方五十哩外一處藉藉無名的石質沙地。二十年之後，阿里的兒子胡笙會在此處遭逢生死劫難，這片連綿沙漠將以「卡爾巴拉」名之，即「試煉與苦難之地」。

注釋

1　這部迷人且博學的書的完整英譯本可見Levey, *Medieval Arabic Toxicology*。

2　Abbott, *Aisha*，引用自Ibn al-Athir十三世紀的《完整的歷史》（*Al Kamil fi al-Tarikh*）。

第三部分

胡笙

第十二章

先知家族的傷逝

被迫去國的第二任伊瑪目

經過五年的內戰，法律和秩序終於重建，帝國也從崩潰瓦解的邊緣一步步回到正軌。第五任哈里發穩穩地坐在寶座上，得意洋洋地看著先知的親族逐漸隱沒在歷史的洪流之中。在穆阿維亞的統治下，伊拉克的人民生活在獨裁與暴政之中。先知與阿里心目中的伊斯蘭理想，早已不復存在。

十九年的等待

西元六八〇年九月九日早晨，一行小型駱駝商隊從麥加出發前往伊拉克，領頭的是阿里的小兒子胡笙。自他和兄長一起把父親埋在庫法外一處高起的沙地，然後艱苦跋涉地穿過阿拉伯北方，前往漢志山脈的避難處，轉眼已經十九個年頭。由於穆阿維亞逐漸鞏固了對帝國的統治，胡笙只得以忍辱負重的耐心等待著。如今穆阿維亞撒手人寰，意味胡笙的等待也到了盡頭。胡笙打算讓哈里發之位回到其原本的歸屬，也就是先知家族，穆罕默德的氏族。

穆罕默德歸真所引發的分裂，在阿里和周遭人物之間一一體現，如今已經邁入第三個世代。分裂逐漸被強化成最窮凶惡極的意識型態，在接下來的數個世紀，深深地貫穿整個伊斯蘭世界，絲毫看不到盡頭。

胡笙如今已經年過五十，歲月在他的外表上清晰可見。他的鬍子早已花了，眼睛和嘴巴周圍都有深深的皺紋。然而，今日充斥在伊拉克和伊朗市集的海報上的，卻是一個二十出頭的英俊男人。長長的黑髮垂在雙肩，鬍髯豐茂而柔軟，不見一縷灰白，青春的臉龐閃閃發光，沒有一絲皺紋，流露出柔和卻堅韌的目光，既悲傷又充滿自信，彷彿這雙烏黑的眼睛已經洞悉世間所有的歡愉和苦難，欣然接受一切的喜悅和痛苦。

在西方，這些海報經常被誤認成是健壯俊美版的耶穌，他們之間確實有著驚人的相似，若稱阿里為伊斯蘭教的奠基人物，胡笙就成了犧牲者的標誌。在他抵達伊拉克後所遭遇的慘劇，成為什葉派教義中激情澎湃的故事，並成為其情感面和精神面的核心。

當胡笙一行人出了山脈口，到了沙漠高地上，明眼人可能只要瞄上一眼，就能看出他的敗亡幾乎已成定局。如果他的目標是奪回哈里發之位，以這樣不堪一擊的弱小隊伍，要完成任務無異於痴人說夢。駱駝隊伍移動得十分緩慢，因為牠們運送著胡笙家族中的婦女和孩童，只有七十二名武裝戰士能供護衛，拴在駱駝上的也只有區區幾匹戰馬。然而，他們的信念堅定不移，相信一旦他們到達，整個伊拉克將會飄揚著他們的旗幟。

起初，這樣的信心似乎其來有自。在穆阿維亞去世後的幾個星期裡，穆阿維亞的兒子亞濟德（Yazid）繼承了大馬士革的王位，眾多的信件在八百哩之遙的庫法和麥加之間，不斷魚雁往返。它們裝滿了足足兩大只鞍囊，全都來自阿里追隨者，也就是什葉穆斯林。

「快回到我們身邊吧，胡笙，」他們殷殷催促，「子民們在等待你，他們心中只有你。作為先知真正的繼承者，你是他的孫子。通過你的母親法蒂瑪，你繼承了他的血肉，你具備合法的地位。把權柄帶回伊拉克。我們將在你的旗幟下將敘利亞人驅逐出境。我們將重拾伊斯蘭的靈魂。」

其中以胡笙堂弟姆斯林（Muslim）的來信最為關鍵，他親至庫法，證實了伊拉克人承諾會接受他的領導。「這裡有一萬兩千人蓄勢待發地要投奔你，」姆斯林寫道，「現在就來吧。和為你聚集的軍隊在一起！」

自他的父親歸真後，這是胡笙等待了十九年的呼喚。

第二位伊瑪目

在阿里遇襲的那天清晨，據說他並不是唯一遭受攻擊的目標。據說出走派同時計劃殺害埃及的阿姆爾和敘利亞的穆阿維亞。但阿姆爾這天恰好身體不適——據稱是胃痛——被襲擊的披斗篷的人只不過是名下屬。另一方面，雖然敘利亞刺客找著了正確的目標，卻只是在穆阿維亞的臀部上輕輕掠過，僅僅為帝國未來無可匹敵的新統治者帶來些微的不適。

事發之後，只有少數人蜻蜓點水式地質疑為何只有阿里遭到殺害，而且刺客用的還是穆阿維亞最喜歡的武器，毒藥。然而，即使是這些少數的聲音也很快消失無蹤。

殺害阿里的刺客甚至還牽扯了一段愛情故事：為了要贏得一個女人的婚約，她的父親和兄弟是在納拉萬遭殺害的出走派殉道者。「我不會嫁給你，除非你能給我我想要的，」她的願望成為流傳的警語，「三千枚迪拉姆，一個奴隸，一個唱歌的少女，以及阿布—塔里布之子阿里的死亡。」[1]在這個浪漫故事中，唱歌的少女清楚列出了她的條件。而對於試圖刺殺穆阿維亞和阿姆爾的人，卻沒有提及這樣的羅曼史，不過不是什麼大問題。把所有事情都推給狂熱的出走派，對大多數的穆斯林來說要安全許多。

暗殺在一夕之間讓受害者升格為英雄。他過去的種種罪過全部都獲得原諒，並且被徹底遺忘。在阿里溘然長逝之後，他所說過的一字一句都被重新詮釋。曾經被視為是錯誤之舉的政策，如今也似乎成為唯一的正途。政治裡的後見之明總是來得容易——若是暗殺從未發生，清明盛世便指日可待。今日如此，七世紀的庫法又何嘗不是如此。這把劍在了結阿里生命的同時，也消除了所有對他的疑慮。就算他們在他生前是如何地詆毀於他，在他身後，伊拉克人終究將他提升至終極的權威，幾乎可以與穆罕默德比肩。

雖然揮舞著毒劍的是出走派，但穆阿維亞可能是幕後推手的說法，卻讓庫法人民震驚不已，更讓他們的忿怒火上加油。阿里向來都是對的，他們說，並開始呼籲他們之前曾經頑固拒絕的：向穆阿維亞全面開戰。

他們衝向清真寺，宣布效忠阿里博學的大兒子哈珊，要求他領導人民攻打敘利亞。但即使環繞的激情持續升溫，哈珊仍然很理智。他雖然接受庫法人一頭熱的擁戴，但清楚地認為這非但不是榮譽，而是一種負擔。戰爭毫無意義，他心如明鏡，因為敘利亞軍隊不論是訓練還是裝備，都比暴躁易怒的伊拉克軍隊要好上許多。此外，持續的內戰光是想都讓他心生厭惡。

阿里的遺言時時縈繞在心，當毒藥快速流過他的靜脈，阿里說，「不要尋求這個世界，即使它尋求你，」他告訴他的兒子，「不要為從你手中奪走的東西哭泣。追求和諧與良善，避免內戰和紛爭。」最後，他引用《古蘭經》，「不要懼怕任何人對你的怪罪，這些都無法超越對真主的敬畏。」

正如所有做兒子的一樣，哈珊認為他的父親背叛了他所宣揚的原則。阿里眼睜睜看自己被捲入內戰，這是哈珊所不能原諒的。他敬佩伍斯曼對伊斯蘭教的忠誠，震驚於年老的第三任哈里發被如此殘酷地殺害，他批評他父親對伍斯曼刺客的赦免宣言，並且驚懼不已地看待此後流淌不停的鮮血。戰爭是哈珊最不願意之事，穆阿維亞，得利於他龐大的情報網絡，也知道這一點。

穆阿維亞非常清楚筆桿子跟槍桿子一樣強大，並給哈珊送去了好幾封字斟句酌的信件。他承認以宗教觀點來看，哈珊確實更有資格繼任哈里發，但認為自己更適合承擔此大任。他更為年長，他說，在這個動盪不安的世界裡，他的經驗更為老到，也更具備處世的智慧。他有能力安定邊疆、壓制出走派的恐怖主義，並確保帝國的安全和完整。他欽佩哈珊的博學多聞和虔誠，正如他尊敬他先知孫子的身分。然而，這樣的時代需要一個強而有力的領袖，需要經驗豐富且有行動力的人，而不僅僅是個聰明人。

如同他素來的行事作風，他從不吝嗇給予甜頭。只要哈珊退位，穆阿維亞將確保他的後半生都會得到充分的補償。他將從伊拉克的官庫支付他大筆的津貼，並且發誓在自己身後，將擁立哈珊為下一任哈里發。

哈珊確實動搖了。他心知肚明自己不是戰士，只渴望在清真寺中學習時的和平與寧靜。他早就看清那些支持他的人有多麼可笑。他親眼目睹父親如何遭到伊拉克人打壓且處處掣肘。就算如今他們把阿里簇擁到最崇高的地位，他們也有可能隨時翻臉不認人。事實上，當他深思熟慮過穆阿維亞的提議，恰好也是伊拉克人讓他做出了最終的決定。

棄守的繼承者

當人群聚集在一起，他們以為這將是一場熱血沸騰、宣布開戰的講道。但哈珊和父親不同，他向來不是鼓舞人心的演講者，他的語調素來溫和，幾乎沒有抑揚頓挫，莊嚴肅穆，卻缺少火熱的激情。當他登上講壇講道，這個差異便十分明顯，他說的並不是人民想聽的，卻實實在在是他所相信的：「奮戰」有分高下，最偉大的奮戰是自我終其一生砥礪成為理想穆斯林的內在鬥爭，這凌駕在較為低層次的武裝鬥爭之上。如果庫法人以轉身背對戰爭為恥，那麼「恥辱將勝過地獄之火」。他絕不尋求與穆阿維亞的戰爭，他追求的是光榮的和平，並赦免過去所有的鮮血。

這些話反映了真正的勇氣。但聽在人民的耳中，卻不過是懦弱的象徵。「他膽小且糊塗，」庫法的戰士彼此喊話，「他打算投降。我們必須阻止他。」那個不顧一切只想避免暴力的人，突然成為眾矢之的，他的子民用爭吵回應他。他們粗暴地推擠，從背後拉扯他的長袍。一把刀驟然出現，砍上了他的大腿。沒有人知道這是出自於誰人之手，傷口不深，但足以讓血流如注，這反倒救了哈珊一命。當他跌坐在地，鮮血讓反叛者清醒過來，他們意識到他們距離另一場暗殺只有幾步之遙。

如果哈珊心裡還曾存在一絲疑慮，現在也已經豁然開朗。就算他想，他也不能領導這樣一支隨時會反叛他的軍隊。放棄是唯一的路，穆阿維亞的話看來十分合理，他也發誓會讓哈珊繼承他成為哈里發。哈珊會這樣做並非空穴來風，就像他的父親阿里，在得到他的合法地位之前，為了團結的需要，等待了三任哈里發過去，那麼他自己當然也可以如此等待。

胡笙懇求他重新考慮，「我請求你，聽從阿里的話，」他說，「不要聽穆阿維亞的話。」無論他承諾過什麼，欺騙是穆阿維亞一貫的伎倆，與這樣的人談判不可能有好下場。但是做弟弟的，很少能動搖兄長的想法，腿上汩汩流血的傷口也早已說服了哈珊。

他最後一次登上講壇，對庫法人民喊話，「伊拉克的子民啊，你們已經保證要效忠於我，發誓我的每個友人都是你們的友人，」現在他呼籲他們必須貫徹承諾，「我認為與穆阿維亞和平共處，並效忠於他是正確的，因為只要能止住流血，都比會招致流血的理由更好。」

講說結束後，他不發一語，一直到他走下講壇，離開清真寺時都全程維持著沉默。他吩咐他的兄弟準備好回到麥地那的漫漫長路，並盡快做好準備。他說，臨行時望向庫法的最後一眼，他將會備感欣慰。

誰能責怪他？什葉派肯定不會。在什葉穆斯林中，哈珊被尊為第二位伊瑪目，是阿里的合法繼承人，因此當然也是穆罕默德的繼承人。縱使他放棄了領導帝國，但更重要的宗教權威仍然無可爭議地歸其所有。哈珊，他們會說，他的信仰並不囿於世俗的權力，而是在信仰本身，雖然也有人會說，金錢肯定也幫了大忙。

他究竟從伊拉克的官庫獲得了多少錢，並沒有確實的紀錄。有人說，是五百萬的迪拉姆銀幣，足以讓他回到麥地那後成為一方富豪。但胡笙對兄長的警告確實在事後成真，哈珊不會有太長的時間來享受他新得的財富。

吉亞德的恐怖統治

穆阿維亞如今已經穩坐第五任哈里發之位，他在莊嚴盛大的典禮中入主庫法，給了庫法人民三天的時間來向他宣誓效忠，要是他們膽敢拒絕，後果也不用多說。他們也在第一天就大聲熱情地向穆阿維亞發了誓。

就算他們心底不想，為了身家財產也只能如此。有人指責他們是牆頭草，但他們辯稱他們只不過是識時務。他們向來嚮往的是「強人」，穆阿維亞是可以確實達成阿里所稱的大一統的人，但不是像阿里所期盼的是藉由信仰和原則，而是以更為赤裸的手段。

經過五年的內戰，法律和秩序已逐漸恢復，帝國也從崩潰瓦解的邊緣一步步回到正軌。穆阿維亞統治了十九個年頭，而從他是自然死亡這件事也可以看出當時的政治穩定，他的讚頌者稱他為「阿拉伯人的棍與刀，真主以他來定爭止紛」，無論他在創造這些紛爭中占據哪一種角色，都不影響這些頌詞的本質。

隨著庫法的新歸附，那個曾經嚮往「安詳大地上潺潺流動的泉水，人間之至樂也。」的人暗自欣喜，如今可謂美夢成真了。權力的果實如此甜美，竟也讓梟雄不時起了詩興，這從許多方面看來都十分現代。據說，有一次，他注視著一輛來往大馬士革的大篷車中，滿載著阿拉伯馬匹和高加索女奴，他不禁志得意滿地嘆息道，能獲得哈里發之位有多美好。「願真主憐憫阿布─巴克爾，因為他不想要這個世界，這個世界也不想要他，」他說。「然後，這個世界想要伍瑪爾，但他不想要這個世界。然後，伍斯曼耗盡了這個世界，這個世界也耗盡了他。只有我，樂在其中！」

他提都沒有提到阿里，完全將他拋諸腦後，彷彿史冊不會為他留下一頁。但在這個節骨眼上，歷史肯定是由著他書寫的。他用精密的政治計算，對抗阿里的高貴品性。打從一開始，穆阿維亞就清楚地看出，他勝算極大，至少以世俗的成功來說；一個註定只能以塵土和荊棘為食，另一個忙著算計他的女奴和良馬。

如何治理伊拉克人是一樁大問題。他們雖然宣誓效忠，但穆阿維亞可沒打算當真。這些人也曾經保證自己對阿里的忠心，但卻不服從他，然後又再次向哈珊許諾，最後卻又背棄他。穆阿維亞打定主意要確保的不是他們的忠誠──他當然不會那麼愚蠢的輕信於此──而是順服。他只需要找出適當的人選來做這件事。當哈珊離去時，庫法人還很高興，但他們很快就要後悔了。

穆阿維亞指派的新任伊拉克總督是以鐵腕著稱著的老將吉亞德（Ziyad）。他有一個稱號是伊本．阿比希（Ibn Abihi），意思是「他父親的兒子」──而這個父親的身分一直是蜚短流長的焦點。最為人津津樂道的謠言說，吉亞德是穆阿維亞之父阿布─蘇斐揚的私生子。有人說他的母親是阿布─蘇斐揚的妾，也有人信誓旦旦地說她是個妓女。但是更為糟糕的說法是聲稱她是個基督徒，那麼吉亞德就是「藍眼母親的兒子」了。但是，現在沒有人膽敢稱呼他為伊本．阿比希了，除非他們想被活活燒死或被釘死在十字架上，又或者是被慢慢地凌遲處死。吉亞德自有讓人聞風喪膽的方式，即使是對最頑劣的刁民。

「管好你們的手和舌頭，」他在就任時告訴庫法人，「我就會管好我的手和武器。我以真主之名起誓，你們之中許多人遲早要成為我的刀下亡魂，所以皮繃緊點，小心別成為那個人。」

起初，庫法人還回應了一定的尊敬。在阿里治下的內亂之後，吉亞德至少讓他們重拾安全。事實上，他是以暴力手段強加的。「人民不敢不服從，」一個庫法人還記憶猶新，「不管是個男人或女人掉了東西，除非主人回來把它拿走，沒有人會碰它。婦女可以夜不閉戶。就算只是條繩子在他的轄區內遭竊，他也會知道是誰偷的。」正如義大利人在一九三〇年代安然接受墨索里尼的獨裁統治，他們說他「讓火車準時」，七世紀的伊拉克人也順應了吉亞德的統治。即使是出走派也安分了起來，以免遭到報復。

這種安全的代價極其恐怖。吉亞德建立了一個祕密警察網絡來維持追蹤，不僅僅是繩子被盜這種小事，也包括蛛絲馬跡的反抗跡象。他就和他承諾的那樣毫不妥協，毀棄果園、沒收土地，只要他有所懷疑，就立刻報以連坐──拆除嫌疑犯親屬的房舍──雷厲風行、毫不留情。他逼著人民彼此監控和密報。

「讓每個人自己救自己，」他下令，「向我舉報哈里發穆阿維亞所追緝的叛亂分子。給我他們的名字，你就沒事了。任誰只要拒絕，將不再受到保護，他的血和財產都是伊斯蘭教法所准允的，」吉亞德隨時可以奪去。

祕密警察、線民網絡、殘酷報復……一千四百年之後，將有另一位伊拉克獨裁者的治理方式與吉亞德如出一轍。和海珊（Saddam Hussein）政權一樣，吉亞德也是以遜尼派治理占大多數的什葉派人口。如果人民懷念阿里，那也是他們自己的事。他無法控制人民的心，但他能控制他們的一舉一動。從一千四百年後的海珊身上，完全能看出當年的吉亞德有多麼殘酷無情。

穆阿維亞果然達成所望，找出了最好的人選來整肅伊拉克。他完全毋須害怕吉亞德會有不臣之心。他用最便宜但最慷慨的方式，確保了新任總督的絕對忠誠：公開承認吉亞德是阿布─蘇斐揚的合法子嗣，因此是穆阿維亞的同父異母兄弟。家庭的紐帶洗刷了私生子的汙名。貴族頭銜讓所有不名譽的謠傳煙消雲散。所以在吉亞德死於七世紀時經常肆虐各地區的瘟疫之後，很自然的就是由他的兒子伍拜達拉（Ubaydallah），如今是穆阿維亞的合法姪子，來繼承他成為伊拉克總督。更自然不過的是，伍拜達拉也證明了有其父必有其子。

伍麥亞王朝的建立

隨著伊拉克的徹底歸順，只要有絲毫同情什葉派的聲音都遭鎮壓。貿易路線安全無虞，稅收從遠方送來，西起阿爾及利亞、東至巴基斯坦，穆阿維亞可是志得意滿、坐享富貴榮華。只有一片烏雲是他的心頭大患：他曾經承諾哈珊繼承他的哈里發之位。在當時，這樣的許諾絕對有必要，這是精明政客所做的一大妥協，但是如今已物換星移。畢竟，偉大領袖的名聲是以他留給後世的遺產來衡量，而歷史清清楚楚地證明，建立王朝是確保名聲最佳的保障。也就是伍麥亞王朝，讓穆阿維亞的兒子亞濟德繼位成為哈里發。

穆阿維亞的朝代野心，徹頭徹尾地改變了哈里發的繼承。在這一點上，遜尼派和什葉派是一致的。在伊斯蘭早期歷史上成為主導力量的原始民主，也就是至少在原則上追求達到共識的「諮詢會議」，都將成為過往雲煙。如同拜占庭的專制主義將統御基督教世界，如今伍麥亞專制主義也將主宰伊斯蘭世界。

穆阿維亞早在耶路撒冷上演的一場政變中自行加冕成哈里發，取代了拜占庭皇帝成為基督教聖地的守護者。他的許多高級官員都是基督徒，包括他的醫生伊本─伍剎勒，與大馬士革的聖約翰（Saint John of Damascus）的祖父曼舒爾．伊本─薩爾俊（Al-Mansur ibn Sarjun）。拜占庭的影響如此深遠，哈里發將成為世襲的君主制，這將被視為是墮落的波斯和拜占庭帝國模式，而這套模式對亞濟德來說，似乎再適合不過。

亞濟德留給後世的形象是酒池肉林、揮霍縱慾的敗家子，完全偏離了伊斯蘭的理想人格。「一個披著絲綢的酒鬼」，哈珊曾經這樣形容他，即使是吉亞德，想到自己也有可能被選為穆阿維亞的繼任者，也警告穆阿維亞說亞濟德「太過隨和寬鬆，只專注於狩獵」。穆阿維亞的兒子似乎是七世紀版本的德州紈褲子弟（good old boy from Texas），繼承他父親在這片土地上的最高職務。

然而，這些說法絕對是小瞧了亞濟德，更不用說是低估了他的父親。穆阿維亞絕對不會指定一個遊手好閒的酒色之徒來繼承他的霸業。亞濟德可能性好杯中物，但他也證明自己是效率卓絕的行政管理者與有能力的軍事指揮官。就算他不是伊斯蘭理想的典範，那也無關緊要，穆阿維亞從來沒有打算讓他的兒子繼承講壇，他希望他繼承的是赫赫王位。

並且，穆阿維亞可能會大言不慚地說，他何錯之有？這跟主張讓先知家族繼承哈里發有何不同？這豈不是基於同樣一套血統繼承原則，靈性之位可以只由出生時的臉部特徵和家族名姓來傳遞？第五任哈里發的兒子之所以有資格獲得大位，跟第四任哈里發之子的資格有何不同？更何況，要讓穆阿維亞達成的和平穩定延續下去，這或許是最好的辦法。

此外，這並不代表他會將哈里發之位與先知家族做切割，但難道這個家族不能加以擴張？他自己難道不算是先知的連襟嗎？伍麥亞家族不也是先知的家族嗎？穆阿維亞的祖父伍麥亞（Umayya）是穆罕默德祖父的親堂兄，這讓穆阿維亞和亞濟德成為先知的遠親。他們雖然身處氏族不同的分支中，但的的確確出身於一個氏族。

意外的是穆阿維亞甚至完全不需要採取行動。哈珊回到麥地那不過九年，就在四十六歲那年逝世了，這對穆阿維亞來說可是天上掉下來的禮物。遜尼派認為他是自然死亡，但什葉派卻另有一套迥異的說法：他們控訴，正是穆阿維亞，用他最擅使的武器——摻著毒的蜜飲，讓哈珊提早離開人世。

他們認為，是穆阿維亞找到了可攻破的環節，找到了能把致命的粉末滑入杯子的那隻手——哈珊的妻子之一嘉阿達（Jaada）。[2]她嫁給了她認為會在阿里之後成為哈里發的人，並希望讓自己成為權力繼承人的母親。即使哈珊和其他妻子生了好幾個兒子，嘉阿達仍然希望自己的兒子能夠上位。但在哈珊退位之後，嘉阿達發現自己不過是一個備受尊敬、但無權無勢的學者家庭的一分子，待在卑處一隅的麥地那，更遑論什麼王室尊榮。她也許盤算，就算這個丈夫無緣成為哈里發，那麼另一位卻極有可能是，也許就是基於這個原因，她接受了穆阿維亞的提議。

他向她承諾了慷慨的報酬，不僅是現金，還包括與亞濟德的婚約。一旦哈珊不再成為阻礙，亞濟德就會是下一任哈里發。而穆阿維亞總是言出必行、有債必償，她確實收到了一大筆錢，但卻沒有如願以償得到他的兒子。當這名殺了自己丈夫的寡婦想要拿到她應得的第二份獎勵時，穆阿維亞回絕了她，「這怎麼使得，」他說，「我怎麼能讓我的兒子娶一個毒害自己丈夫的女人？」[3]

女王還是棋子？

哈珊，什葉派伊斯蘭的第二位伊瑪目，就葬在麥地那的主墓地，雖然這並非他想長眠的所在。他要求葬在阿伊夏早先在清真寺庭院的房間裡，與他的祖父一起，但隨著葬禮隊伍接近該院，穆阿維亞的總督率軍擋住了他們，讓送葬者只能改道而行。穆阿維亞最不希望的就是讓哈珊與先知並肩長眠、一起受人景仰。他完全意識到這處墓地的潛在威力。

對於哈珊被強葬於別處的另一種說法，正好直指另一名備受爭議的人物。自從駱駝之戰以來，阿伊夏以女長老之姿生活在麥地那。這位經常解決糾紛、安排婚嫁的年邁遺孀，每當她有所需要時，這十分常見，她會透過喚起與穆罕默德的生活回憶，來達成她的願望。她似乎已經對過去的種種釋懷，但當她聽聞哈珊的送葬隊伍正朝清真寺走來，舊有的仇怨再次油然生起。

仇敵阿里的兒子居然要和先知一起長眠？在曾經屬於她的房間地下，這裡難道不是仍合法地屬於她嗎？她絕不能允許這樣的事情發生。她下令安排一隻上了鞍的灰色騾子，騎著牠穿越清真寺附近的狹窄小巷，攔住行進中的隊伍。「那個房間還是我的財產，」她宣布，「我不准有其他人埋在那裡。」

送葬的群眾停了下來，雙方陣營的人數皆快速攀升。有些人支持胡笙，他正凜然站在隊伍前方、兄長的棺木旁；其他人則贊同阿伊夏，她騎著騾子，同樣不肯退讓。她的一個姪子試圖打圓場，「喔，姑姑，」他說，「我們仍然活在紅駱駝之役的陰影之下，您如今是想再挑起灰騾子之戰嗎？」然而，隨著爭論愈演愈烈，雙方幾乎要拳腳相向，胡笙想到了一種方式來保全所有人的臉面。

的確，他的兄長要求與他的先知祖父葬在一起，他說，但是這個要求有個附帶條件：「除非邪惡因此升起。」邪惡現在出現在你爭我奪的葬禮上，胡笙下令讓送葬隊伍轉移至公共墓地。哈珊將不會與穆罕默德葬在一起，而是躺在他母親法蒂瑪身畔。

沒有人確實知曉這是源自穆阿維亞的命令，抑或是阿伊夏的堅持，但是把責任歸咎給阿伊夏，當然是個讓穆阿維亞撇清關係的好方法。信士之母的蠻橫固執，早是眾所周知的了。

火仍然在那裡，但只剩下零星的火花。「你不害怕我會毒死你，為我兄弟穆罕默德．阿布－巴克爾的死報仇嗎？」當穆阿維亞巡視麥地那，禮貌性地向阿伊夏打聲招呼，她曾這樣問他。正是他傳下那則針對阿伊夏非常簡單但傳神的評論，「從來沒有一樣我想闔上的東西她不會打開，或者說，我想打開的東西她不會闔上。」[4]即使在失勢之後，阿伊夏仍然是一號人物，儘管處境愈來愈艱難。

這幾年下來，她做了至今所有退休公眾人物都會做的事情：她寫下了她的回憶錄，或至少將之口述下來。她告訴眾人她與穆罕默德生活的點點滴滴，其中許多仍然和聖訓一樣受人景仰——穆罕默德的言行形塑了「聖訓」，在伊斯蘭教中地位僅次於《古蘭經》。阿伊夏一遍又一遍地傳述這些故事，一次次地將之提煉昇華。如果有人指出她的回憶有時相互矛盾，她會採取現代政治家熟稔的伎倆。她會說，她從前是口誤，現在說的才是正確的，或者採用另一種更常見的策略，乾脆否認她曾經說過的話。

儘管如此，退出政治舞台後她變得更柔軟了。在哈珊死後的幾年裡，穆阿維亞把哈里發轉變成世襲君主制的野心路人皆知，她似乎開始後悔她曾經與阿里作對。「我在先知歸真後犯了錯。」她承認，並且迴避了所有的政治活動，只專心接待川流不息的訪客、基於外交禮儀的訪視、獻禮和阿諛奉承之中。想當然耳，她鐵定意識到這一切都毫無意義，她曾位居伊斯蘭歷史的中樞數十載，如今卻成為旁觀者。時代變了，帝國改朝換代，阿伊夏別無選擇，只能接受成為一種紀念過去的活紀念碑。

更糟糕的是，或許有些人寧願她成為死去的紀念碑。許多政治人物出於禮節得去麥地那晉見她，其中一人是阿姆爾，穆阿維亞的埃及總督及前任幕僚長，他對此居心毫不隱諱。他當著她的面告訴她，要是她當時死於駱駝之戰，對所有人來說都是好事。阿伊夏心知肚明阿姆爾這話不僅代表了他自己，也代表了穆阿維亞。她質問阿姆爾這該從何說起——大概也只有阿伊夏有膽識這麼問——答案中帶著令人意想不到且難以招架的坦率。「因為如此一來，你會在你最榮耀的一天升天，」阿姆爾說，「而我們會把你的死當成阿里最人神共憤的罪行。」[5]

他這一番話拋給阿伊夏的問題，肯定會讓她的餘生寢食難安。她素來認為自己是伊斯蘭世界的女王，卻難道她從來都不過是他人棋局中的一只棋？

殉道者之王

穆阿維亞正式宣布他的兒子亞濟德為繼任者。他完全沒有提及胡笙。他自信可以不費吹灰之力說服阿里的小兒子順服，就像他曾經對他的兄長所做的那樣。既然父親已經接受了神的仲裁，兄長也退了位，為什麼做弟弟的會有所不同呢？確實，就算又是十年過去，只要穆阿維亞一朝統治，他就不會輕舉妄動。胡笙和其父親一樣，知道如何耐心等待。畢竟，時間是公平的，絕對不會臣服於穆阿維亞的掌控之下。

第五任哈里發最終死於痛風與肥胖。即使在最後的日子裡，他仍致力於展現出大權在握的形象。靠著枕頭支撐，在眼睛周圍塗上黑墨，讓雙眼炯炯有神，臉上塗上油，讓神情閃爍著活力。但就算可以說是虛榮主宰了他的餘生，忽如其來的虔誠也有一席之地。他吩咐他要由一件衣衫包裹下葬，他說這是穆罕默德親自送給他的，他一直把這件衣衫和一些先知剪下的指甲放在一起。「切碎並磨碾這些指甲，」他下令，「然後把它們撒在我的眼中和嘴裡。這樣一來，真主可能由於它們的賜福而憐憫我。」

他歸真的時後，在他身側的雖然是亞濟德，他念茲在茲的卻是胡笙。他為兒子留下的遺言中也包括了警告：「胡笙勢單力薄且微不足道，但他在伊拉克的子民不會離棄他，直到他們讓他帶頭作亂。如果反叛確實發生，而且你也打敗他了，你得原諒他，因為他與先知有密切的親屬關係，並且絕對有權提出繼承哈里發的要求。」

要是亞濟德有把他的話聽進去，那麼或許就能避免數百年的爭鬥和分裂。但無論如何，歷史向來都是由偶然與巧合所創造。

西元六八〇年四月二十二日，亞濟德繼位為哈里發。他立刻以行動鞏固他的地位。一方面重申吉亞德的兒子伍拜達拉為伊拉克總督，希望藉此壓制住任何潛在的反叛，另一方面他下令讓他的總督在麥地那逮捕胡笙。「要以迅雷不及掩耳的速度，讓他在向我公開效忠之前沒有絲毫機會做別的事，」諭令上寫著，「要是他拒絕，處死他。」

但是，雖然這位總督曾經對穆阿維亞言聽計從，他卻沒那麼聽命於亞濟德。要防止哈珊與穆罕默德埋在一起是一回事，但是要殺害胡笙，穆罕默德僅存的孫子？這絕對難以見容於世道人心。「即使給我世上所有財富和權力，我也不能這樣做。」他斬釘截鐵地說。

也許正是這名總督親自警告了胡笙，又或者是他找來的人。我們所知道的是，在那個夜晚，趁著月黑風高，胡笙聚集了他所有的血親，踏上兩百五十哩的逃亡之路，從麥地那到麥加。

在他們快要抵達時，信差一個接一個前來，他們因為從庫法疾速奔馳而來而筋疲力盡。他們所有人都要求胡笙前來伊拉克。乞求他解救他們，脫離亞濟德和他任命的總督伍拜達拉的殘暴和不公。請求他奪回哈里發之位，恢復伊斯蘭的靈魂。其中最具說服力的信，來自胡笙的堂弟姆斯林，他言之鑿鑿地保證將有一萬兩千人準備好隨他揭竿起義。

胡笙的回應刻劃出什葉和遜尼派之間的悲劇裂痕，並從此深入穆斯林的心靈。第三位伊瑪目，首位伊瑪目之子，第二位伊瑪目之弟，在西元六八〇年九月從麥加啟程前往伊拉克，帶著他的家族和七十二名武裝人員，對他正踏上的死亡之途毫不知情。在那一個月之內，他命中註定將永遠成為殉道者的王。

注釋

1 譯註：迪拉姆（dirham）是古代摩洛哥的貨幣單位。

2 Madelung, *Succession to Muhammad*，引用自多位早期史家，遜尼派和什葉派皆有，以嘉阿達的角色來說，可以留意到塔巴里為了政治因素而迴避了這場意外。

3 Madelung, *Succession to Muhammad*，引用自巴拉祖里的《貴族世系》。

4 Abbott, *Aisha*，引用自Ibn al-Jawzi的*Tahqiq*（十二世紀的遜尼派聖訓選集）。

5 Abbott, *Aisha*，引用自Ibn al-Athir十三世紀的《完整的歷史》（*Al Kamil fi al-Tarikh*）。

第十三章

永遠的殉教者

第三任伊瑪目之死

對於什葉派來說，胡笙的從容赴義是勇氣的終極展現，是最悲壯的自我犧牲。唯有靠這種方式，胡笙才能揭露伍麥亞政權的腐敗。他將衝擊所有的穆斯林，衝擊他們的驕矜自滿，由先知指定的領袖，先知家族的領袖，呼喚他們回歸伊斯蘭真正的道路。在真神的引導下，他會和六百年前的先知耶穌一樣，基於同樣純粹的意志，毅然決然走向神聖的犧牲，為了芸芸眾生而犧牲……

再次遭到背棄

我們不能確定胡笙知不知道未來等待著他的是什麼，什葉派這樣主張。但重點在於，他其實知道，更充分意識到了他將做出的犧牲。歸根結柢，他必然知道，畢竟各方的警告不絕於耳，甚至在他剛剛與家人和七十二名戰士啟程前往伊拉克時，警告聲就已紛來沓至。

「誰能保證庫法人真的會起而推翻暴政？」其中一名親戚極為擔心，「這些人永遠都會被收買。他們不過是受錢驅使的奴隸，我怕他們會棄你於不顧，甚至對你開戰。」

胡笙似乎對這些擔心無動於衷，「以真主之名起誓，兄弟，我知道你的建議是良善且合情理的，」他回答，「但命中註定就是命中註定，無論我是否聽從於你，該發生的終究會發生。」

然而，究竟為何要冒此風險呢？為什麼即使警告不絕於耳，他仍堅持要啟程？在離開麥加的前一天，一名騎士捎來了另一個堂弟的消息，「我要你收回對真主之名的起誓，」他寫道，「伊拉克人的心可能和你在一起，但我擔心他們的劍屬於亞濟德。」胡笙並未對警告多加留意，仍決意繼續前進。

隔天，不是別人，有人捎來了麥加總督的消息。以他的地位、甚至是他的生命冒險，他個人向胡笙保證，只要他願意回到麥加，他願給他「安全、仁慈、慷慨和保護」。但胡笙說的只是：

「對安全最好的保證來自真主。」

此外，跟隨他的人數不斷增長。當他的那一小隊穿過鋸齒狀的漢志山脈，進入阿拉伯半島北部的高地沙漠之間，依照他們的速度，每隔一個夜晚就能到達一個水源處，可能是一口井，或至少是一縷清淺的泉水。而這段旅程的風聲，領先在他們之前。受到胡笙為阿拉伯重申權力的想法所激發，部族戰士加入他們的隊伍。在為期三週的旅程的第一週結束時，原本的七十二戰士已經擴充到數百人。如果這時他們就到了伊拉克，鐵定稱得上是支軍隊。

然而，消息仍不絕於途，每一個警告都提醒他要小心伊拉克。每一次，胡笙都承認它是「良善且合情理的建議」，但他仍一次次地將之拋諸腦後。然而，接下來的消息不容其輕易忽略。

來人走得很急，即使在隱隱約約的暮色中，即使他還遠在幾哩之外，他們仍能看到他的馬兒四蹄飛濺時揚起的捲捲塵土。他不像其他人，從他們身後追趕而來，而是從前方來，亦即不是來自麥加，而是來自伊拉克。當他到來時，他們才剛開始準備安營紮寨。他翻身下馬後，連喝杯水的時間都沒有，可見他捎來的消息是多麼十萬火急。

他是胡笙的堂弟姆斯林遣來的，當他一開始寫道胡笙應該立即前往庫法時，並非有意誤導。當時城中的所有人確實一心一意，宣誓要效忠胡笙成為真正的哈里發。他們確實發誓要揭竿而起，推翻亞濟德的總督伍拜達拉，呼籲胡笙前來帶領他們直指大馬士革，要求篡位的亞濟德下台，並宣布自己是唯一真正的、能繼承祖父穆罕默德和父親阿里的繼承者。一切都所言非虛，使者說，但情勢已經有所轉變。

如果姆斯林不是那麼虔誠，他可能會更加仔細地判斷這些說得斬釘截鐵的誓言。他理應銘記，誓言是一回事，追隨他們的勇氣又是另一回事。但他也受到這些一時衝動的慷慨激昂所感染，只相信他想要相信的。

說到底，這也無法全怪罪庫法人。他們曾經被剝奪希望，如今只能寄望胡笙帶領眾人推翻壓迫和不公。但希望這東西，它有多麼鼓舞人心，就有多麼稍縱即逝。庫法人有高堂老母與黃口小兒要養，要麵包，要安全。他們一眼就可以分辨，誰的力量更占優勢。

他們的總督，聲名狼藉的吉亞德之子，或許將會比其父更加惡名昭彰。和他父親之前的所作所為一樣，或者說是像各朝各代中所有暴虐的統治者，伍拜達拉清清楚楚地知道這股希望有多危險，也知道該如何撲滅它。他斷然不會讓胡笙進入庫法，也絕對不會讓姆斯林活著離開這座城市。

「不要輕易以身犯險，」他告訴庫法人，「要是你庇護了這個人，你必會得到你該得的懲罰。」威逼之餘，他也展示了懷柔之舉：姆斯林腦袋的高額賞金。

庫法城中沒有人膽敢懷疑伍拜達拉說得到做得到。過去觸怒他的人，都已經在駱駝集市被活活釘死在十字架上，任由屍體發臭腐爛，家園被毀，家人被流放在滾滾黃沙之中。曾經有一萬二千人大聲且勇敢地保證會和姆斯林一起在胡笙的領導下戰鬥，人數驟然減少到四千，接著是三百，最後只剩下小貓兩三隻。不過短短一天，姆斯林便發覺自己已孤立無援。

他挨家挨戶，一聲聲敲打那一扇扇緊閉的門，只求能躲避伍拜達拉爪牙的搜捕。當終於有扇門向他敞開，他沒有懷疑，而當終於有人接他進門時，他也絲毫沒有料到迎來的只是背叛，只是要拿他的腦袋換取賞金。

伍拜達拉的密探在當天晚上來找他時，他設法說服了某個勇敢的靈魂，盡快出城，馬不停蹄地把胡笙攔下。「讓他回頭，」姆斯林說，「告訴他庫法人欺騙了我，也欺騙了他。」

使者動身之際，正是姆斯林被鎖鏈綁到總督的奢華府邸之時。姆斯林的命運將歸向何方，毫無疑問。這天是西元六八〇年九月八日星期一向晚，不論希望曾經有多濃厚，這場反抗行動就這樣無聲無息地胎死腹中。隔天的暮色之中，正當胡笙和他的一小隊人馬從麥加動身前往到伊拉克，姆斯林的無頭遺體被一路輾轉拖行到駱駝集市，人人觸目驚心。

這是使者所說的故事。早在他說完之前，部落戰士的身影就開始一個個閃身於黑暗之中，徒留胡笙、他的家人和原先的七十二戰士。胡笙的使命尚未開始就宣告結束。他是否曾經有片刻考慮過回頭，卻沒有留下絲毫紀錄。

「人在黑夜裡摸索前行，而他的命運悄悄向他迎來。」他說，然後繼續前行。

回歸伊斯蘭

人們不解的不是究竟發生了什麼事，而是局勢為何演變至此。問題的癥結點至今仍不可知，只有當時的胡笙自己明白。

當他知道他的理想已然逝去時，他為什麼仍堅持繼續？他是否太過堅信他所聲稱的正義，以致於失去理智？是否因為一脈相傳的脫俗品格而無法接受他的使命的失敗？是否因為志向太過遠大而不夠務實？他的所作所為是因為已經對世人絕望，還是知其不可而為之？究竟是因為太傻，還是因為有著凡人不可度量的智慧？

他既非戰士，更不是政客，他是備受尊崇的學者。自從他的兄長歸真後，被尊為是能體現穆罕默德精神的唯一在世者，他已不再年輕。為什麼不能滿足於在麥加或麥地那和平、寧靜地度過餘生？為什麼不把政治和權力的俗務交給那些能夠處理它的人呢？為什麼要把他的命運交付在庫法人民的手中，二十年前不正是這些人拒絕了他父親對抗穆阿維亞的號召？他們先是屈服於穆阿維亞和他的總督吉亞德，現在又聽命於亞濟德和他的總督伍拜達拉。胡笙真的認為他們改變了嗎？他真的認為公理和正義可以勝過權勢和武力嗎？七十二名戰士就能對付亞濟德的大軍？

遜尼派認為，胡笙決心前往伊拉克，證明他並不適任大帝國的掌舵者。他們視之為瘋狂且註定失敗的冒險，根本毫無意義。胡笙應該認清現實，他們說，向歷史俯首稱臣。

這時，他們會引用十三世紀激烈反對什葉派的學者伊本—泰彌亞（Ibn Taymiya），他的作品至今仍然是主流遜尼派思想的核心。伊本—泰彌亞宣稱，即便是由不公不義的領袖統治六十年，仍然勝過無能領袖統治一晚。他的理由是，若是沒有能有效運行的國家，伊斯蘭教法就不可能普及四海。但他也清楚地表明，宗教和國家在此時，已經不再像穆罕默德的時代那樣的政教合一。

也正是伊本—泰彌亞，他提出了前四任哈里發阿布—巴克爾、伍瑪爾、伍斯曼和阿里是所謂的正統哈里發，這個論點至今仍然被遜尼派穆斯林所承認。此後的哈里發並未受到正確、神聖的指引，不論他們嘴上如何聲稱自己對伊斯蘭教的貢獻，或是給自己安上「真主在世間的影子」（Shadow of God on Earth）之類的宏偉頭銜。

不過，即使是那些缺乏真正宗教權威的人，也可以用其他方式來統御伊斯蘭世界。穆阿維亞就成功挽救了那看似難以挽救的伊斯蘭大帝國的解體。如果不是因為他，伊斯蘭教可能無法存續。他的兒子亞濟德或許完全欠缺父親的政治手腕，但只要他沒有妄想僭越他並不感興趣的宗教權威，他的統治被認為是可以容忍的。

宗教導師未必能成為政治領袖，伊本—泰彌亞如是說，在這一點他堅定捍衛自己的觀點。在伍麥亞朝和阿巴斯朝（Abbasid）治下，全新的宗教機構誕生了，即一批名為「宗教學者」（*ulama*）的伊斯蘭教法學家和神學家。隨著帝國中央政治權威的逐漸衰落，他們成為伊斯蘭教的守門人，如同猶太王國覆亡後的幾個世紀以來，「拉比」（rabbis）成為猶太教的守門人。胡笙逾越宗教權威和神聖指導之外的行為，使伊本—泰彌亞和之後承繼此意識型態的穆斯林對他不能苟同。

但對於什葉派來說，胡笙邁向伊拉克的旅程是大仁大勇的展現，是最高貴的自我犧牲，不僅基於更崇高的精神，也完全知道它的後果。唯有靠這種方式，胡笙才能揭露伍麥亞政權的腐敗，他們會這樣說。他將震撼所有的穆斯林，衝擊他們的驕矜自滿，由先知指定的領袖，先知家族的領袖，呼喚他們回歸伊斯蘭真正的道路。在神的引導下，他會和六百年前的先知耶穌一樣，基於同樣純粹的意志，毅然決然走向神聖的犧牲，為了芸芸眾生而犧牲。他對死亡的投降將是最終的救贖。

胡笙的故事即將成為什葉派教義的基礎，是其神聖的準繩。從麥加到伊拉克的漫長旅途是他的客西馬尼（Gethsemane）[1]。他明知庫法已經背叛了他，卻仍繼續前行，並對他的未來了然於胸。

離開麥加三個星期後，他的小隊離庫法剩下不到二十哩。他們在卡迪西亞（Qadisiya）過夜，這裡是當年伍瑪爾與波斯大軍的關鍵之戰的遺址。這光榮的勝利如今看來恍如隔世，雖然只不過是四十三年前。這一次，這裡將不會有關鍵的戰役，伍拜達拉從庫法派出了騎兵分隊，封鎖通往城市的所有道路，當然也包括從卡迪西亞進入的路線。他下令用鎖鏈將胡笙銬回庫法，迫使他宣誓效忠亞濟德。

但是這一回鎖鏈並未派上用場。連伍拜達拉的威嚇也無效。把胡笙一群人攔下來的百夫長名叫胡爾（Hurr）——亦即「生來自由」或「自由人」之意——彷彿是為了對得起這個名字，胡爾無法想像要對先知的孫子和他的家人使用武力。相反的，他擺出求和的姿態，倒轉盾牌接近胡笙。然後，和之前的許多人一樣，他試圖說服他，如果他不能向亞濟德宣誓效忠，至少應該返回麥加。

「不，以真主之名起誓，」胡笙的意志依舊堅如磐石，「我不會讓自己有機會成為蒙羞的人，也不會如奴隸一般逃跑。我不會承認亞濟德，我永遠不會讓尊嚴蒙羞。」胡笙高踞在他的馬鞍上，正氣凜然地向胡爾的人馬發表演說。這群人當中有不少當初還矢志要跟隨他對抗亞濟德。

「我這裡有兩只鞍囊，裝滿了你們給我的信，」他說，「你們的使者為我帶來你們的宣誓信。如果你們現在履行諾言，你們會得到正確的導引。我的生命將與你們的生命同在，我的家人與你的家人同在。如果你們違背了與我的約定，你將與命運失之交臂，名譽掃地，因為所有違背自己諾言的人，都將背離自己的靈魂。」

對於像亞濟德和伍拜達拉這樣的掌權者，他呼喊，「良知在人間已無處容身，過去的美好化為今日的苦難。你能坐視真理被棄如敝屣嗎？你能坐視謊言不再受到揭發嗎？若真得與如此無道暴君共存，生命於我實乃折磨，不如一死以求殉道。」

這一刻終於來了。「殉道」（*shahadat*），胡笙一直追尋的命運，而命運終於迎向了他。

殉道者

正如「奮戰」一詞有多重意涵一般，「殉道者」這個字的確切意涵也很微妙，然而我們很難辨別其真義，因為今天伊斯蘭殉道者的形象都是些自以為是、不容異己的自殺炸彈客，被他們犧牲掉的不只是自己的生命，更是全部的人性。事實上，雖然*shahadat*當然有「自我犧牲」之意，它同時也意味著「作見證」。在英文裡這個字也帶有雙重意義，因為「殉道者」（martyr）一詞正是源自希臘文中的「證人」（witness）。故而伊斯蘭教對信仰的宣告——等同猶太教中的祈禱書《聽啊，以色列！》（*the Shema Israel*）與基督教中的《主禱文》（the Lord's Prayer）——就被稱為*shahada*，即「作證」之意。正是殉道者和見證者的這種雙重角色，激發領導一九七九年伊朗革命的精神導師，徹底地扭轉胡笙之死的意義，將之定義為一種解放運動。

阿里・夏里亞提（Ali Shariati）幾乎不為西方人所知，但他多年來被視為伊朗人的偶像，與何梅尼（Ayatollah Khomeini）比肩。他不是神職人員，而是精通神學的社會學教授。曾在巴黎索邦大學（Université Paris-Sorbonne）受教育，博覽西方哲學和文學，並將沙特和法農的著作翻譯成波斯語，甚至還引介了切．格瓦拉進入伊朗。

他一方面融合了社會學和神學，一方面又藉助於雄辯滔滔的演講，創造出一種新的伊斯蘭人文主義，啟發了數以百萬計的人民。一九七〇年代初，他一度吸引了成千上萬的群眾圍繞他在德黑蘭的演講廳外，街道因而擁塞，他的聲音透過喇叭傳送，眾人屏氣凝神地聽著。他的演講內容甫出版就成為伊朗最暢銷的書。夏里亞提幾乎是以一人之力，賦予什葉穆斯林最重要的歷史事件一個全新的生命。學生和工人，教士與俗人，男人與女人，這些走上街頭推翻巴勒維王朝的人，以無比的渴望與熱情予以擁抱。

在一段他最著名的演講中，他讚揚胡笙是殉道者中最為純淨的典範。胡笙不願妥協，也拒絕保持沉默，並坦然接受死亡的後果，胡笙實現的是「意識中的革命」，遠遠超越其宥於特定歷史時空的細節，成為「永恆和超驗的現象」。夏里亞提試著將他的聽眾帶往七世紀，而且不需他明言現場聽眾就心照不宣，跨越千年的兩群人面臨的是同樣殘酷的暴政。

「胡笙沒有什麼可承繼的，」他說，「沒有一兵一卒，沒有一刀一劍，沒有財富，更沒有權力，沒有武力，甚至沒有受過良好組織的跟隨者。一無所有。伍麥亞家族占據了社會的每一吋基石。暴君獨攬大權，用刀劍、金錢或欺騙的手段強加於人民之上，人人敢怒不敢言。是非對錯由掌權者說了算，思想和觀念都受到政府爪牙監控。以宗教之名，老百姓的大腦被洗腦、填鴨、麻瘁，如果其中無一奏效，乾脆就直接施以屠戮。這就是胡笙當時面臨的權勢。」

「這個人體現了所有遭到毀滅的珍貴價值，象徵了所有遭遺棄的崇高理想。他出現時兩手空空，一無所有。伊瑪目胡笙如今在兩個不可為之間進退維谷，他既無法保持沉默，卻也不能戰鬥。他只剩下一個武器，那就是一死了之。如果他無法擊敗敵人，至少可以用自己的死亡來羞辱他們。如果他不能對抗掌權者，至少可以加以譴責。對他而言，殉道從來都不是損失，而是選擇。在自由聖殿的門前，他將壯烈犧牲，並取得最終的勝利。」

據夏里亞提所言，「殉道者」不僅僅是一種見證，更是一種啟示，揭露了壓制和壓迫、腐敗和暴政。胡笙從容赴義不再是一個結束，而是一個開端。此時此地，它正呼喚著人民挺身而出。

「殉道宛如烈火，」夏里亞提宣稱，「它創造了世上的光和熱，催生了運動，帶給人們願景和希望。殉道者以死一面抨擊壓迫者，一面聲援受壓迫者。在人民冰凍的心中，他賜予他們復活的鮮血與重生。」

這種犧牲不單單是為了伊斯蘭教，而是為了全人類、全世界。胡笙見證了「所有歷史中遭受壓迫的人民，他的精神與每一個時代、每一吋土地上所有為自由征戰、拚搏的人民長存。他一朝身死於卡爾巴拉，於是他得以在世世代代中復活。」

阿里・夏里亞提在一九七七年去世時不過四十四歲，兩年後他的許多學生為了推翻國王而在遊行中被槍殺。流亡英格蘭三週後，他因心臟病發作而去世。有人說，這是國王的特務長期以來多次的逮捕和審訊留下的後遺症。其他人認為，是情報人員暗中下了毒——可能是神不知鬼不覺的一針，如同穆阿維亞的醫生伊本—伍剎勒在十四個世紀前發明的穿腸毒藥。無論如何，對國王來說這一招為時已晚，夏里亞提已經把胡笙和他在卡爾巴拉的死亡轉化成熾熱的革命之火。

幾個世紀以來，胡笙的殉道一直是什葉穆斯林的中心典範，是善惡之間永恆戰鬥的縮影，但夏里亞提把它提升到了解放神學的高度。他改造了阿舒拉節，即對卡爾巴拉事件為期十天的紀念活動，將它從悲傷和哀悼之中抽出，賦予它希望和積極行動的意義。卡爾巴拉不再僅僅用於解釋壓迫，它更是激發人民起身對抗壓迫的精神泉源。夏里亞提最著名的行動主張將成為什葉派行動者的口號，被滿懷理想的年輕革命家在德黑蘭大街小巷反覆宣揚，當國王的部隊對人群陣陣掃射，他們仍然放聲高呼：「無時無刻不是阿舒拉，無處不是卡爾巴拉。」

最後一夜

胡笙已決意殉道，但胡爾也決意不做劊子手。但他面臨著可怕的矛盾：一邊是伍拜達拉下的命令，另一邊是他對胡笙的尊敬。這是「斗篷下的人」中最後一個仍然在世的成員，先知的孫子，他的血肉。即便胡爾不能讓他繼續朝庫法前進，他也不能攻擊他。

胡笙幫胡爾解決了他的困境，出乎意料，他將旅途轉向沒人想得到的方向——拒絕返回阿拉伯，也不前往庫法，而是往北。他領著他的一小隊人馬沿著沙漠邊的峭壁，俯瞰由幼發拉底河和底格里斯河沖積而成的巨大平坦谷地，胡爾和他的人馬騎行兩側，比起敵軍，更像是個護衛隊。薄暮之下，婦女和孩童又累又渴，胡笙下令在峭壁下方紮營，視野所見是一片由幼發拉底河的支流灌溉的田地和果園。這一天是星期三，穆哈蘭姆月的第一天，胡笙走到了他的終途，他將無法走得更遠。

兩個早晨後，穆哈蘭姆月的第三天，他們的營地被軍隊包圍。當伍拜達拉知曉胡爾居然任由胡笙北遁，而沒有逮捕他時，他從庫法派出了不下四千名騎兵和弓箭手，由一名以殘忍著稱的將軍帶領——如果胡爾無法達成任務，這個人絕對能行。

他叫胥姆爾（Shimr），他的名字註定要與穆阿維亞、亞濟德和伍拜達拉一起在什葉派的史冊上遺臭萬年。他接獲的命令再清楚不過，他得圍困胡笙的營地，切斷所有通往河邊的道路。在令人窒息的酷熱下，一滴水也不能通過這條線，乾渴將讓胡笙不得不屈服。

面對四千名訓練有素的士兵，七十二名戰士沒有一人逃跑。胡笙也不願意。現在，他已經到達他最終的歸宿，他和所有跟隨他的人將從特定時空中的歷史人物，昇華為永恆的英雄與聖徒。

無論是倖存者還是圍攻者都將口耳相傳他們未來七天的回憶，一連串淒美悲壯的事件隨之展開。他們的事跡如此驚人，彷彿滾滾沙漠還不足以承載這齣戲，即使無情的歷史也無法將其掩埋，而註定要流傳千古，迴盪在天地之間。雖然胥姆爾和他的四千兵士等著讓乾渴替他們下手，避免直接和胡笙的戰士正面衝突，不朽的名聲依然建立。前仆後繼，什葉派的英雄一一誕生。

在那個四面楚歌的營地中，先是胡笙的姪子嘎希姆（Qasim）迎娶了他的堂妹，即胡笙的女兒。即使他們都知道將會發生什麼，他們仍然歌頌著超越死亡的生命，超越眼前困厄的永恆未來。但這樁婚事未曾圓房，婚禮一結束，嘎希姆就自告奮勇去找敵人單挑。這是他的大婚之日；無人能拒絕他。他仍然穿著他的繡花禮服，走出帳外直衝胥姆爾的戰線。

「我們這隊有十個人，全都在馬背上，」一個胥姆爾的兵士記得，「一個全身白衣的年輕人向我們走來，手中握著劍。我們的馬圍著他奔跑跳躍，他很緊張，不斷左右張望。當他移動的時候，我看見兩顆珍珠還在他的耳朵上晃動，它們晃動的時間並不長，新婚的新郎被砍倒在地，婚禮的山盟海誓戛然而止。」

接下來是阿巴斯（Abbas ibn Ali），胡笙的同父異母弟弟，在他的鏈甲頭盔上插著兩根白鷺羽毛，這項殊榮向來只授予最勇敢的戰士。不忍心他們的孩童因為口渴而哭泣，為了尋找水源，他趁著夜色衝出封鎖線，在河裡裝滿了一只山羊皮囊，在折返時才遭遇伏擊。一夫當關，他一直戰鬥到他持劍的手被砍斷。在那一刻，他們說，他縱聲大笑，即使血不斷從他身上湧出。「這就是為什麼真主要給我們兩條手臂。」他宣稱，並繼續用另一隻手戰鬥，牙齒緊緊咬著山羊皮囊的脖子。但當他的另一隻手臂被砍斷時，勇氣再也無法支撐他。劍刺穿了他的心臟，也刺穿了山羊皮囊，被他的鮮血染紅的水潑灑在沙土之上。

第三位是胡笙的長子阿里・阿克巴爾（Ali Akbar），他尚未成年、稚氣未脫，但他堅持要出去單挑，他寧願戰死也不願渴死。「一個臉色如同月色一樣皎潔的小伙子向我們走來，」一個包圍住他的人說，「他一邊涼鞋上的帶子斷了，雖然我不記得是左邊還是右邊。我想是左邊。」

阿里・阿克巴爾被迅速砍倒時，胡笙「像隻鷹般飛撲過來」擁住垂死的兒子。這兩者的形象至今仍然在什葉派的海報上栩栩如生，救贖軍的領袖穆克塔達・薩德爾的海報也刻意模仿這個著名的姿態，托著他父親的屍體，即備受尊崇的神職人員穆罕默德・薩迪克・薩德爾（Muhammad Sadiq al-Sadr）。他和兩個較大的兒子，在一九九九年被海珊的爪牙殺害。

然而，更令人難忘的形象是胡笙尚在襁褓之中的兒子。他才不過三個月大，因為脫水而虛弱無比，再也哭不出聲音。胡笙自己絕望地從帳篷中走出來，把嬰兒抱在懷裡，讓所有敵人看見。他因為口渴而聲嘶力竭，請求胥姆爾的士兵憐憫這些孩子，至少讓他們喝點水。

「颼！」的一聲，一箭射中嬰兒的脖子，即使他還躺在胡笙伸出的手裡。

他們說，嬰兒的血從胡笙的指間流到地上，因為如此，他懇求真主的復仇。但這個故事被一次又一次地轉述，千百年來發展出自己的邏輯。當時，據說胡笙向上帝懇求的不是復仇，而是憐憫。「噢，真主，作我的見證，接受我的犧牲！」他說，嬰兒的鮮血抗拒了重力，又回到他的手裡，從來沒有落到地上。

接著來到最後一晚——阿舒拉節的前夕，穆哈蘭姆月的第十天——對什葉派來說，這個夜晚猶如基督教的「最後的晚餐」。胡笙乞求他那些倖存的跟隨者離開，留下他獨自面對命運的降臨。「各位，我在這裡解除你們對我的效忠，你們對我不再有義務。回家吧，在夜色的掩護下。趁著夜色騎上駱駝離開。這些亞濟德的人馬要的只是我一個人。如果他們抓住了我，他們不會再搜捕其他人。我求你們，為了你的家和家人離開吧。」

他們留下了。他們都因為長時間的乾渴而嘴唇浮腫、聲音嘶啞，他們發誓絕對不會離棄他。「我們會和你戰鬥到最後一刻，直到你抵達終途，」其中一個人宣布。而另一個人說：「以真主之名起誓，就算我知道我會被活活燒死、灰飛煙滅，然後再復活，重複一千次的受苦，我還是永遠不會離棄你。如果我現在面對的不過只是區區一次死亡，我怎麼可以離開？」

「那麼向真主祈求，請他寬恕，」胡笙說，「因為我們的末日將會在明天到來。」接著他說了面對死亡時說的伊斯蘭諺語：「我們來自真主，也必將回歸於祂。」

那是漫漫長夜，也是最後一夜，為了禱告和準備的夜晚。胡笙脫掉了他的鏈甲，穿上簡單的白色無縫長袍——他的裹屍布。他在碗裡溶化沒藥，用香膏為自己和他的跟隨者塗抹。所有的人都知道，他們和屍體一樣塗膏，為了死亡。

「淚水哽在我的喉嚨，我把它們嚥了下去，」胡笙的其中一個女兒仍然記得，「我靜默不語，知道最後的試煉已經降臨到我們身上。」

阿舒拉節

眼淚是會傳染的，這幾乎是自然規律。無論是在電影院，還是在現實生活中，人們努力壓抑同情的淚水，然後卻發現自己的視線早已模糊，戰鬥早已失守。

但對什葉派來說，沒有淚水需要被壓抑，眼淚是被鼓勵的。悲痛和哀傷是虔誠的象徵，不僅僅是對贖罪和恐懼的真情流露，更是一種以眼淚衡量的持久信念，眼淚自有其目的。

在阿舒拉節的前十天裡，一千四百年前卡爾巴拉的苦難會被鉅細靡遺地重現與回顧。這個故事對什葉穆斯林來說至關重要，日復一日、年復一年地流傳下來，不是寫在神聖的經文裡，而是由情感豐沛的記憶、傳誦和重演讓其栩栩如生、歷久彌新。

「受難劇」（*Taziya*）[2]年年在各處上演，就連奧伯拉瑪高[3]（Oberammergau）上演的中世紀基督受難劇都相形見絀，它的節奏肅穆莊重，台詞中較少對話，更多的是一連串的演講，但觀眾如痴如醉的程度，遠勝百老匯或倫敦西區劇院的表演。

每當穿著黑袍的亞濟德、伍拜達拉或胥姆爾一登臺，群眾便報以噓聲。新郎在赴死前與處女新娘的訣別，總是讓觀眾含淚叫好。而當胡笙抱著嬰兒站在敵人面前時，觀眾捶著胸口、嚶嚶哭泣，像是發生在自己身上，好像如果他們可以忍住哭泣，就能以某種方式避免悲劇。

但是受難劇的高潮，觀眾反應最熱烈的一幕，不是胡笙實際被殺死的那刻，而是他穿上白袍的時候。相對於已經發生的所有痛苦，這一刻——以西方的眼光來看，最不戲劇性的一刻——卻是穆斯林觀眾最難以承受的。死亡在即，胡笙卻出奇的平靜。面對犧牲，他求仁得仁。

阿舒拉節為期十天的紀念活動即將達到高潮。為了淚水和反思、悲痛和冥想，男人聚集在「胡笙之屋」（Husseiniya）——一個特別的大廳專門用於傳述卡爾巴拉的故事。女人群聚在另一個家，為胡笙的女兒和他的姪子嘎希姆搭建婚禮彩棚，在地上用絲綢緞帶裝飾，並撒滿花瓣，為結婚打造一個永遠用不上的婚床。[4]他們會延伸出另一個較小的彩棚，搭在搖籃上，為胡笙的嬰孩擺滿糖果和玩具。生活在二十一世紀的他們，祈求胡笙庇佑他們和他們的孩子，讓他們遠離毒品和暴力，以及任何危及生命的誘惑和危險。然後，他們哀悼，捶胸頓足，愈來愈快地拍打他們的臉頰，口中呼喊「胡笙、胡笙、胡笙……」，直到筋疲力竭。

所有的高潮都在第十天，也就是遊行的那一天。數百名男人和男孩在村莊中遊行，在城市中則有成千上萬。整個隊伍整齊劃一地捶打他們的胸膛。他們的手握著空拳，好在垂打肋骨時發出回音。而且每一步、每一擊都伴隨著「噢胡笙，噢胡笙……」。

每一次回聲都是肅穆的，且在幾哩遠的地方都能聽到，像復活節時大教堂的鐘聲一樣響亮。如果聽眾知道這是血肉之軀發出的聲音，就更加駭人了。

有些人表現的方式更劇烈。他們不是用拳頭捶打自己，而是用連枷鞭打自己，在每一段鏈子的盡頭，掛上一只小刀片。他們用力將連枷甩過左肩上，然後是右邊，一遍又一遍，直到他們的背鮮血淋漓。有些人甚至用刀割破自己的額頭，如注的血流和眼淚一起在臉上傾瀉。就算是最心如鐵石的旁觀者看了，心中都會充滿敬畏和驚駭。

在遊行過程中，人們舉著海報、大型花冠，以及綠色及黑色的絲綢旗幟——綠色代表伊斯蘭教，黑色代表哀悼。有些海報上繪著標準的胡笙畫像，他的頭巾優雅地落在肩上，其他則是專門用在阿舒拉節的胡笙畫像，他裸露的頭部微側，額頭上流淌鮮血，嘴因為痛苦而張大。他的頭像有若懸浮在空中，但也確實如此：它被高掛在長矛尖上。

每個隊伍的中心，是一匹無主的白馬。那是胡笙的馬，馬鞍上空無一人。

追隨者的眼淚

西元六八〇年十月十日，穆哈蘭姆月的第十天，太陽一如既往自東方升起。當日輪逐漸高掛，氣溫愈來愈熱，七十二烈士中的最後幾位逐一走出帳篷，慷慨赴死。到了正午，只剩下胡笙一個男人。

他向家族中的婦女訣別，騎上他的白馬「追隨者」（*Lahik*），他出了帳篷，面對他的命運。當他衝向敵方的陣線，敵方萬箭齊發，一箭接著一箭。馬的側腹上滿滿都是箭矢，但他仍然繼續向前。橫跨在馬背上，胡笙揮舞著劍，左衝右突，絲毫無視於他以一人之力挑戰對方的四千兵馬。「以真主之名起誓，我從來沒有見過像他這個樣子的打法，」胥姆爾手下的一個人回憶道，「步兵躲避他，就像山羊躲避直奔而來的狼。」

但久了就難以為繼。「你們還在等什麼？」胥姆爾朝他的士兵大喊。「你們這些四處撒尿的人的兒子！上前殺了他，不然讓你們的母親嚐嚐喪子之痛！」一支箭射向胡笙的肩膀，力氣大到把他拽倒在地，他們終於一擁而上。

當胡笙嚥下最後一口氣，他的身上共有三十三處刀傷和劍傷。即使這樣仍然不夠。彷彿試圖湮滅證據，他們在他和馬的屍體上刺了一刀又一刀。他們踐踏著先知的孫子，「斗篷下的人」五人中的最後一個，就這樣葬身在卡爾巴拉的塵土之下。

從那一刻起，遜尼派心目中的歷史，變成什葉派心目中的神聖不可侵犯的一段歷史，神聖的光環將永垂不朽。在最早的歷史紀錄中，沒有提到胡笙的三歲女兒舒凱娜如何在戰場上徘徊；沒有提到白馬如何落淚，更沒有提到突然出現的兩隻白鴿。但對於把阿舒拉看得如同自己性命一般的什葉穆斯林，誰能與他們爭辯？如同耶穌基督之受難，在胡笙受難的故事裡，細節總是慢慢地與日俱增。

最終，那些記得的人會描繪「追隨者」，阿拉伯種馬中最崇高的一匹，如何跪下，將牠的前額浸在主人的鮮血中，然後回到女人的帳篷，眼中泛著淚，哀痛欲絕地用頭撞擊地面。他們會形容兩隻鴿子怎麼飛下去，把翅膀浸在胡笙的鮮血中，然後飛向南方，先飛到麥地那，然後飛往麥加，告訴人們發生了天地同悲的慘劇。他們會說三歲的舒凱娜如何在戰場上徘徊，尋找她的父親，在被血浸透的屍體旁痛哭失聲。

時光荏苒，阿巴斯是否真的只用一隻手戰鬥、馬是否真的流下眼淚，或者鴿子是否真的從天上飛下來，都已經無關緊要。基於信仰與心理需求，它們必須如此。這些故事已經變得與白紙黑字的事實一樣真實，或許還更真實，因為它們具有如此深刻的意義。如同耶穌之死，胡笙的死亡超越歷史，成為「後設歷史」（metahistory），進入信仰和靈性的範疇，激發著人們的情感與虔敬之心。

悲傷家族

胥姆爾的人馬砍掉了胡笙與七十二烈士的頭。他們將大部分的頭顱掛在他們的馬脖子上，每一顆都證明了殺戮，確保他們回到庫法時，可以領到伍拜達拉的獎賞。但胡笙的腦袋被挑出來了，胥姆爾下令將之懸掛在長矛尖頂上，在他的軍隊前炫耀如同戰利品。這個場景就像當年《古蘭經》在錫芬如何遭到褻瀆，如今胡笙的頭顱也在卡爾巴拉遭逢同樣的命運。

胥姆爾沒有埋葬那七十二具無頭屍。相反的，他下令將他們留在沙漠中，任由鬣狗和狼群搶食。他把婦女和孩子用鏈條鎖上，逼迫他們長途跋涉前往庫法，在胡笙的頭顱之後踉蹌而行。他們一抵達總督宮殿，胥姆爾便把胡笙的頭顱扔在伍拜達拉面前的地上，伍拜達拉笑逐顏開，甚至用他的拐杖戳著頭顱，讓它在石磚地上翻滾。當先知的一個老門徒看到，他是如此震驚，他再也無法控制自己，顧不得有多危險。「拿開你的拐杖，以真主之名起誓！」他大吼，「我多常看到神的使者親吻這張現在被你褻瀆的臉！」老淚縱橫，老人一瘸一拐地走出大廳，在士兵阻擋他之前，最後一次說出自己的想法。

「一個奴隸賦予另一個奴隸的權力，並使人民成為他的財產，」他對外面的人民說。「你，阿拉伯人，今天之後都將是奴隸。你聽從那雜種總督的命令，殺了法蒂瑪的兒子。你的恥辱難以洗刷。讓那些接受恥辱的人毀滅吧！」

老人的忿怒和震驚讓大家深感慚愧。先知歸真還不到五十年，但如今他的男性家屬遭到屠殺，婦女受到羞辱。消息傳遍整個伊斯蘭世界，聞之者莫不羞忿難當。穆罕默德的家族有了一個新名字：「悲傷家族」（*Bayt al-Ahzan*）。

然而，在沙漠中這種不忍卒睹的死亡，如同六個多世紀前的十字架上那不忍卒睹的死亡，將證明這不會是盡頭，而不過是開端。

注釋

1　譯註：基督被猶大出賣被捕之地。

2　大多數的受難劇都是以十世紀時 al-Kashifi 寫的《殉教者的花園》（*Rawdat al-Shuhada*）為根據，相關討論可見 Halm 的 *Shi'a Islam* 與 *Momen* 的 *Introduction to Shi'i Islam*。亦可參見 Pinault 所著之 *Horse of Karbala*，引用了《殉教者的花園》和十七世紀時 al-Majlisi 所著的《光之海》（*Bihar al-Anwar*）。

3　譯註：奧伯拉瑪高是德國巴伐利亞邦的小鎮，因每十年演出基督受難劇聞名。

4　Ingvild Flaskerud 的拍攝的 *Standard-Bearers of Hussein* 紀錄片捕捉到了悼念卡爾巴拉的婦女的難得鏡頭。

第十四章

卡爾巴拉

從阿舒拉節屠殺到蓋達組織

即便國王可以用監禁、折磨和處決等種種苦痛來打壓政治異議人士，宗教語言則可以成為抗議和抵抗的工具。卡爾巴拉的故事對此來說正是個完美的載體，它打破了常規下的社會和經濟分界線，讓神職人員和世俗知識分子、自由主義者和保守主義者、城市馬克思主義者和受傳統約束的村民皆能有所共鳴。

苦難的倖存者

胥姆爾的如意算盤並沒有得逞，鬣狗和狼群沒有機會吞噬七十二烈士的殘骸。一等他帶走俘虜，附近村莊的農民便冒險出來，將他們妥善埋葬，並豎立墓碑。四年之後，朝聖者開始在大屠殺的周年紀念日前來，開啟之後每年數百萬人聚集之盛況的傳統。他們將這處長眠之所命名為卡爾巴拉，亦即「試煉與苦難之地」。

胡笙的頭顱會在許多地方長眠，它的存在與所發生的故事一起傳播開來。大多數人說，它被埋葬在大馬士革大清真寺的東牆邊，也有人認為是在開羅的愛智哈爾清真寺（Al-Azhar Mosque）靠近主要入口的一座陵墓裡。但也有說法是，它被迅速地送到亞塞拜然保管。更有人繪聲繪影地說，它被送回了卡爾巴拉。但比遺體更為重要的是，這個故事存活了下來，故事中的倖存者，包括了婦女、女孩，以及一個男孩，他們會繼續傳述這段故事。

阿里．柴恩．阿比丁（Ali Zayn al-Abidin），胡笙尚處於青少年階段的兒子，他從來沒有參加過戰鬥。當時他高燒不退，因此無法從他在女眷帳篷中的床起身。他被扔下，當他的朋友、他的親族，最後是他的父親慷慨赴死的時候，他只能無奈地躺臥在病榻上。所以，當胥姆爾和他的人馬突然衝入女眷帳篷看到他時，這個生病孱弱的男孩鐵定會是個顯而易見的目標。若非他的阿姨，也就是胡笙的妹妹宰娜卜（Zaynab），他肯定會死於胥姆爾的劍下。

「別讓魔鬼奪走你的勇氣。」胡笙在最後一晚告訴她。現在她展現了她無比的勇氣，用自己的身體護住她的姪子，奮力阻止胥姆爾的劍。「如果你要殺他，就得連我一起殺了。」她說。

冷血如胥姆爾，當然可以一劍殺死先知的孫女，但他卻下令讓這個男孩與其他女人一起被俘。為了保護胡笙唯一倖存的兒子，宰娜卜將付出更多代價，她會讓卡爾巴拉的精神永遠燃燒。當她被拴著鎖鏈、撕裂了衣服，剃光了頭髮，口中述說的悲痛將縈繞伊斯蘭世界幾個世紀，永不散去。

「噢，穆罕默德、穆罕默德，天上的天使可曾賜福於您！」她哭泣，「胡笙橫屍荒野，血跡斑斑、肢體四散。噢，穆罕默德！您的女兒成為囚犯，您的後裔遭到殺戮，東風揚起的塵土覆蓋了他們。」

毋須東風吹拂，伊拉克城中早已知道發生了什麼事，這是迷濛雙眼的沙塵暴的風，是試煉與苦難的風。

即使是胥姆爾的人馬，在聽到她這段話的時候亦有所悔悟，或者至少當中有些人如此聲稱。「以真主之名起誓，她讓每個朋友和每個敵人同聲哭泣。」一個人後來說。但就算士兵哭了，他們還是得服從命令。伍拜達拉讓俘虜在庫法遊街示眾，公開受辱，隨後連同被斬下的頭顱，一起送到遠在大馬士革的哈里發亞濟德的面前。

有人說那不是伍拜達拉，而是亞濟德自己，笑逐顏開地用拐杖戳著胡笙的頭顱，讓它在腳下的地上滾動。但大多數人的說法是，當宰娜卜要求他給個交代時，他的良心發現，並忿怒地咒罵胥姆爾和伍拜達拉「喪失了心智」。

無視於身上的鎖鏈、不能蔽體的衣物，從庫法穿越沙漠長途跋涉到此身上所沾染的塵土和水泡，她驕傲地站在伍麥亞朝哈里發的面前，大聲指責他。「你、你的父親、你的祖父都信服於我的父親阿里的信仰，我的兄弟胡笙的信仰，我的祖父穆罕默德的信仰，」她對他說，「但你們忝不知恥地抹黑他們，迫害你所信奉的信仰。」

聽到這裡，亞濟德涕淚縱橫，「要是我在現場，胡笙，你不會死。」他發誓，並下令讓這些俘虜如貴客般留在自己的家中。卡爾巴拉事件發生後的第四十天──這一天將成為什葉派的阿巴因節（*Arbain*），也就是「四十」的意思。他向婦女、女孩，還有那個倖存的男孩保證他會保護他們，並將他們護送回麥地那。

也許他還記得，穆阿維亞臨終前對他的諄諄告誡，「如果反叛確實發生，而且你也打敗他了，你得原諒他，因為他與先知有密切的親屬關係，並且絕對有權提出繼承哈里發的要求。」如果真是這樣，無奈為時已晚。什葉派辱罵他，即使是在遜尼穆斯林的記憶中，亞濟德也很難有更高的評價。卡爾巴拉的故事之後不過三年，他便一命嗚呼了，幾乎沒有人為此感到悲傷。當時他的軍隊正準備攻打麥加，因為在阿伊夏那位命運多舛的姊夫拜爾的兒子的領導之下，麥加人叛變了。而當亞濟德體弱多病的十三歲兒子在他身後僅僅六個月就翹辮子之後，大家就更不當一回事了。更確定的是，同樣沒有人會想悼念他的遠房堂兄瑪爾萬，他在亞濟德後繼無人之後自命為哈里發。伍斯曼和阿里在位時，他處心積慮地奪權，如今他終於實現了。諷刺的是，不到一年，他就被自己的妻子活活悶死。

自始至終，「卡爾巴拉精神」迅速地獲得源源不絕的力量。[1]七世紀時由倖存者口述的故事不僅不會失落在漫長的歷史中，反而會被歷代人士發揚光大，最終在二十世紀時重獲新生。

當代的卡爾巴拉

「宗教不可思議之處，在於它在人們的生活中能發揮完全相反的效果，」阿里．夏里亞提，這位名噪一時的演說家如是說，就是他奠定了一九七九年伊朗革命的理論基礎，「宗教可以讓人毀滅也可以讓人復活，可以麻痺人也可以喚醒人，可以奴役人也可以解放人，能教人順服也能教人起而反叛。」

何梅尼完全理解箇中涵義。與夏里亞提一樣，何梅尼認為我們可以從卡爾巴拉當中獲得啟發的太多太多了，是一座充滿情感、社會和政治意涵的深井，似乎會因時因地而無窮盡地擴大與轉化。即便國王可以用監禁、折磨和處決等種種手段來打壓政治異議人士，宗教語言則可以被引用為抗議和抵抗的工具。卡爾巴拉的故事對政治抗爭者來說正是個完美的載體，它的主題突破了常規下的社會和經濟分界線，讓神職人員和世俗知識分子、自由主義者和保守主義者、城市馬克思主義者和受傳統約束的村民，皆能有所共鳴。

一九七八年十一月，何梅尼在流亡法國時寫下這段話：「讓血染的阿舒拉之旗在普天之下飄揚，呼喚著受壓迫者向壓迫者復仇的那一天到來。」[2] 到了十二月十一日，也就是阿舒拉節當天，傳統的遊行被轉化成一個強大的政治武器。兩天以前，國王才在強烈的壓力下宣布解嚴，數百萬伊朗人在何梅尼的號召下上街遊行。「讓亞濟德去死！」的儀式性哭喊被換成了新的口號：「讓國王去死！」

四十天後的阿巴因節，何梅尼再次引用了卡爾巴拉精神，將國王部隊在街頭殺死的革命分子，比擬為一千四百年前被亞濟德軍隊屠殺的犧牲者。「我們殉道者的血繼承了卡爾巴拉殉道者的血，」他寫道，「為這一天組織偉大的遊行是我們的宗教和民族義務。」儘管戒嚴重新頒布，卡爾巴拉的故事再次成為大眾動員的手段。再一次，國王的軍隊開火，造就了更多的殉道者。當月月底，國王卻也不得不流亡海外。

革命已然成功，但更多人將之視為復仇。兩個月之內，伊斯蘭共和國（Islamic Republic）宣告成立，何梅尼宣布自己是最高領導人。自由派穆斯林和世俗知識分子如今驚訝地發現，他們曾經幫助煽動的宗教狂熱的另一面。革命讓位於神權國家，自由和正義讓位給伊斯蘭獨裁政府。數以千計曾經身為革命推手的世俗和自由主義者遭到監禁和處決。婦女消失在從頭到腳的面紗之後，甚至那些在德黑蘭街頭，曾經揹負著衝鋒槍、自稱是「宰娜卜的突擊隊員」的黑衣少女，很快就被指派了更多傳統義務，許多夏里亞提的主張很快就被宣布為違反伊斯蘭精神。他的圖像，過去曾經大量地在海報和郵票上與何梅尼並列，如今也從大眾視野中消失。

卡爾巴拉的故事仍然不斷上演，只不過受到更刻意的操弄。在一九八〇年代的兩伊戰爭中，數千名的伊朗男孩被綁上寫著「卡爾巴拉」的頭帶，被迫成為人肉掃雷機，他們一波接一波地被送到伊拉克雷區，一個接一個地被活活炸死。他們一面為伊朗部隊打通了道路，一面懷抱著絕望的信念，相信自己正邁向殉道者的天堂。為卡爾巴拉慟哭的歌手和演唱家，所謂「何梅尼的夜鶯」，在前線用歌聲鼓舞部隊要勇於犧牲。何梅尼在卡爾巴拉精神的推波助瀾下成功推翻了舊權力，控制了新權力，創造了奴役與順從，像阿里．夏里亞提曾經警告過的那樣。

但是，卡爾巴拉在伊朗展現出來的巨大威力，在其誕生之地卻沒有那麼容易掌控。在伊拉克，它不只迅速連結了過去和現在，更延續到未來。

後來的伊瑪目

胡笙的五個兒子中只有一個倖存。對於什葉派來說，這一個就夠了，他將是十二伊瑪目中的第四位。十二伊瑪目在什葉派世界中的海報上隨處可見，他們坐成以阿里為首的V字形。伊瑪目由父親傳給兒子，每個人都擁有神聖的智識和恩典。卡爾巴拉之後，什葉派相信他們都是被毒死的，最一開始是伍麥亞朝的哈里發所下的命令，接著是他們的繼承者阿巴斯朝哈里發的命令。也就是說，每一個都死於非命，除了最後一位，第十二位伊瑪目，他的臉隱藏在海報之中。或者該說，他的臉只是一片空白，彷彿是說他綻放著人類無法承受的神聖光輝。

事實上，第四、第五和第六位伊瑪目——胡笙唯一倖存的兒子、他的孫子，以及他的曾孫、奠定了什葉派神學基礎的賈俄法．剎迪各（Jaafar al-Sadiq）——據說都在麥地那活到高壽。然而，究竟他們是否死於毒藥算是一個信仰問題，而不是歷史考證問題。但顯而易見的是，一旦權力轉移到阿巴斯朝手中，能安享天年的什葉派伊瑪目數目大為減少。

阿巴斯朝在卡爾巴拉七十年後驅逐了伍麥亞家族，把哈里發從敘利亞帶回伊拉克。西元七六二年，他們在底格里斯河畔建造了宏偉的新首都，它被規劃成一個完美的圓，最初稱為「和平之城」（Medinat as-Salaam），雖然它很快就以巴格達之名為世界所知，也就是波斯語的「天堂的禮物」。

到了八世紀末，在充滿了傳奇色彩的哈倫．拉胥德（Harun al-Rashid）治下，穆斯林帝國從西班牙一直延伸到印度，巴格達成為藝術和科學蓬勃發展的中心。數學達到了空前的發展。事實上，「代數」（algebra）這個詞正是來自阿拉伯語。文學作品也如百花齊放，最引人注目的就是著名的《一千零一夜》。正如它的故事所說，它的背景就是「在哈倫．拉胥德的時代」。這本書的歷史背景有非常詳盡的記載。但對於什葉派而言，本書帶來了高昂的代價。

阿巴斯朝自稱是穆罕默德的叔叔阿巴斯的後裔，因而獲得什葉穆斯林的強力支持，最終奪取了權力。他們就算不是完全的先知家族，至少也不遠矣。但他們一掌權，就馬上扔下了什葉派的旗幟，什葉派不但因此而痛心疾首，還因為如何回應這個背叛而分裂。那些積極反阿巴斯朝的人，包括位於葉門的柴迪派（Zaydis），他們其中一些人認為伊瑪目只到第七位伊瑪目就結束了；以及伊斯瑪儀里派（Ismailis），他們起先相信甚至早在第五位時就結束了，並且披荊斬棘自己闖出一條路來。其中一個伊斯瑪儀里派分支繼續創立了法蒂瑪朝（Fatimid dynasty），在尼羅河畔建造了開羅城，在十世紀到十二世紀時統治埃及，而其他伊斯瑪儀里派則由「阿迦汗」（Aga Khan）[3]領導。但絕大多數的什葉穆斯林仍堅守十二伊瑪目的信仰，奉行他們立下的典範，更專心致力於宗教上，而非在政治上反對遜尼派的哈里發。

胡笙之後，所有的伊瑪目都迴避了政治參與，投身純粹的神學研究。似乎只要他們安安靜靜地遠在麥地那，伍麥亞朝的哈里發就可以當他們不存在，但是，他們的存在對阿巴斯朝產生了更大的威脅。因為他們直接承繼了穆罕默德的血統，這便顯示出阿巴斯朝的正當性有瑕疵。對阿巴斯朝的哈里發而言，伊瑪目恰恰是可能滋生反叛的潛在因子。因此，雖然伍麥亞朝可以放任他們在麥地那的生活，阿巴斯朝卻將他們嚴加看管。事實上，自第七位伊瑪目起，每個人都被帶往伊拉克，或鋃鐺下獄或遭軟禁，而且非常可能每個人都是中毒身亡。

建在伊瑪目陵墓上的金色圓頂雖然壯麗，但對西方人來說都很相似。阿里在納加夫的聖陵，以及胡笙和他的同父異母弟弟阿巴斯位於卡爾巴拉的雙子聖陵，吸引了最多的朝聖者，但是其他聖陵也同樣重要。在巴格達的哈濟米亞（Khadhimiya）聖陵包含了第七和第九位伊瑪目的陵墓。伊朗第二大城馬什哈德（Mashhad）有第八位伊瑪目禮札（Reza）的陵墓上。第十和第十一位伊瑪目則葬在薩馬拉的阿斯卡里亞聖陵，位於巴格達以北六十英里的底格里斯河畔。

阿斯卡里亞聖陵的名字反映了埋骨在此的兩位伊瑪目的命運。「阿斯卡里亞」（Askariya）來自於代表軍事要塞或軍營的單字，而且它剛好可以說是阿巴斯朝的「五角大廈」，也就是「薩馬拉」（Samarra）之意。第十和第十一位伊瑪目曾被軟禁在此，讓他們在字面上成為阿斯卡里亞——「關押在營地的人」（*askariya*）。

但是，阿斯卡里亞聖陵在什葉派教義中有更大的意義，因為薩馬拉軍營據什葉派的說法，是第十二位伊瑪目出生的地方。第十二位伊瑪目不只是穆罕默德通過法蒂瑪和阿里的純正血統留下的最後一任的繼承者，更是什葉派主流教義中最重要的救世主。

年復一年，什葉派年年慶祝他的生日，對他們來說，這一夜便等同於基督徒的聖誕夜，歡欣鼓舞的氣氛與哀痛欲絕的阿舒拉節剛好是鮮明的對照。這一夜被稱為「祝福和禱告的夜晚」，家家戶戶掛上氣球和一串串的彩色燈火，人們載歌載舞、鑼鼓喧囂，五彩碎紙和糖果灑落在街道上，煙火照亮天際。在這樣的一個夜晚，似乎祝福和禱告都能夠成真，因此在這個夜晚，什葉派信仰的方向不是朝著薩馬拉，第十二位伊瑪目的出生地，而是向著卡爾巴拉，他們相信他將會從那裡回來。在他身後一邊是胡笙，另一邊則是耶穌。

末日引導者

第十二位伊瑪目的名字是「末日引導者」穆罕默德（Muhammad al-Mahdi），亦即「神聖的領導者」。他還有許多其他的稱謂，例如「升起的人」（Al-Qaim）、「時代之王」（Sahib as-Zaman）、「被等候的人」（Al-Muntazar）。儘管如此，他最常被稱為末日引導者。[4]

據說，他是拜占庭皇帝遭俘虜的孫女與第十一位伊瑪目祕密婚姻中留下的唯一子嗣。他的出生被嚴格保密，以免遭到阿巴斯朝的毒手暗算。但是他的父親在西元八七二年歸真時，他只有五歲。為了確保這個男孩活下來，避免像他的先人一樣死於非命，主流的什葉穆斯林都相信，他躲進了薩馬拉之下的一個洞窟裡。

他沒有死在那個洞窟裡，而是進入了「隱匿期」（*ghrayba*），不只是形體上的，也是精神上的。這個字來自於天文學的「掩星」（occultation），指的是一個行星體經過另一個的前方，讓它從我們的視角上隱藏不見。日蝕或月蝕就是一種「隱匿」，太陽暫時被遮住了，但光芒依然可以從周邊照射出來。但更簡單的說法是，「隱匿」就是「隱藏」，這就是為什麼末日引導者常常被稱為「隱藏的伊瑪目」（the Hidden Imam）。

這種隱匿不是永久的，只是一種暫時的狀態。它不是缺席，只是暫時不在，並已經持續了一千多年。末日引導者只會在末日審判時再次現身，那時他將會重返，昭告一個和平、正義和戰勝邪惡的新時代來臨。

人們已經知曉了他重返的日期和月分——穆哈蘭姆月的第十天，也就是胡笙在卡爾巴拉壯烈犧牲的那一天。但是年分仍舊處於未知，而且正是因為未知，所以似乎每一年都有可能，尤其是在動盪不安的時代。

一份常被引用的十一世紀論文列出了末日引導者重返前的跡象和預兆，許多都很類似基督教中的末世異象——大自然以古怪和不祥的方式運轉，日蝕和月蝕發生在同一個月，太陽從西方升起，然後停止於高空，東方的星辰明亮如滿月，黑風、地震、蝗災等等。但自然界的混亂和失序只不過反映出人間的混亂和失序。[5]

異教徒會大行其道。烈火將從天空落下，燒毀庫法和巴格達。假冒的末日引導者四處竄起，相互攻訐，展開血腥的爭鬥。穆斯林將拿起武器，趕走異族的占領，重掌自身的家園。慘烈的戰爭會爆發，將整個敘利亞毀滅。

所有這一切或多或少在現代中東聽來格外地熟悉。伊朗人在一九七九到一九八〇年的革命中，掙脫了外國勢力的控制，先是將向來支持國王政權的美國人扣為人質，然後將其驅逐。在二〇〇三年美國入侵伊拉克期間，美軍轟炸巴格達時彷彿烈火從天而降，假冒的末日引導者在入侵所造成的權力真空中黨同伐異，殺得血流成河。敘利亞的巨大衝突很容易被視為是對以色列的反抗，其領土曾經是敘利亞以穆斯林為主的省分的一部分。

所以當何梅尼一方面擺出強烈反美的姿態，一方面宣布自己是末日引導者的代表、執行末日引導者的意志，以此作為權力合法性的基礎，距離他真的被信徒當作是重返人世間的末日引導者，就只不過是時間問題而已。現在已經無從得知誰開始謠傳他就是末日引導者，或許，來源不明向來是謠言的特質，但似乎可以合理推測他們肯定從既得利益方獲得了一些指導。既然，何梅尼已經被譽為「胡笙的繼承人」和「我們時代的胡笙」，那麼，要從第三位一躍而至第十二位伊瑪目，這當然並非難事。事實上，何梅尼將直接使用伊瑪目的頭銜，如同他是第十二任的當然繼承人。而且，雖然他從來沒有確認過謠言，但他也從來沒有否認。謠言直到在他在一九八九年過世後才逐漸沉寂下來，他依然仿效阿里和胡笙，葬在金色圓頂的陵墓中。

對第十二伊瑪目的狂熱還助長了一九八〇年代的兩伊戰爭。當時有好幾個夜晚裡，伊朗軍隊在戰場上醒來時，看到一個著長衫的人騎著白馬祝福他們。除了是末日引導者本人，這還有可能是誰？在這起事件中，神祕人物最後被證明不過是名專業演員，被派來造就出這個意象。但從來沒有人能確定，他們的出現究竟是真誠的致敬，或只是有心人士試圖操縱大眾的信仰。

當然，伊朗總統艾馬丹加（Mahmud Ahmadinejad）在二〇〇五年上任時，召喚末日引導者的方式並不帶有絲毫的憤世嫉俗。他完完全全的真心實意，這使他的一言一行更加令人惴惴不安。據他所稱，政府的施政將以盡快讓末日引導者重返為原則，這十分類似基督教基本教義派追求加速耶穌的二次降臨，以及猶太教基本教義派追求加速彌賽亞第一次的降臨。艾馬丹加似乎是在利用人們真誠的信仰，從中汲取資源，不只是他自己的，還包括別人的。但是，隨著他多年來一直使用「加速重返」的象徵主義，並將它與反美和反以色列的言辭聯繫起來，許多西方人開始擔心這種末世的影響，特別是想到伊朗的核武野心。

美國在二〇〇三年入侵伊拉克所造成的大混亂，彷彿讓末世更推近終點，因此激進的神職人員穆克塔達・薩德爾挑選「救贖軍」這個特別的名字，也就順理成章了。這個名字本身所呼喚的行動，遠遠超出薩德爾當初對外宣布的目標，即將伊拉克從美國占領中解救出來，以及與遜尼派極端主義的爭鬥。當他在二〇〇八年宣布他的主張的社會和政治綱領時，把這一切說得很清楚。它被稱為*Mumahdiun*，即「為末日引導者鋪路的人」。

但是，假若信仰可以為未來帶來希望，它當然也可以用來反抗這個希望。這發生在二〇〇六年二月，就在內戰似乎終於平息下來之時，有人在薩馬拉的阿斯卡里亞清真寺放置了爆裂物，最大的嫌疑人便是伊拉克的遜尼派極端主義組織蓋達。壯觀的金色圓頂坍塌，就此引發了什葉派報復和遜尼派反報復的惡性循環。雪上加霜的是，倖存於第一次爆炸的兩座黃金宣禮塔在隔年遭到炸毀。

伊拉克蓋達組織的目的再清楚不過。沒有哪一個什葉穆斯林會看不出這些大規模破壞的居心，因為阿斯卡里亞清真寺裡不僅有著第十位和第十一位伊瑪目的陵墓，還有蓋在「隱匿之井」（Bir al-Ghayba）之上的聖殿。隱匿之井就是第十二位伊瑪目躲藏的洞窟，他於此潛入，消失於世，直到他重返之日到來。

那個洞窟才是蓋達組織真正的目標。幾個世紀以來，胡笙在卡爾巴拉的聖陵早就被攻擊無數次了，最近的幾次來自於海珊的軍隊。攻擊這裡，攻擊的是什葉穆斯林的心臟。攻擊阿里在納加夫的聖陵，如同美軍在二〇〇四年想要將救贖軍從中驅逐時，攻擊的是什葉派的靈魂。然而，攻擊位於薩馬拉的阿斯卡里亞聖陵，觸犯的是更嚴重的罪行，攻擊的是末日引導者，即什葉派的希望和認同的精神象徵。對阿斯卡里亞聖陵的破壞不僅僅是針對過去，而是對現在，甚至是對未來的攻擊。

注釋

1　Momen, *Introduction to Shi'i Islam*，Michael Fischer 將其稱為「卡爾巴拉典範」。

2　參見 Khomeini, *Islam and Revolution*。

3　譯註：阿迦汗是什葉派中伊斯瑪儀里派領袖的稱號。

4　值得注意的是，*al-Mahdi* 一詞也見於遜尼派伊斯蘭，但不是指稱特定的人物。遜尼派用它來指稱理想的伊斯蘭領袖。事實上，幾個世紀以來，許多人都曾以此頭銜自稱。然而，在什葉派伊斯蘭中，末日引導者只有一個，也就是第十二位伊瑪目，別無第二人。

5　參見 al-Mufid, *The Book of Guidance*。關於救世主重返的預兆，可參見 Sachedina, *Islamic Messianism*。

第十五章

沒有盡頭的故事

莫忘先知的初衷

正如所有的信仰問題一樣，遜尼和什葉派的分裂總是會被當權者操弄以博取政治利益，數千年來皆是如此。近代西方勢力大規模介入後，伊斯蘭世界內部的分歧更不斷受外來勢力利用，和平之日看似遙遙無期……

二〇〇四年在卡爾巴拉發生的阿舒拉節屠殺，以及二〇〇六年對阿斯卡里亞聖陵的破壞等種種暴行，自然而然躍身為新聞報導的焦點，成為衝突升級的標誌。如同一千四百年前的事件，它們深深烙印在集體記憶中，在在確保了卡爾巴拉的故事難有盡頭，其意義與威力註定會隨著一次一次的新暴行而益發強大。

但命運從來不會被如此直截了當地註定。在胡笙歸真於卡爾巴拉的前後一百多年間，遜尼和什葉派的分裂已然成形，但當時的爭議主要是環繞在神學問題上，而非政治。廣大帝國治下有來自四面八方的各種種族，意味著中央集權遲早難以維持。到了九世紀，隨著阿巴斯朝認同的衰微，宗教和政治權威正逐漸成為漸行漸遠的兩端。在缺乏政治統一的情況下，宗教學者（*ulama*）成功建立一套跨越種族界線的伊斯蘭教義。即使到了今天有五分之四的穆斯林都不是阿拉伯人時，這套伊斯蘭共識依然有穩固的地位。

遜尼派和什葉派各自信奉的聖訓被匯整出來，其中的差異代表了不能同時為兩方接受的歷史記憶。他們傳述著同一段故事的不同版本，他們的分歧點不是七世紀時究竟發生了什麼事，而是其意義究竟是什麼。例如，在遜尼派看來，穆罕默德在「遷徙」時挑了阿布—巴克爾作為隨從，一起遷往麥地那，這就是他打算讓阿布—巴克爾繼承的證明。什葉派則將他在嘎迪爾呼姆的呼告，作為他指定阿里的證據。遜尼派尊重的是已然成形的歷史；什葉派尊重的則是他們認為應該如何成形的歷史，並且相信這段神聖史已經發生在另一個世界。

十世紀以降，遜尼派阿巴斯朝的哈里發幾乎成為傀儡。政治權力掌握在來自波斯東北的布伊朝（Buyids）。他們是堅定的什葉派信徒，並制定了我們今天知道的阿舒拉節儀式。巴格達對帝國的控制持續減弱，到了一二五八年，巴格達城已經無法抵擋成吉思汗之孫旭烈兀率領的蒙古鐵騎。昔日的偉大帝國分裂成許多混雜的地區性王朝，遜尼派和什葉派皆是如此。一直到兩個世紀之後，局勢才相對邁入穩定。如同中東曾經在拜占庭和波斯的統治下分裂，這次的分裂是位在土耳其的遜尼派奧斯曼帝國（Sunni Ottoman empire，採英文拼法則譯為鄂圖曼帝國）和波斯強大的薩法維朝（Safavid dynasty），也就是今天的伊朗，這讓什葉派就此成為國教。再一次，伊拉克成為中間地帶，雙方在那裡的交鋒和衝突最為激烈。

然而，除了伊拉克境內駭人的暴力事件——卡爾巴拉遭遇的攻擊不計其數，最凶殘的當數一八〇二年瓦哈比教派發起的，以及一八四三年土耳其軍隊發起的攻擊，當時城市五分之一的人口慘遭屠殺——大多數的什葉和遜尼穆斯林都傾向接受差異，而不是加劇差異。在日常生活中，他們有時甚至擁抱著差異。宗教學者永遠無法控制與官方常規相矛盾的大眾宗教習俗：阿里的崇拜在兩派都很常見，直到今日仍然如此。儘管遜尼派官方憎惡「偶像崇拜」，到聖地朝聖和向聖人祈求的禱告者仍然在兩派都大受歡迎。並且，即便阿舒拉節紀念有時會引發遜尼派的攻擊，但在大多數的時候，遜尼穆斯林會和他們的什葉派鄰居一起參與儀式。導致攻擊的原因大多不是信仰差異，而是受到當時政局的刺激。正如所有的信仰問題，不論是在現代美國及幾個世紀前的中東，遜尼和什葉派的分裂總是可以被當權者操弄以博取政治利益。

不論兩派在之前曾經取得過怎麼樣的均衡，隨著第一次世界大戰和隨後奧斯曼帝國的分裂，都徹底地崩潰了。西方的干預重新形塑了中東，而其作風往往是冒進不顧後果的。英國人授權瓦哈比教派的邵德家族接管了阿拉伯，在什葉派占大多數的伊拉克安插了一個外來的遜尼派國王，扶植同情納粹的禮薩．汗（Reza Khan）為伊朗國王。二戰後，美國接替英國主導中東事務。為了打贏冷戰，美國幫助策劃了推翻伊朗新選出的總理穆罕默德．穆沙迪各（Muhammad Mossadegh）的政變，並恢復了禮薩．汗之子禮薩．巴勒維（Shah Reza Pahlavi）的專制政權。在他的治下，伊朗第一次展現出對核能的渴望，而且是受到美國的鼓勵。歷任美國政府都支持瓦哈比教派控制的沙烏地阿拉伯，不僅僅是為了獲得石油，也是為了建造堡壘，對抗紅海對岸埃及納賽爾（Gamel Abdel Nasser）的親蘇聯政權。在一九八〇年代，美國與沙烏地阿拉伯和巴基斯坦合作，為反蘇聯的勢力提供資金，這群人就是阿富汗的「聖戰士」（*mujahidin*，亦即*jihad fighters*），或是雷根總統口中的「自由鬥士」。這個計畫的結果完全失控，因為他們後來就演變成塔利班（Taliban）的基礎。在同一個十年中，美國在兩伊戰爭中和雙方陣營都暗通款曲，一方面支持海珊以對抗伊朗在後革命時代激烈的反美主義，一方面也援助了伊朗，並因為「以武器換人質」的軍售醜聞而鬧得灰頭土臉。

這種橫柴入灶的政治干預助長了中東地區強烈的反西方主義，並成為今日遜尼派和什葉派激進主義的基礎。因西方操縱而興起的恐懼和忿恨，在伊朗文化評論家賈拉勒．艾哈邁德（Jalal Al-e-Ahmad）的暢銷著作中表露無遺，他一九六二年的作品《迷醉西方》（*Gharbzadegi*，即「西方主義」〔Occidentosis〕或「西方毒化」〔Westoxification〕的波斯語）視西方文化和經濟控制為致命的疾病，必須將其從伊朗一國與整個伊斯蘭文化中徹底根除。艾哈邁德的諄諄呼籲經由埃及激進思想家賽義德．古特卜（Sayyid Qutb）的轉化，跨越了什葉和遜尼派的分裂，形塑了現代伊斯蘭主義（Islamism）的根基。在一九六四年的著作《里程碑》（*Milestones*）中，古特卜寫道：「在塵世間建造真主的王國，並消滅人類的王國，意味要從非法僭越者的手中奪權，將其歸還真主。」他的話刻意呼應「只歸於真主」，這正是七世紀時刺殺阿里的出走派的口號。

無論是遜尼派還是什葉派的激進分子，都要求在二十世紀恢復七世紀的鬥爭傳統：一邊是卡爾巴拉的故事，一邊是反西方主義。到了一九八〇年代，這種呼籲對於親美的沙烏地阿拉伯政府來說相當危險，他們十分清楚，激進的遜尼派可能會把引爆伊朗革命的能量帶回阿拉伯來。他們的應對之道是透過金援給激進的伊斯蘭主義，將其活動疏導到國外，以緩和其在國內的影響。於是，沙烏地阿拉伯成為瓦哈比極端主義與激進反什葉立場的主要出口者，從非洲一直到印尼，以對抗因為伊朗革命而興起的什葉認同與勢力，即所謂的「什葉派復興」（Shia revival）。[1]遜尼和什葉派的對立再次如其分裂之初一般，因為政治而激化。

在這樣的對抗中，遜尼派似乎占據明顯的優勢，因為什葉派只占全世界所有穆斯林中的百分之十五。但是，只看數字可能造成誤判，在中東的伊斯蘭中心地區，什葉派人數接近百分之五十，這裡是石油存量最豐富的地方——伊朗、伊拉克和波斯灣沿岸，包括沙烏地阿拉伯東部——什葉派在這裡是大多數。只要石油一日主導了世界經濟，他們可能導致的風險將如同在穆斯林帝國高峰時一樣大。七世紀時的主要問題再次浮現——究竟應該由誰領導伊斯蘭世界？這個問題如今升高到了國際的層次。在這個戰場上，過去是阿里和穆阿維亞的角力，如今則是什葉伊朗和遜尼沙烏地阿拉伯之間的水火不容，為了伊斯蘭世界的影響力和政治領導相互競爭，而受害最深的是伊拉克的城市和阿富汗與巴基斯坦的山區。

在數以千計的美軍命喪伊拉克和阿富汗之後，美國終於認識到西方人這樣干預中東事務只會害了自己，尤其是許多中東人懷疑西方勢力是為了自身的利益，刻意在什葉和遜尼派的分裂問題上火上加油。二〇〇三年入侵伊拉克所造成的混亂，對美國而言只是一個意外，但對伊拉克而言並非如此。「侵略者分化了我們，」正如二〇〇七年薩德爾所宣稱的，「團結帶來力量，分裂害我們任人宰割。」

千年前的伊斯蘭內戰如今又有了新的一層意涵，而且更加可惡：伊斯蘭的敵人刻意利用伊斯蘭內部的矛盾衝突，好讓穆斯林發生內訌，藉此漁翁得利。

當然，這種看法可能高估了西方國家對伊斯蘭內部事務的瞭解，但是如果西方確實曾經試圖利用過兩派的分裂，這樣的居心絕對只會反噬他們。這在現今的局勢中已經表露無遺，若是有人妄想可以干預遜尼和什葉派的分裂，還能毫髮無傷地全身而退，這絕對只是癡心妄想。我們大可推測，如果當年的小布希政府明白卡爾巴拉這個地方曾經發生過的事，美軍就絕不可能會部署在納加夫和卡爾巴拉幾百哩之內的地方。但，這當然也不過是後見之明。七世紀時的亞濟德如此，二十一世紀的喬治．布希亦然，歷史往往造就於輕忽大意之間。

在將近一個世紀的干預失敗之後，西方人終於明白必須回過頭去理解遜尼和什葉分裂的嚴重性，並認真搞清楚其來龍去脈。卡爾巴拉故事之所以能歷久彌新、愈演愈烈有非常複雜的歷史與文化因素，但最重要的是牽扯到的道德問題——理想主義與實用主義的衝突、宗教信仰與政治妥協的矛盾等等。一連串的難題既考驗著政治，也磨練著信仰，更經常在兩者交匯之處，激盪出驚濤駭浪。但是，無論是相信神性流傳在先知家族的血液裡的什葉派，還是相信神性蘊含在整個穆斯林社群裡的遜尼派，西方人都絕對不能忘記，統一伊斯蘭教兩大派系的遠遠大於能分裂他們的，而且絕大多數的穆斯林仍然珍視穆罕默德本人所宣揚的統一理想——一個愈是破碎愈是被緊緊擁抱的理想。

注釋

1 最值得注意的可見Nasr, *The Shia Revival*。

謝辭

本書緣起自我與作家強納森・魯班（Jonathan Raban）的一系列對話，我萬分感激他對這本書的持續關注，以及他對本書草稿許多細膩、敏銳的評論。

我同時得感謝英國牛津大學勞德紀念講座的阿拉伯語教授（Laudian Professor of Arabic）韋佛・麥德隆（Wilferd Madelung）早先對我的鼓勵，以及挪威特浪索大學（University of Tromsø）和平研究中心的英維爾德・普拉斯克拉德（Ingvild Flaskerud）慷慨地分享她的研究。

我還要向藍燈書屋的史蒂芬・魯賓（Stephen Rubin）致上深深的謝意，感謝他的全力支持。感謝我的編輯雙日出版社（Doubleday）的克里斯・普歐普洛（Kris Puopolo）對這本書的熱愛和她作為編輯敏銳無比的慧眼。以及，一如既往，感謝我的摯友兼經紀人葛麗亞・盧米斯（Gloria Loomis）。

最重要的，我要感謝一個我從未見過、也絕不可能得見的人，他是著名的伊斯蘭史家塔巴里，西元九二三年逝世於巴格達。要是沒有他的巨著，我絕對無法動筆寫下這本書。

參考資料

早期伊斯蘭史料

我最為倚重的史料來源是塔巴里，他是穆斯林世界中公認最負盛名且最具權威性的早期伊斯蘭史家。他的不朽之作《先知和國王的歷史》以聖經人物和先知為伊始，續以古波斯的傳奇與歷史事實，最後轉移至從伊斯蘭教初興一直到十世紀早期伊斯蘭世界的浩瀚歷史。這本巨作已經譯成英文，這是一個宏大的工程，由總編輯額桑・雅沙特爾（Ehsan Yar-Shater）領軍，在一九八五至一九九九年間出版成三十九卷的《塔巴里的歷史》（*The History of Tabari*）。特定的幾卷如以下所註。除非我有特別註明，塔巴里都是這本書中所有直接引用和對話的出處。

《先知和國王的歷史》的內容既深且廣，文采也極為出眾。塔巴里是在巴格達的阿巴斯朝首都生活和寫作的遜尼派學者。他的全名是阿布—賈方・穆罕默德・伊本—賈利爾・塔巴里（Abu

Jafar Muhammad ibn Jarir al-Tabari），因為他出生於裏海南岸的塔巴里斯坦（Tabaristan），並以簡稱塔巴里為人所知。他的巨作包羅萬象，讓遜尼派的極端主義分子懷疑他可能有「什葉派同情」。他廣泛使用口述歷史，足跡遍布帝國，詳細將訪談記錄下來，並將之仔細記錄成文件，使傳述鏈十分清晰，他總是能追溯到相關事件的目擊者。因此，《先知和國王的歷史》具備即時性，西方人往往傾向不會將之與古典歷史聯繫在一起。那段從七世紀開始的聲音——不僅是被採訪的人，還有那些他們談論的人，他們經常會一字不差地引用他們的話——似乎是直接對讀者說話。結果是如此生動，你幾乎可以聽出他們的語調變化，看到他們說話時的手勢。相比之下，所有其他早期的伊斯蘭歷史似乎有點乾澀。

塔巴里將這些口述紀錄與早期的書寫歷史相結合，他清楚意識到他是踩在先人的足跡之上。他的筆法忠實且精湛，因此其作品很快就取代了一些他使用過的史料，使後者不再被人們複製和保存。例如，他詳細描述了六八〇年卡爾巴拉發生的事情，絕大部分是基於《謀殺胡笙之書》（*Kitab Maqtal al-Hussein*），由庫費．阿布－米赫納夫（Kufan Abu Mikhnaf）在卡爾巴拉事件發生的五十年後寫下，其使用了許多一手目擊者的紀錄，包括胡笙唯一倖存的兒子。

對於喜愛中東敘事風格的人來說，閱讀塔巴里極為享受，雖然對於習慣於緊密結構和清晰作者觀點的西方讀者而言，起初讀來可能會覺得手足無措。有時候，同一個事件或對話，可能會由超過十幾個觀點來傳述，並且敘述的脈絡可能會在時間軸上不斷來回擺盪，每個單獨的敘述都會被加進前一段敘述中，但是從另一個稍微相異的角度予以呈現。多重聲音的使用創造了近乎後現代的效果。首先似乎缺乏結構，但是慢慢地會自己揭示，最後成為一棟結構完整的宏偉大廈。

考慮到他的成書方式，那麼絲毫不需要驚訝於現今書中引用的對話，在《先知和國王的歷史》中會被多次提及，因為這便是由許多不同的目擊者和史料重新編纂而成。雖然這些紀錄中大體的趨勢多半相同，但措辭顯然會因為傳述者不同，而著重於不同的細節：一個人記得這個細節，另一些人則記得別的。我決定引用多重觀點中的哪一個，只有一個標準，那就是力求清晰，避免過分修飾和處理的版本，只求更清晰、更直接的版本，選擇更具一般性的細節。

而當《先知和國王的歷史》中出現不同來源對於同個事件的衝突版本，我會標記出差異，並遵循他的範例，不下判斷。「我在這裡提到的一切，」他開宗明義寫道，「我只倚靠我確認過的既定『書面』報告，以及我能按名索驥找到傳述者的『口述』紀錄……知識只能從報告者和傳述者的口述中獲得，而不是通過理性演繹或憑藉直覺的推論來獲得。並且，若是我們在本書中提到過去某些特定人士的任何報告，讀者覺得反感，或是聽者覺得遭受冒犯……他應該明白，這並不是因為我們的紀錄，而是由於其中一個人把它傳達給我們，而我們只是以他告訴我們的方式來呈現它。」

我特別大量使用以下幾卷：

The Foundation of the Community, tr. and annotated W. Montgomery Watt and M. V. McDonald, Vol. VII. Albany: State University of New York Press, 1987.

The Victory of Islam, tr. and annotated Michael Fishbein, Vol. VIII. Albany: State University of New York Press, 1997.

The Last Years of the Prophet, tr. and annotated Ismail K. Poonawala, Vol. IX. Albany: State University of New York Press, 1990.

The Crisis of the Early Caliphate, tr. and annotated R. Stephen Humphreys, Vol.XV. Albany: State University of New York Press, 1990.

The Community Divided: The Caliphate of Ali, tr. and annotated Adrian Brockett, Vol. XVI. Albany: State University of New York Press, 1997.

The First Civil War: From the Battle of Siffin to the Death of Ali, tr. and annotated G. R. Hawting, Vol. XVII. Albany: State University of New York Press, 1996.

Between Civil Wars: The Caliphate of Muawiyah, tr. and annotated Michael G. Morony, Vol. XVIII.

Albany: State University of New York Press, 1987.

The Caliphate of Yazid b. Muawiyah, tr. and annotated I. K. A. Howard, Vol. XIX. Albany: State University of New York Press, 1990.

穆罕默德最早的傳記是由伊本・易斯哈格所記錄，他的《上帝使者的生平》（*Sirat Rasul Allah*）是先知之後所有傳記的基礎。與塔巴里這本巨作一樣，整個穆斯林世界都公認其為權威之作。塔巴里也大量地引用本書，以建構自己對穆罕默德生平的敘述。

伊本・易斯哈格於七〇七年出生於麥地那，七六七年逝世於巴格達。他的原稿已經散佚，因此它被巴斯拉出生的歷史學家伊本・希夏姆（Ibn Hisham）的擴展和註釋版本所取代，他在埃及生活和工作。伊本・希夏姆版本的《上帝使者的生平》已經有英譯本：*The Life of Muhammad: A Translation of Ibn Ishaq's Sirat Rasul Allah*, tr. Alfred Guillaume (Oxford: Oxford University Press, 1955)。

也需特別留意另外兩名早期的伊斯蘭史家。巴拉祖里的巨作是對塔巴里的補充。巴拉祖里（Ahmad ibn Yahya al-Baladhuri）出生在波斯，生活和工作於巴格達，並於八九二年逝世於巴格達。他的《土地征服之書》（*Kitab Futuh al-Buldan*）由Philip Hitti和Francis C. Murgotten翻譯成

The Origins of the Islamic State (New York: Columbia University Press, 1916–24)他的《貴族世系》（*Ansab al-Ashraf*）涵蓋了早期哈里發的統治時期，並包含數以千計的傳記概要，至今尚未有英譯本。

伊本—薩阿德（Muhammad ibn Saad）是伊斯蘭早期主要人物傳記的最早編纂者，他的巨作為之後的史家提供了經驗證過的主要史料，也包括塔巴里。他於七六四年生於巴斯拉，之後定居於巴格達，八四五年逝世於此。他的九卷《偉大世代》（*Kitab al-Tabaqat al-Kabir*）的節選內容可見*The Women of Madina*, tr. Aisha Bewley (London: Ta-Ha Publishers, 1995)，以及*The Men of Madina*, tr. Aisha Bewley (London: Ta-Ha Pub- lishers, 1997)。

我使用了三種英文版本的《古蘭經》（我使用「版本」、而不是「翻譯」一詞，因為伊斯蘭教的一個基本原則是，《古蘭經》作為神的話語而不能翻譯，只能用其他語言「說明」）：

The Koran, tr. Edward H. Palmer. Oxford: Clarendon Press, 1900.

The Koran Interpreted, tr. A. J. Arberry. New York: Macmillan, 1955.

The Koran, tr. N. J. Dawood. London: Penguin, 1956.

當代史料

本書要特別感謝以下學者的著作，這裡分之以不同的專業領域。

早期哈里發

Wilferd Madelung的*The Succession to Muhammad: A Study of the Early Caliphate* (Cambridge: Cambridge University Press, 1997)是對阿布—巴克爾、伍瑪爾、伍斯曼和阿里幾位哈里發的權威研究，基於對原始史料的仔細研讀。廣泛且引人注目的評述，是著重於阿里對繼承的想法。

Marshall G. S. Hodgson的*The Venture of Islam: Conscience and History in a World Civilization*是對伊斯蘭文明的歷史發展的研究，共有三卷，涵蓋為數眾多的時間斷限圖表。*The Classical Age of Islam*, Vol. 1 (Chicago: University of Chicago Press, 1961)涵蓋了穆罕默德的興起到九四五年。

W. Montgomery Watt的*The Formative Period of Islamic Thought* (Edinburgh: Edinburgh University Press, 1973)考證伊斯蘭教中從出走派到建立遜尼派的發展。

什葉伊斯蘭

S. H. M. Jafri的*The Origins and Early Development of Shi'a Islam* (London: Longman, 1979)細膩且帶有深切同情地考證了什葉派歷史，以及從穆罕默德時代到十二伊瑪目的神學。

Vali Nasr的*The Shia Revival: How Conflicts Within Islam Will Shape the Future* (New York: Norton, 2006)針對二十世紀什葉和遜尼派衝突，以及邁入二十一世紀之後的衝突，提出了極為傑出且具有高度可讀性的概觀。

Moojan Momen的*An Introduction to Shi'i Islam: The History and Doctrines of Twelver Shi'ism* (New Haven: Yale University Press, 1985)比人們所預期的「入門介紹」更為詳細，並且特別有助於對什葉派神學的理解。

伊朗革命

人類學家Michael M. Fischer的著作皆十分重要，特別是*Iran: From Religious Dispute to Revolution* (Cambridge: Harvard University Press, 1980)，和文章"The Iranian Revolution: Five Frames for Understanding," in *Critical Moments in Religious History*, ed. Kenneth Keulman (Macon, Ga.:

Mercer University Press, 1993)，以及與Mehdi Abedi合著的*Debating Muslims: Cultural Dialogues in Postmodernity and Tradition* (Madison: University of Wisconsin Press, 1990)。

Nikki Keddie的*Modern Iran: Roots and Results of Revolution* (New Haven: Yale University Press, 2003)絕對是必讀之作，幾乎所有必讀的文章都收錄在Keddie編輯的選集中：*Religion and Politics in Iran: Shi'ism from Quietism to Revolution* (New Haven: Yale University Press, 1983)。

阿里．夏里亞提（Ali Shariati）的演講內容翻譯可見www.shariati.com。他最具影響力的演講已經被翻譯成英文出版：*What Is to Be Done: The Enlightened Thinkers and an Islamic Renaissance* (Houston: Institute for Research and Islamic Studies, 1986)及*Red Shi'ism* (Teheran: Hamdani Foundation, 1979)。他對於胡笙和殉道的演講，可見*Jihad and Shahadat: Struggle and Martyrdom in Islam*, ed. Mehdi Abedi and Gary Legenhausen (North Haledon, N.J.: Islamic Publications International, 1986)。

阿舒拉節儀式和卡爾巴拉圖像

Peter J. Chelkowski編輯的*Ta'ziyeh: Ritual and Drama in Iran* (New York: New York University Press, 1979)對卡爾巴拉受難劇的內容和涵義皆提供了寶貴的見解。Chelkowski和Hamid Dabashi

所著的*Staging a Revolution: The Art of Persuasion in the Islamic Republic of Iran* (New York: New York University Press, 1999)對伊朗革命和隨後兩伊戰爭中使用的集體符號，提出了絕佳的視覺調查和分析。

David Pinault提出了當地人對卡爾巴拉故事的情感和神學力量的認識，可見*The Shiites: Ritual and Popular Piety in a Muslim Community* (New York: St. Martin's Press, 1992)及*Horse of Karbala: Muslim Devotional Life in India* (New York: Palgrave, 2001)。

Kamran Scot Aghaie對什葉派符號使用和儀式的細膩研究可見*The Martyrs of Karbala: Shi'i Symbols and Rituals in Modern Iran* (Seattle: University of Washington Press, 2004)及*The Women of Karbala: Ritual Performance and Symbolic Discourses in Modern Shi'i Islam* (Austin: University of Texas Press, 2005)。

阿伊夏

Nabia Abbott的*Aishah: The Beloved of Muhammad* (Chicago: Univer- sity of Chicago Press, 1942)是英文書寫的傳記經典，使用了最早期的伊斯蘭歷史，特別是塔巴里、伊本—薩阿德和巴拉祖里的著作。

Denise A. Spellberg的*Politics, Gender, and the Islamic Past: The Legacy of Aisha bint Abu Bakr* (New York: Columbia University Press, 1994)詳細探索了幾個世紀以來，各種對阿伊夏的理解和詮釋，正面與負面的評述皆有之。

以下是其餘書籍的參考書目精選，對於特定細節和一般背景都格外有用。

Ahmed, Leila. *Women and Gender in Islam*. New Haven: Yale University Press, 1992.

Ajami, Fouad. *The Vanished Imam: Musa al Sadr and the Shia of Lebanon*. Ithaca: Cornell University Press, 1986.

——. *The Foreigner's Gift: The Americans, the Arabs, and the Iraqis in Iraq*. New York: Free Press, 2006.

Akhavi, Shahrough. "Shariati's Social Thought." In *Religion and Politics in Iran*, ed. Nikki Keddie. New Haven: Yale University Press, 1983.

Al-e Ahmad, Jalal. *Occidentosis: A Plague from the West*, tr. R. Campbell from the 1962 Farsi Gharbzadegi. Berkeley: Mizan Press, 1984.

Allen, Charles. *God's Terrorists: The Wahhabi Cult and the Hidden Roots of Modern Jihad*. Cambridge: Da Capo, 2006.

Al-Mufid, Shaykh. *The Book of Guidance into the Lives of the Twelve Imams*, tr. I. K. A. Howard of Kitab al-Irshad. London: Muhammadi Trust, 1981.

Arjomand, Said Amir. *The Shadow of God and the Hidden Imam: Religion, Political Order and Societal Change in Shi'ite Iran from the Beginning to 1890*. Chicago: University of Chicago Press, 1984.

Aslan, Reza. *No God but God: The Origins, Evolution, and Future of Islam*. New York: Random House, 2005.

Ayoub, Mahmoud. *Redemptive Suffering in Islam: A Study of the Devotional Aspects of Ashura*. The Hague: Mouton, 1978.

Beeman, William O. "Images of the Great Satan: Representations of the United States in the Iranian Revolution." In *Religion and Politics in Iran*, ed. Nikki Keddie. New Haven: Yale University Press, 1983.

Berkey, Jonathan P. *The Formation of Islam: Religion and Society in the Near East, 600–1800*. Cambridge: Cambridge University Press, 2003.

Cockburn, Patrick. *Muqtada: Muqtada al-Sadr, the Shia Revival, and the Strug- gle for Iraq*. New York: Scribner, 2008.

Cole, Juan. *Sacred Space and Holy War: The Politics, Culture and History of Shi'ite Islam*. London: I. B. Tauris, 2002.

——. Ongoing informed commentary on Middle Eastern politics at www.juancole.com.

Cole, Juan, and Nikki Keddie, eds. *Shi'ism and Social Protest*. New Haven: Yale University Press, 1986.

Cook, David. *Understanding Jihad*. Berkeley: University of California Press, 2005.

Crone, Patricia, and Martin Hinds. *God's Caliph: Religious Authority in the First Centuries of Islam*. Cambridge: Cambridge University Press, 1986.

Dodge, Toby. I*nventing Iraq: The Failure of Nation Building and a History Denied*. New York: Columbia University Press, 2003.

Enayat, Hamid. *Modern Islamic Political Though*t. London: I. B. Tauris, 2005.

Flaskerud, Ingvild. *Standard-Bearers of Hussein: Women Commemorating Karbala*. DVD for academic and research distribution only. ingvildf@sv.uit.no, University of Tromsö, 2003.

Geertz, Clifford. *Islam Observed: Religious Development in Morocco and Indonesia*. Chicago: University of Chicago Press, 1968.

——. *The Interpretation of Cultures: Selected Essays*. New York: Basic Books, 1973.

Grant, Christina Phelps. *The Syrian Desert: Caravans, Travel and Exploration*. London: A. and C. Black, 1937.

Halm, Heinz. *Shi'a Islam: From Religion to Revolution*. Princeton: Markus Wiener, 1997.

Heck, Gene W. "Arabia Without Spices." In *Journal of the American Oriental Society*, vol. 123. 2003.

Hegland, Mary. "Two Images of Husain: Accommodation and Revolution in an Iranian Village." In *Religion and Politics in Iran*, ed. Nikki Keddie. New Haven: Yale University Press, 1983.

Hjarpe, Jan. "The Ta'ziya Ecstasy as Political Expression." In *Religious Ecstasy*, ed. Nils G. Holm. Stockholm: Almqvist and Wiksell, 1982.

Hourani, Albert. *A History of the Arab Peoples*. Cambridge: Harvard University Press, 1991.

Humphreys, R. Stephen. *Islamic History: A Framework for Inquiry*. Minneapolis: Biblioteca Islamica, 1988.

——. *Mu'awiya ibn Abu Sufyan: From Arabia to Empire*. Oxford: One World, 2006.

Kennedy, Hugh. *The Prophet and the Age of the Caliphates: The Islamic Near East from the Sixth to the Eleventh Century*. London: Longman, 1986.

——. *The Great Arab Conquests: How the Spread of Islam Changed the World We Live In*. Cambridge: Da Capo, 2008.

Kenney, Jeffrey T. *Muslim Rebels: Kharijites and the Politics of Extremism in Egypt*. Oxford: Oxford University Press, 2006.

Khomeini, Ruhollah. *Islam and Revolution: Writings and Declarations of Imam Khomeini*, tr. Hamid Algar. Berkeley: Mizan Press, 1981.

Kurzman, Charles. *The Unthinkable Revolution in Iran*. Cambridge: Harvard University Press, 2004.

Lammens, Henri. "Fatima and the Daughters of Muhammad." In *The Quest for the Historical Muhammad*, ed. Ibn Warraq. Amherst: Prometheus Books, 2000.

Levey, Martin. *Early Arabic Pharmacology*. Leiden: E. J. Brill, 1973.

——. *Medieval Arabic Toxicology: The "Book on Poisons" of Ibn Wahshiya and Its Relation to Early Indian and Greek Texts*. Philadelphia: American Philo- sophical Society, 1966.

Lewis, David Levering. *God's Crucible: Islam and the Making of Europe*. New York: Norton, 2008.

Mernissi, Fatima. *The Veil and the Male Elite: A Feminist Interpretation of Women's Rights in Islam*. New York: Basic Books, 1991.

——. *The Forgotten Queen of Islam*. Oxford: Oxford University Press, 1993. Moin, Baqer. *Khomeini: Life of the Ayatolla*h. New York: Thomas Dunne, 1999.

Morony, Michael G. *Iraq After the Muslim Conquest*. Princeton: Princeton Uni- versity Press, 1984.

Motahhary, Morteza. *The Martyr*. Houston: Free Islamic Literatures, 1980.

Mottahedeh, Roy. *The Mantle of the Prophet: Religion and Politics in Iran*. Oxford: One World, 1985.

Musil, Alois. *The Middle Euphrates: A Topographical Itinerary*. New York: Amer- ican Geographical Society, 1927.

——. *The Manners and Customs of the Rwala Bedouins*. New York: American Geographical Society, 1928.

Nakash, Yitzhak. *Reaching for Power: The Shi'a in the Modern Arab World*. Princeton: Princeton University Press, 2006.

——. *The Shi'is of Iraq*. Princeton: Princeton University Press, 1994.

Packer, George. *The Assassins' Gate*. New York: Farrar, Straus and Giroux, 2005.

Pelly, Lewis. *The Miracle Play of Hasan and Hussein, Collected from Oral Tradition*. London: W. H. Allen, 1879.

Qutb, Sayyid. *Milestones* [Ma'alim f 'il-Tariq, 1964]. Karachi: International Is- lamic Publishers, 1981.

Rahnema, Ali. *An Islamic Utopian: A Political Biography of Ali Shariati*. Lon- don: I. B. Tauris, 1998.

Richard, Yann. *Shi'ite Islam: Polity, Ideology, and Creed*. Oxford: Blackwell, 1995.

Robinson, Chase F. *Islamic Historiography*. Cambridge: Cambridge University Press, 2003.

Rodinson, Maxime. *Muhammad*. New York: Pantheon, 1971.

Rogerson, Barnaby. *The Heirs of the Prophet Muhammad*. London: Little, Brown, 2006.

Rosen, Nir. *In the Belly of the Green Bird: The Triumph of the Martyrs in Iraq*. New York: Free Press, 2006.

Ruthven, Malise. *Islam in the World*. Oxford: Oxford University Press, 2000.

Sachedina, Adulaziz Abdulhussein. *Islamic Messianism: The Idea of Mahdi in Twelver Shiism*. Albany: State University of New York Press, 1981.

Shadid, Anthony. *Night Draws Near: Iraq's People in the Shadow of America's War*. New York: Henry Holt, 2005.

Stark, Freya. *Baghdad Sketches*. New York: Dutton, 1938.

——. *East Is West*. London: John Murray, 1945.

Taheri, Amir. *The Spirit of Allah: Khomeini and the Islamic Revolution*. Bethesda: Adler and Adler, 1986.

——. *Holy Terror: The Inside Story of Islamic Terrorism*. London: Hutchinson, 1987.

Thaiss, Gustav. “Religious Symbolism and Social Change: The Drama of Hussein.” In *Scholars, Saints, and Sufis: Muslim Religious Institutions in the Middle East Since 1500*, ed. Nikki Keddie. Berkeley: University of California Press, 1972.

——. “Unity and Discord: The Symbol of Husayn in Iran.” In *Iranian Civilization and Culture*, ed. Charles J. Adams. Montreal: McGill University Institute of Islamic Studies, 1972.

Watt, W. Montgomery. *Muhammad at Mecca*. Oxford: Oxford University Press, 1953.

——. *Muhammad at Medina*. Oxford: Oxford University Press, 1956.

——. “The Significance of the Early Stages of Imami Shi’ism.” In *Religion and Politics in Iran*, ed. Nikki Keddie. New Haven: Yale University Press, 1983.

Young, Gavin. *Iraq: Land of Two Rivers*. London: Collins, 1980.

Zakaria, Rafiq. *The Struggle Within Islam: The Conflict Between Religion and Politic*s. London: Penguin, 1988.

中英文對照表

三劃

《上帝使者的生平》	*Sirat Rasul Allah*
《土地征服之書》	*Kitab Futuh al-Buldan*
大馬士革	Damascus
大馬士革的聖約翰	Saint John of Damascus
小紅髮者	*Humayra*

四劃

不合法	*haram*
內戰	fitna
分割者、分叉	*Dhu'l Fikar*
夫斯塔特	Fustat
巴拉祖里	Ahmad ibn Yahya al-Baladhuri
巴林	Bahrain
巴格達	Baghdad
巴斯拉	Basra

五劃

以實瑪利，或伊什瑪儀勒	Ishmael
出走派	khariji
加百利	Gabriel
半島	Jazeera
卡巴聖壇	Kaab
卡迪西亞	Qadisiya
卡爾巴拉	Karbala
古萊須部族	Quraysh
古賽伊	Qusayy

布伊朝	Buyids
幼發拉底河	Euphrates River
末世引導者	Mahdi
末世引導者穆罕默德	Muhammad al-Mahdi
正統	rashidun
瓦立德	Walid
瓦哈比主義者	Wahhabi

六劃

亥巴爾	Khaybar
伊本—瓦胥亞	Ibn Washiya
伊本—伍剎勒	Ibn Uthal
伊本—泰彌亞	Ibn Taymiya
伊本—塔里德	Ibn Tarid
伊本—歐巴達	Ibn Obada
伊本—薩阿德	Muhammad ibn Saad
伊斯瑪儀里派	Ismailis
伍拜達拉	Ubaydallah
伍麥亞朝	Umayyads
伍斯曼	Othman
伍瑪爾	Omar
光輝者	Al-Zahra
《先知和國王的歷史》	*Tarikh AL-Rusul WA-AL-muluk*
先知家族	the Ahl al-Bayt
先知傳統	sunna
吉亞德・伊本—阿比希	Ziyad Ibn Abihi
合法	*halal*
安瓦爾・沙達特	Anwar Sadat
有疤的人	Dhu'l Thafinat
艾多姆	Edom
艾馬丹加	Mahmud Ahmadinejad

七劃

利雅德	Riyadh
貝都因	Beduin

《里程碑》	*Milestones*
系譜	*nasb*

八劃

亞濟德	Yazid
受難劇	Taziya
和平之城	Medinat as-Salaam
奇拉布	Kilab
姆斯林	Muslim
宗教學者	*ulama*
征服	Fatah
拉比	rabbis
易卜拉欣	Ibrahim
欣德	Hind
法蒂瑪	Fatima
法蒂瑪朝	Fatimid dynasty
法達克	Fadak
社群	ummah
邵德家族	Saud family
阿巴因節（四十、或地名）	Arbain
阿巴斯	Abbas
阿巴斯朝	Abbasid
阿布—巴克爾	Abu Bakr
阿布杜—瓦哈卜	Abd al-Wahhab
阿布杜拉	Abdullah
阿布杜拉・伊本—瓦哈比	Abdullah ibn Wahb
阿布杜—夏姆斯	Abd Shams
阿布杜—烏札	Abd al-Uzza
阿布杜—瑪那夫	Abd Manaf
阿布杜—穆塔立卜	Abd al-Muttalib
阿布—阿斯	Abu al-As
阿布—哈卡姆	Abu al-Hakam
阿布—塔里布	Abu Talib
阿布—穆薩	Abu Musa
阿布—蘇夫揚	Abu Sufyan

阿瓦姆	al-Awwam
阿伊夏・賓特・阿布―巴克爾	Aisha bint Abu Bakr
阿里・伊本・阿布―塔里布	Ali ibn Abu Talib
阿里・阿克巴爾	Ali Akbar
阿里・夏里亞提	Ali Shariati
阿里・柴恩・阿比丁	Ali Zayn al-Abidin
阿里追隨者	Shiat Ali
阿姆爾	Amr
阿迪	Adi
阿斯卡里亞清真寺	Askariya
阿斯瑪	Asma
阿舒拉	Ashura

九劃

叛教戰爭	the *ridda* wars
哈卡姆	al-Hakam
哈瓦巴	Hawab
哈里發	khalifa
哈里發	khalifa
哈芙莎	Hafsa
哈珊	Hasan
哈須彌氏族	Hashimis
哈蒂嘉	Khadija
哈爾卜	Harb
哈濟米亞	Khadhimiya
客西馬尼園	Gethsemane
為末日引導者鋪路的人	Mumahdiun
科普特人瑪利亞	Mariya the Copt
胥姆爾	Shimr
胡笙	Hussein
胡爾	Hurr
軍人薪餉的造冊	diwan

十劃

娜伊拉	Naila

宰娜卜	Zaynab
庫法	Kufa
柴迪派	Zaydis
殉道、作證	*shahada*
殉道者	*shuhadat*
泰西封	Ctesiphon
烏姆—西姆勒	Umm Siml
烏姆—哈碧芭	Umm Habiba
烏姆—庫勒蘇姆	Umm Kulthum
真主之獅（阿薩德・阿剌）	Assad Allah
真主使者	Rasul Allah
祖拜爾	Zubayr
納加夫	Najaf
納季蘭	Najran
納拉萬	Nahrawan
納賽爾	Gamel Abdel Nasser
追隨者	*Lahik*
馬什哈德	Mashhad

十一劃

副朝	umra
曼舒爾・伊本—薩爾俊	Al-Mansur ibn Sarjun
麥加	Mecca
麥地那	Medina
《偉大世代》	*Kitab al-Tabaqat al-Kabir*

十二劃

悲傷家族	*Bayt al-Ahzan*
朝聖	hajj
無後代	*abtar*
舒凱娜	Sukayna
《雄辯之道》	*Nahj AL-Balagha*

十三劃

傳述鏈	isnad

塔巴里	Abu Jafar Muhammad ibn Jarir al- Tabari
《塔巴里的歷史》	*The History of Tabari*
塔伊夫	Taif
塔伊姆	Taim
塔勒哈	Talha
愛智哈爾清真寺	Al-Azhar Mosque
聖訓	hadith
賈拉勒・艾哈邁德	Jalal Al-e-Ahmad
賈俄法・剎迪各	Jaafar al-Sadiq

十四劃

嘉阿達	Jaada
嘎希姆	Qasim
嘎迪爾呼姆	Ghadir Khumm
塵土之父	Abu Turab
漢志山脈	Hijaz Mountains
漢姆札	Hamza
瑪爾萬	Marwan
腐敗的城堡	*Qasr el-Khabal*
蒙昧時期	jahiliya
誦讀	Iqra
輔士	the Helpers

十五劃

德黑蘭	Teheran
摩蘇爾	Mosul
《論毒物》	*Book on Poisons*
遷士	The Emigrants
遷徙	hijra
魯西迪	Salman Rushdie

十六劃

奮戰	jihad
盧蓋雅	Ruqayya
穆克塔達・薩德爾	Muqtada al-Sadr

穆罕默德	Muhammad
穆罕默德・伊本・易斯哈格	Muhammad Ibn Ishaq
穆罕默德・伊本・阿布—巴克爾	Muhammad ibn Abu Bakr
穆罕默德・穆沙迪各	Muhammad Mossadegh
穆罕默德・薩迪克・薩德爾	Muhammad Sadiq al-Sadr
穆拉赫	Murrah
穆阿維亞	Muawiya
《謀殺胡笙之書》	*Kitab Maqtal al-Hussein*
諮詢會議	shura
錫芬	Siffin

十七劃

彌卡儀勒	Michael
賽義德—古特卜	Sayyid Qutb
隱匿	Ghayba
隱匿之井	Bir al-Ghayba
齋戒月	Ramadan

十八劃

禮薩・巴勒維	Shah Reza Pahlavi
禮薩・汗	Reza Khan
薩夫萬	Safwan
薩拉菲基本教義派	Salafis
薩法維朝	Safavid
薩馬拉	Samarra

認識伊斯蘭 01

先知之後

伊斯蘭千年大分裂的起源（二版）

After the Prophet: The Epic Story of the Shia-Sunni Split in Islam

作　　者　萊思麗・海澤爾頓（Lesley Hazleton）
譯　　者　夏　莫
編　　輯　王家軒、邱建智
協力編輯　黃亦安
校　　對　陳佩伶
封面設計　蕭旭芳

企劃總監　蔡慧華
行銷專員　張意婷
社　　長　郭重興
發行人兼出版總監　曾大福
出版發行　八旗文化／遠足文化事業股份有限公司
地　　址　新北市新店區民權路108-3號8樓
電　　話　02-22181417
傳　　真　02-86671065
客服專線　0800-221029
信　　箱　gusa0601@gmail.com
Facebook　facebook.com/gusapublishing
Blog　gusapublishing.blogspot.com
法律顧問　華洋法律事務所／蘇文生律師

印　　刷　前進彩藝有限公司
定　　價　420元
二版一刷　2022年（民111）10月
ISBN　978-626-7129-38-8（紙本）
978-626-7129-77-7（EPUB）
978-626-7129-78-4（PDF）

國家圖書館出版品預行編目（CIP）資料

先知之後：伊斯蘭千年大分裂的起源／萊思麗・海澤爾頓(Lesley Hazleton)著；夏莫譯. -- 二版. -- 新北市：八旗文化出版：遠足文化事業股份有限公司發行, 民111.10　面；　公分. -- (認識伊斯蘭；1)
譯自：After the prophet : the epic story of the Shia-Sunni split in Islam.
ISBN 978-626-7129-38-8(平裝)
1.CST：伊斯蘭教 2.CST：歷史

258　111008569